广州市人文社科重点研究基地广州法治建设研究中心研究成果

中国人权研究与教育

HUMAN RIGHTS RESEARCH AND EDUCATION IN CHIINA

第四卷

陈佑武／主编

中国检察出版社

中国人权研究与教育（第四卷）

Human Rights Research and Education in China

主办　广州法治建设研究中心
　　　广州市法学会人权法学研究会
承办　广东财经大学人权研究院

《中国人权研究与教育》编委会

编委会顾问　李步云　李　龙
编委会主任　付子堂
编委会副主任（以姓氏笔画为序）
　　　齐延平　朱力宇　汪习根　张永和
　　　张　伟　陈佑武　陆志安　常　健
编委会委员（以姓氏笔画为序）
　　　王　涛　邓世豹　邓剑光　邓成明
　　　毛俊响　齐延平　刘　恒　石佑启
　　　叶传星　龙　晟　曲相霏　朱力宇
　　　朱孔武　李薇薇　李道军　李秋高
　　　汪习根　张永和　张　伟　张晓玲
　　　张　亮　张　军　张爱宁　何志鹏
　　　刘士平　陈小成　陈亚平　陈永鸿
　　　陈佑武　吴家清　杜承铭　杜钢建
　　　郑琼现　聂卫国　周　伟　周后春
　　　周　强　郭曰君　杨松才　杨春福
　　　陆志安　柳华文　袁兵喜　涂成林
　　　常　健　龚向和　鲜开林　蔡高强
　　　黎尔平　滕宏庆

主　编　陈佑武
编　辑　吴震华

卷 首 语

新中国成立70年以来，尤其是改革开放40年以来，我国的人权事业的发展进步取得举世瞩目的历史成就，为世界人权事业的发展进步贡献了中国方案。作为当代中国人权事业发展进步的重要组成部分，我国的人权研究与人权教育成果斐然，成为助推我国人权事业发展进步的重要因素。

我认为，广州大学人权研究院作为我国人权事业发展进步的产物，值得业界深入研究。经过十五年来的发展，广州大学人权研究院目前不仅是广州大学，也是前后两批国家人权教育与培训基地中唯一拥有国家级、省级、市级重点科研平台的实体科研机构，是促进我国人权研究与人权教育发展的重要力量。无疑，通过对广州大学人权研究院这个个案的研究，可以为当下人权研究机构的发展提供借鉴、寻找思路。

依个人理解，广州大学人权研究院在人权领域取得的领先成就可以概括为十个方面：（1）2004年，广州大学人权研究院成立，成为全国第一个具有独立编制、固定办公经费、办公场所的实体研究机构，开创了此类机构的先河；（2）2005年，李步云先生主编中华人民共和国成立以来教育部第一本人权统编教材《人权法学》，创立了人权法学学科体系；（3）2007年，广州大学人权研究院获批为全国第一个人权研究省级基地——广东省普通高校人文社科重点研究基地，创立人权研究机构省级模式；（4）2011年，广州大学人权研究院获批为首批国家人权教育与培训基地，创新了教育部基地模式；（5）2012年，受国务院新闻办委托，广州大学人权研究院主持编撰《中国人权年鉴（2006—2010）》，成为第一家编写人权年鉴的人权研究机构；（6）2014年，李步云教授主讲的《什么是人权》课程获批为教育部第一个人权课程；（7）中国第一个人权法学会——广州市法学会人权法学研究会成立，本人有幸当选为首任会长；（8）2016年，广州大学人权研究院组织编写的人权知识读本丛书（共8本）出版，成为目前编写人权教材最多的人权研究机构；（9）2017年，以"广州大学人权理论课题组"名义发表的成果——《中国特色社会主义人权理论体系论纲》（发表于《法学研究》2015年第2期）获评为中国法学会第四届优秀成果一等奖；（10）2004年以来，广州大学人权研究院先后组织人权社会培训60余期，培训人数6000余人，成为全国人权培训工作开展最多的单位。

究其原因，广州大学人权研究院取得的成绩可归功于四个方面：第一，归功于这个伟大的时代。这是一个尊重和保障人权的时代，人权观念深入人心。广州大学人权研究院应运时代而生，为时代发展助力。第二，归功于李步云先生。作为当代中国特色社会主义人权理论的奠基人与人权法学学科的创立者，李步云站在人权理论领域的最前沿，将人权研究与人权教育作为毕生追求的事业，呕心沥血谋划广州大学人权研究与教育，是推动广州大学人权事业发展的最重要推手。第三，归功于庾建设校长。就对中国人权教育事业的认识、理解与贡献而言，时任广州大学校长庾建设教授是当之无愧的人权校长。没有他当时的坚定支持，广州大学在人权研究与教育领域不可能有今日之影响。第四，归功于广州大学的人权研究团队。这个团队除了李步云先生与我之外，按时间先后顺序在这个团队工作过的人员还有：杨松才教授（2004— ）、黄立教授（2004—2007）、舒淘淘主任（2005— ）、刘志强教授（2005— ）、袁兵喜教授（2007— ）、谢建社教授（2007—2009）、肖世杰教授（2008— ）、德全英教授（2009—2010）、王欢副教授（2009— ）、钟玉琼老师（2009—2016）、周露露博士（2011— ）、宋尧玺博士（2012— ）、王堃副教授（2013— ）、李思博士（2016— ）、毕颖茜博士（2016— ）、尹航博士（2017— ）、刘会春副教授（2018— ）、梁丹妮（2018—2019）。前后共计20人在广州大学人权研究院工作过，目前专职人员还有14人，这在全国人权研究机构中名列前茅。人权团队成员的队伍整齐、齐心协力是一切工作的基础。

除了上述具有代表性的工作成就、取得的经验及其背后的原因，广州大学人权研究院在人才引进、平台建设、人权研究、人权教育、对外交流、决策咨询、服务社会等方面也取得不错的成绩，值得认真总结、分析与研究。其中，在广州大学学报开设"人权研究"专栏就是一次创新，一次有益的探索与尝试。2006年，李步云教授从推动我国人权研究的发展进步出发，为了推动我国人权研究作品的发表，就此事与广州大学学报郑洁主编商量。郑洁主编当即予以大力支持，当年便在学报开设"人权研究"专栏，一直延续至今。而且，学报负责"人权研究"专栏的编辑吴震华老师十几年也是兢兢业业、任劳任怨，为"人权研究"的发展付出很多心血。这些往事回想起来都令我非常感动！从历史来看，"人权研究"专栏这个平台的历史贡献不仅仅在于为各位专家学者提供了一个发表平台，也为广州大学人权研究与人权教育事业的发展起到了重要的推动作用，扩大了广州大学在人权研究与教育领域的影响。例如，广州大学学报发表的人权教育方面的文章占到中国知网收录的有关文章的三分之一左右，这对中国人权教育的发展而言是一个非常大的贡献。

当然，我对广州大学人权研究院的研究结论是：广州大学在人权研究与教育领域的成功经验是难以复制、不可复制或无法复制的。从学术层面而言，李步云先生对广州大学人权研究院的支持是不可言喻的。因此，有学者曾言，国家人权教育与培训基地之所以落户广州大学，完全是为李步云先生量身定做。从行政管理而言，时任广州大学校长庾建设教授在他连续两个任期内对人权研究与教育的坚定支持难以复制。作为数学领域的专家与地方高校的校长，庾建设校长对人权的态度与对人权研究与教育的支持值得我们学习！

最后，借此机会，我要向李步云先生、庾建设校长以及广州大学人权研究院一起工作过的人权研究团队的成员致以最诚挚的谢意！向郑洁主编、吴震华老师以及历来支持"人权研究"专栏的专家学者致以最诚挚的谢意！欢迎大家向《中国人权研究与教育》赐稿，共同推进新时代中国人权研究与教育事业的繁荣发展。来稿惠寄：562646028@qq.com。

陈佑武

2020 年 6 月

目 录
CONTENTS

法治与人权

当代中国法治认同的内涵、价值及其养成 …………… 陈佑武 李步云（3）
论依法治国战略下公民人权保护法律意识的培育 …………… 薛 锋（12）
认真对待"特赦"的法理言说
　　——从人权、宪法实施、法治三个层面说起 ……… 梁鸿飞 张 清（26）

人权基础理论

中国特色社会主义人权理论体系纲要 …………… 李 龙 郑 华（39）
人权叙事中的社会发展与个人权利
　　——纪念《发展权宣言》通过30周年 ………………… 高礼杰（52）
国际衔接与本土融合：对各国人权行动计划的考察及思考 …… 许 尧（65）
主权话语的法理解读
　　——兼论"南海仲裁案"的非法性 ……………………… 范兴科（79）
建政、救亡与启蒙：再论鄂州约法之人权条款 ………………… 沈玮玮（90）
论人权价值认同的意蕴 ……………………………………… 任帅军（102）
马克思人权批判思想的方法论探析 ………………………… 郭大林（115）

具体人权

老年人权益的法律保障研究 ………………………………… 吴国平（127）
商标权属于人权？
　　——从欧洲人权法院判例谈起 …………………………… 张惠彬（137）
试析"一带一路"背景下国际化企业人权责任的
　　国际司法监督体系 ………………………………………… 袁楚风（149）
云服务供应商著作权侵权责任探讨 …………………… 罗 静 熊丽娜（159）

人权保障机制

人类命运共同体理念的"先验"诠释
　　——《残疾人权利公约》与中国实践……………………谷盛开（171）
价值平衡：基于公民宪法性权利保护视域下的非法证据排除
　　………………………………………………………………彭俊磊（181）
论国际人权法的产生和历史分期………………………………郭曰君（189）
两大法系背景下宪法程序性比较及其启示
　　——以宪法权利保障程序为例………………………………谭　波（202）

人权教育

也谈国际人权法的国内实施
　　——以人权教育为视角………………………………………张雪莲（215）

法治与人权

The Rule of Law and Human Rights

当代中国法治认同的内涵、价值及其养成

陈佑武[*] 李步云[**]

摘 要▶ 法治认同是公众对法治建设客观历史进程的一种主观心理感受与判断。从内涵来看，法治方向是法治认同的限度，法治意义是法治认同的深度，法治目的是法治认同的高度，法治内容是法治认同的广度。从价值来看，法治认同是全面建成小康社会的重要条件，是全面深化改革的重要手段，是全面推进依法治国的重要环节，是全面从严治党的重要因素。在法治认同养成上，法治建设健康发展是基本前提，公众参与法治进程是有效措施，广泛开展法治宣传教育是培育基础。

关键词▶ 法治建设；法治认同；人权；公众参与；法治宣传教育

全面推进依法治国战略实施以来，随着各项法治改革措施的深入推进，法治建设成果丰富、成效显著，人们的法治意识得到极大提升。党的十八届四中全会作出的全面推进依法治国的决定指出"法律的权威源自人民的内心拥护和真诚信仰"，所提出的问题就是当代中国的法治认同问题。我们认为，法治认同既是全面推进依法治国的应有之义，又是依法治国全面推进的思想动力。因此，加强对法治认同的研究具有十分重要的现实意义。本文旨在分析法治认同在当代中国法治建设实践当中的主要内涵，诠释法治认同的现实价值，探究法治认同的养成之道。

一、法治认同的内涵

当代中国法治认同的发展主要源自改革开放以来丰富多彩的法治建设实践，是公众对法治建设客观历史进程的一种主观心理感受与判断。法治良性发展，则公众法治认同感强；法治发展受损，则公众法治认同感弱。依据当代中国法治建设实践，我们认为，法治认同就是对法治方略的认同，主要表现在四

---

[*] 陈佑武，广州大学教授，法学博士，从事法学理论、人权理论研究。
[**] 李步云，广州大学人权研究院院长、教授。

个方面，即法治方向是法治认同的限度，法治意义是法治认同的深度，法治目的是法治认同的高度，法治内容是法治认同的广度。作为法治方略的重要组成部分，这四个方面密切关联，相互影响。

（一）法治方向的认同

法治方向是法治认同的限度。认不认同法治以法治方向为限，认可与支持法治方向就是法治认同，偏离或远离法治方向就不存在法治认同。当代中国的法治方向是中国特色社会主义法治道路，这一方向集中体现了在治国理政的方略上，党和国家领导人的政治智慧和远见卓识与人民的共同利益和共同意志的高度统一，这是法治认同的核心意涵。只有坚定地拥护与坚持中国特色社会主义法治道路，当代中国法治认同也才有基础。因此，法治方向既是法治认同的内容，也是法治认同的前提。当代中国在确立与夯实中国特色社会主义法治道路上，有两个主要节点。第一个节点是1997年党的十五大正式将依法治国确立为党和国家的治国方略，将建设社会主义法治国家确立为政治文明的奋斗目标。1999年又将这一治国方略和奋斗目标庄严记载在宪法中，将党的这一主张上升为全国人民的共同意志。第二个节点是2014年党的十八届四中全会所作出推进全面依法治国的决定。第一个节点的主要贡献是，通过对"人治""法治"的全面大讨论，摒弃反对法治的错误观点，在法治的理论依据和重大意义上取得了全党和全国人民的高度共识，从而形成中国特色的法治发展道路，为人类的法治文明宝库作出了独特的贡献。第二个节点的主要贡献是，党的十八届四中全会作出全面推进依法治国的决定，在党的历史上是第一次以全体中央委员的名义作出的第一个关于建设法治中国的决议，这一决议的主要内容是"全面落实依法治国方略""加快建设社会主义法治国家"。中国特色社会主义法治道路的形成来之不易，弥足珍贵，值得全党和全国人民忠诚捍卫。

（二）法治意义的认同

法治意义是法治认同的深度。对法治意义越理解，就越能理解法治认同的重要性与紧迫感。法治作为治国方略，既顺应了法治发展的历史规律，又反映了当代中国社会的基本国情与基本要求。只有对法治意义有高度的认同，才会对当代中国法治发展道路有深刻的理解，才会坚定不移地支持法治方略。我们认为，法治重大意义表现在四个方面：一是法治是市场经济的客观要求。市场经济本质上是权利经济，它内在地、本能地要求法治。特别是党的十八届三中全会作出市场在资源配置中起决定性作用以来，法治的作用越来越重要。二是法治是民主政治的基本条件。人民主权原则是现代民主的核心和精髓。只有建立完善的法治，才能防止国家权力被滥用，才能实现人民当家作主。三是法治是人类文明的重要标志。人类社会始终存在社会与个人、秩序与自由、权威与服从的矛盾，需要一种社会规范，才能协调和解决。法律既具有工具性价值又具有伦理性价值，所以法治既能维护社会秩序又能促进公平正义。四是法治是治国理政的根本保证。法治方略的形成，表明党和国家摒弃了在治国理政上的人治方式，采用了法治方式。只有法治才能实现国家治理的长治久安，也只有法治才能防止国家治理因领导人的改变而改变、因领导人的看法和注意力的改变而改变。① 因此，法治是实现国家治理体系和治理能力现代化的必然要求，事关党的执政兴国，事关人民幸福安康，事关党和国家长治久安。对法治意义的认同程度越深，就越会自觉地支持和拥护法治方向，就越会自觉地运用法治思维与法治方式，就越会自觉地追求法治精神与法治文化，就越会自觉地产生法治信仰。

（三）法治目的的认同

法治目的是法治认同的高度。只有对法治目的有全面深入了解，才能更加深刻理解法治意义、法治方向的价值，从而自觉拥护法治方略。法治的根本目的是保障人权，因此谈法治必讲人权，只有保障人权的法治才有意义。只有站在人权的高度，才能理解法治方略的要义所在，才能理解法治认同的微言大义。改革开放以来，在当代中国法治建设的历史进程中，法治与人权的关系经历了三个历史阶段。第一个阶段法治与人权的分离阶段。在20世纪80年代前后，基于人权的敏感性，法治与人权无论在观念层面，还是在文件政策、法律制度层面都处于分离状态。第二个阶段是法治与人权的结合阶段。20世纪90年代，随着人权观念的转变，法治与人权趋于结合。1991年11月1日，国务院新闻办公室发表《中国的人权状况》白皮书，这既是党和国家在人权观念与人权实践上发生根本性转变的主要标志，也是法治早期实践取得重大发展的标志，表明人权已经成为我国法治发展的应有之义。自1997年党的十五大报告开始，法治与人权相继载入党的十六大、十七大报告。在1999年"依法治国，建设社会主义法治国家"这一治国方略和奋斗目标被记载在宪法之后，2004年"国家尊重和保障人权"正式入宪，表明法治与人权在宪法层面实现结合。2007年，"国家尊重和保障人权"写入党章。第三个阶段是法治与人权的融合阶段。2012年11月，党的十八大报告提出"全面推进依法治国"与"人权得到切实尊重和保障"，这不仅是全面推进依法治国的开端，也是全面人权保障的开端。尤其是党的十八届四中全会作出的全面推进依法治国的决

---

① 参见李步云：《论法治》，社会科学文献出版社2008年版，第81~82页。

定,我国正式开启全面推进依法治国全面保障人权的新时代。① 在新的历史时期,法治与人权在当代中国法治建设中已经高度融合,法治的各个环节与人权密切关联,法治的人权保障价值与人权的法治保障方式密不可分,这应是当代中国法治认同的一个基本共识。

(四) 法治内容的认同

法治内容是法治认同的广度。法治建设越深入,法治方向更坚定,法治意义更充分,法治目的更清晰,法治内容更丰富。只有通过不断发展与完善法治建设的内容,才能实现法治的人权保障目的,才能彰显法治方向在当代中国的意义,才能更加拥护法治方略。法治内容集中展现了法治建设的内涵与规模。法治内容格局有多大,决定了法治的格局有多大。党的十八届四中全会对法治内容作出系统的安排与部署,主要包括是十个方面:(1) 人大民主科学立法。无法可依无所谓法治,特别是法律还必须良好,如果不好,甚至是恶法,那就越多越糟糕。而制定良好的法律,就必须依靠民主和科学。(2) 执政党依宪依法执政,法治的根本是依宪治国。(3) 政府依法行政,加快建设法治政府。(4) 社会依法治理,建设法治社会。(5) 人民法院独立公正司法。公正是法治的生命线。司法公正对社会公正具有重要引领作用,司法不公对社会公正具有致命破坏作用。(6) 完善法律监督体系,其中包括加大检察、监察、审计这些专门机关的监督,突出其法律监督的地位。(7) 健全法律服务机制,加强律师职业道德教育,充分发挥律师作用,尊重律师权利,加强法律援助制度建设。(8) 弘扬社会主义法治精神,建设社会主义法治文化,增强全社会厉行法治的积极性和主动性,形成守法光荣、违法可耻的社会氛围,使全体人民都成为社会主义法治的忠实崇尚者、自觉遵守者、坚定捍卫者。(9) 依靠法治保障人权,法治是人权保障的重要环节,人权是衡量法治国家的重要标尺。(10) 实现党的领导、人民当家作主、依法治国的有机统一,其中,党的领导是中国特色社会主义最本质的特征,是社会主义法治最根本的保证。② 在法治内容方面,改革开放以来在法治建设不同历史时期取得了一定成就,这是必须予以肯定与认同的。从法治各环节来看,表现为立法认同、执法认同、司法认同、守法认同等;从部门法来看,表现为宪法认同、刑法认同、民法认同等;从法治意识来看,表现为法治教育认同、法治精神认同、法治文化认同等。当然,在这些方面的法治建设也还存在这样或那样的缺点与不足,这在今后的法

---

① 参见陈佑武:《中国当代人权观念及其精神》,社会科学文献出版社2017年版,第97~109页。

② 参见李步云:《法治新理念》,人民出版社2015年版,第129~133页。

治建设当中需要不断改进与完善，才能进一步增强广大人民群众的认同感。

法治认同以法治方向为限，因此法治方向是关键，没有对法治方向的认同，就无所谓法治认同。加强对法治意义、法治目的与法治内容的认同，有助于扩大法治认同的深度、高度与广度。对法治方向、法治意义、法治目的、法治内容整体认知的程度构成了法治认同的程度。法治作为治国理政方略，无论从内容还是形式同法制认同或法律认同都不是同一概念，不能混同。法制认同或法律认同是改革开放以来当代中国在一个较长的历史阶段的价值追求，对法治的认同主要是在党的十五大确立依法治国的法治方略以来逐步发展起来的，当前应该在法制认同或法律认同的基础上增强法治认同。整体而言，对法治认同的认识，除上述四个方面外，也要加强法治实践一些好的改革措施与方法的认同，不断提升公众的法治意识，增强公众对法治的认同感。

二、法治认同的价值

法治认同属于法治意识范畴，是法治思维、法治精神、法治信仰等法治意识的基础，法治认同的养成有利于促进法治思维、法治精神、法治信仰等法治意识的养成。从来源看，当代中国的法治认同源自当代中国法治建设的伟大实践，是现实社会当中的法治现象在人们头脑中的观念或映像，而不是其他。反过来法治认同对法治建设实践具有反作用，良好的法治认同不仅能凝聚法治共识、夯实法治基础，而且还能有效地促进法治建设实践更加深入地发展。在当代中国，法治认同的重大价值主要体现为对"四个全面"战略布局的促进作用。

（一）法治认同是全面建成小康社会的重要条件

党的十八大提出了到2020年全面建成小康社会的奋斗目标，这是党向人民、向历史作出的庄严承诺，这一目标在"四个全面"战略布局中居于引领地位。党的十八届五中全会对全面建成小康社会进行了总体部署。依据全面建成小康社会的目标要求，经济要保持中高速增长，创新驱动要成效显著，发展协调性要明显增强，人民生活水平和质量要普遍提高，国民素质和社会文明程度要显著提高，生态环境质量要总体改善，各方面制度要更加成熟、更加定型。其中，法治建设作为全面建成小康社会的重要内容也有具体要求，明确提到"全社会法治意识不断增强""法治政府基本建成，司法公信力明显提高""人权得到切实保障"等。全社会法治意识不断增强的重要表现是法治认同意识的增强，从这个角度而言，法治认同建设本身就是全面建成小康社会的组成部分。同时，法治认同对法治政府建设、司法公信力提高以及人权得到切实保障都有重要促进作用。对于全面推进经济建设、政治建设、文化建设、社会建设、生态文明建设而言，法治的作用也是十分重要。例如，在经济建设上，法治可以调整经济活动中的法律关系，把各种经济关系和经济活动准则用法律形式固定下来以促进生产的发展；还可以调整生产活动中人与自然的关系，用反映自然规律的各种技术规范为发展生产服务。同样，法治对于政治、文化、社会、生态的作用也非常明显。例如，法律通过对政治权利的保障，调整政治领域人与人的法律关系，保障各项活动的顺利进行；通过调整文化、社会与生态领域的法律关系，促进文化、社会、生态的发展。因此，一旦公众认同法治，自觉了解、掌握和运用相关领域法律知识，就将变成全面建成小康社会的巨大力量。

（二）法治认同是全面深化改革的重要手段

全面深化改革是"四个全面"战略布局中具有突破性和先导性的关键环节。党的十八届三中全会对全面深化改革进行总体部署，吹响了改革开放新的进军号。依据全面深化改革总要求，坚持把完善和发展中国特色社会主义制度、推进国家治理体系和治理能力现代化作为全面深化改革的总目标，坚持进一步解放思想、进一步解放和发展社会生产力、进一步解放和增强社会活力，坚持社会主义市场经济改革方向，坚持经济体制改革为重点发挥经济体制改革的牵引作用。在人权、选举制、法治等重大问题上，必须理直气壮，不能以西方政治制度模式为标准。法治对全面深化改革具有引领、推动和保障作用，要以法治凝聚改革共识、以法治引领改革进程、以法治规范改革行为。① 也就是说，法治可以为改革指明前进的方向，使其沿着正确的轨道向前发展；可以规范人们应当做什么，不应该做什么，应当怎样做，不能怎么做，使他们在改革中有法可依，有章可循；可以把法律作为一种标准和尺度去判断和衡量别人在改革中的行为究竟是正确还是错误，是合法还是非法；还可以把法律作为一种武器，去反对各种阻碍改革的行为，去制裁改革进程的违法犯罪行为。总之，法治在国家治理体系和治理能力现代化进程中发挥着重要作用。如果公众不认同法治，当代中国的改革就无法顺利进行下去，就会遭受重大挫折和损失。

（三）法治认同是全面推进依法治国的重要环节

为加快建设社会主义法治国家，党的十八届四中全会对全面推进依法治国作出总体部署。依据全面推进依法治国的决定，坚持走中国特色社会主义法治道路，建设中国特色社会主义法治体系；完善以宪法为核心的中国特色社会主义法律体系，加强宪法实施；深入推进依法行政，加快建设法治政府；保证公正司法，提高司法公信力；增强全民法治观念，推进法治社会建设；加强法治

---

① 参见张文显：《法治中国名家谈》，人民出版社2014年版，第1~3页。

工作队伍建设；加强和改进党对全面推进依法治国的领导。这其中，做好几项关键性工作能对法治建设全局起到重大推进作用，法治认同建设就是如此，因此决定明确提出"法律的权威源自人民的内心拥护和真诚信仰"。全民法治认同是增进全民内心拥护法治的有效措施。为增强全民法治认同，应坚持把全民普法和守法作为依法治国的长期基础性工作，深入开展法治宣传教育，引导全民自觉守法、遇事找法、解决问题靠法。坚持把领导干部带头学法、模范守法作为法治认同建设的关键，完善国家工作人员学法用法制度，把宪法法律列入党委（党组）中心组学习内容，列为党校、行政学院、干部学院、社会主义学院必修课。把法治教育纳入国民教育体系，从青少年抓起，在中小学设立法治知识课程。只有将法治认同建设好，才能为全面推进依法治国战略的实施奠定最广泛、最坚实的群众基础，使得法治建设起到事半功倍的作用。

（四）法治认同是全面从严治党的重要因素

党的十八大以来，全面从严治党取得历史性成绩，党的十八届六中全会对全面推进从严治党作出了新战略部署。坚持党的领导，是党和国家的根本所在、命脉所在，是广大人民群众的利益所在、幸福所在。要确保党的领导地位，必须加强和改善党的领导。党要管党，从严治党，是党的建设的一贯要求和根本方针。全面从严治党基础在全面，关键在严，要害在治。法治与全面从严治党，不仅不矛盾，而且相辅相成。社会主义法律是党领导人民制定的，是党的路线、方针、政策的具体化、条文化、定型化，是党的主张与人民意志的统一。党领导国家机关制定和实施法律，把先进阶级的意志上升为整个国家的意志，并运用国家的强制力保证实施，这有利于巩固和加强党的领导地位，而不会降低或削弱党的领导作用。而且，法治的正确实施将极大地促进全面从严治党的推进，在法治的指引下，能从根本上杜绝以言代法、以政策代替法律、大小事情都凭各级党组织和领导人说了算的现象发生。只有广大党员尤其是党的领导干部内心拥护法治，对法治产生高度认同感，才不会滥用权力，才不会滋生腐败。实践也表明，党内的腐败问题往往与广大党员的法治认同感不强有关，是轻视法律尊严、挑战法律权威、不计法律后果所致。反过来，法治在从严治党上取得良好效果将极大地促进公众从内心对法治的拥护。

三、法治认同的养成

从存在与意识角度来看，法治认同是公众对法治建设实践成效的承认与认可，是一种具有积极作用的法治意识。要养成这种意识，就得有充满正能量的法治建设，否则对法治认同造成损害。而且，公众如果能亲身参与法治建设进程，获得一种直观感受与体认，将极大提升公众的法治认同感。当然，不可能让全民都能直接参与法治建设的发展，但对全民进行法治宣传教育却是大有可为的事业。因此，我们认为，在法治认同的养成上，法治建设健康发展是基本前提，公众参与法治进程是有效措施，广泛开展法治宣传教育是培育基础。

（一）法治建设健康发展

法治建设健康发展是法治认同的基本前提。法治建设发展态势良好，则公众法治认同感强；法治建设发展态势疲软，则公众法治认同感弱。以党的十一届三中全会为标志，当代中国法治的发展，经历了两个历史发展时期。从1949年到1978年，经历法制初创（1949—1956）、停滞不前（1957—1966）和彻底破坏（1966—1976）三个阶段。它的基本特征是实行社会主义的"人治"，法治建设取得的初步成效遭受严重破坏，公众的法治认同感极弱甚至完全丧失。自1978年以来，当代中国开始了依法治国的历史进程。在此期间，以1996年、2012年为界，法治建设大致经历了早期实践阶段（1978—1996）、确立发展阶段（1997—2011）与全面推进阶段（2012年以来）。众所周知，整体来看，自1978年以来，当代中国在立法、执法、司法、法律监督以及法学教育、法治宣传等各个方面的法治建设上，都取得了举世公认的成就与进步。当然，我们也必须承认，我们要实现建设法治国家的目标，还有很长的路要走，任务仍将十分繁重与艰巨。但是，这一时期法治建设的良好发展态势对法治认同发展的作用是巨大的，公众的法治认同感得到前所未有的提升与发展。反过来，公众的法治认同对法治建设的发展又起到了良好的推动作用。有鉴于此，我们认为，养成公众的法治认同意识基本前提还是在搞好国家的法治建设，这个是根本。

（二）公众参与法治进程

公众参与法治进程是法治认同的有效措施。法治应以民主为基础，并实现民主的法治化（民主权利的切实保障、国家政治权力的民主配置、民主程序的公正严明、民主方法的科学合理等）和法治的民主化（立法、司法、执法、护法等法治环节要民主）。主权在民是主权在君的对立物，是现代民主的核心和基础，因而也是现代法治的灵魂。法治的人民性是主权在君原则在现代法治中的集中体现。人民当家作主是主权在民原则在我国民主政治中的实践，是我国民主政治的本质与核心。要保证和支持人民当家作主不是一句口号、不是一句空话，必须落实到国家政治生活和社会生活之中。这其中就包括将人民当家作主落实到法治建设之中，这也是法治的人民性在我国法治实践中的体现。公众参与法治建设进程就是在法治领域落实人民当家作主的过程，公众通过法治建设进程，一方面促进法治建设的健康发展，另一方面增强自身的获得感与对法治的亲近感。例如，在立法上扩大公众参与立法的途径和方法，增强立法的民主性、科学性，使得立法质量得到不断提升与发展；在执法领域坚持信息公开原则，保障公众的知情权、参与权，切实保障公众利益；在司法上不断完善人民陪审员等公众参与司法的制度，提升司法公信力。值得特别注意的是，在现代民主法治国家，社会组织是公众参与法治进程的重要组织形式。一方面，社会组织在法治建设中可以发挥比公众单个个体更有影响、更有效率的作用；另一方面，通过在社会组织内部的实践，公众可以更有德性、更有责任、更有能力参与到法治建设进程之中。

（三）开展法治宣传教育

广泛开展法治宣传教育是法治认同的培育基础。为了提高公民法律素质，从1986年我国开展普法教育以来，迄今正式进入第七个五年普法教育阶段。30多年来的普法教育在传播法律意识、普及法律知识、提升法律技能以及塑造法律态度方面都起到了积极作用，对于法治认同的培育是一个值得积极肯定的举措与做法。基于普法教育在法治建设进程中的贡献与经验，我们认为，在新的历史时期、新的发展理念指引下有必要进一步广泛开展法治宣传教育。首先，要创新法治宣传教育的内容。从1978年以来，我国法治建设已由旧的"有法可依、有法必依、执法必严、违法必究"十六字方针向新的"科学立法、严格执法、公正司法、全民守法"十六字方针转变，与之而来的就是法治建设内容的进一步丰富和发展，这些都应当在法治宣传教育内容上得到体现。必须予以强调的是，自2009年国务院新闻办公布第一个《国家人权行动计划》以来，目前已经公布了三期《国家人权行动计划》。每期《国家人权行动计划》都专门规定了"人权教育"。人权教育是法学教育的关键，[①] 这是对法治宣传教育内容的深化与拓展，值得特别重视。其次，要创新法治宣传教育的形式。在新的历史时期，随着科学技术的迅猛发展，教育的途径与方式日益丰富多彩，法治宣传教育应与时俱进，积极作出回应。最后，应进一步提升与完善国家在法治宣传教育中的义务，并积极促进社会主体在法治宣传教育中发挥作用。

（原载于《广州大学学报（社会科学版）》2017年第9期，有删改）

---

① 参见张文显：《权利与人权》，法律出版社2011年版，第335页。

论依法治国战略下公民人权保护法律意识的培育

薛　锋[*]

摘　要▶ 全面依法治国战略下培育公民人权保护法律意识有利于依法治国战略的顺利实施、有利于依法保护人权、有利于促进人权保障的法治化、有利于形成全社会尊重人权和保护人权的法治观念。当代中国公民人权保护法律意识仍然受中国传统法律思想文化的影响，存在一定的误区，观念较为淡薄，现有水平不利于依法治国战略的实施。全面依法治国战略下培育公民人权保护法律意识主要通过政府及相关职能部门、相关社会组织、学校教育、家庭教育、个人自我教育和养成等具体路径。

关键词▶ 依法治国；公民；人权保护；法律意识

自党的十五大提出"依法治国，建设社会主义法治国家"，并于第九届全国人民代表大会第二次会议上写入宪法以后，学术界和理论界就有不少研究者开始把"依法治国"与"人权保障"联系起来，对两者的关系进行了一些相关研究。特别是党的十八届四中全会通过《中共中央关于全面推进依法治国若干重大问题的决定》（以下简称《决定》），明确把"实现公民权利保障法治化"作为"依法治国"的重要目标，标志着党和国家把"依法治国"与"人权保障"的关系提高到了一个新的高度。自此以后，对两者关系的研究更是成为法学理论和人权理论研究的热点问题，也随之出现了一些高水平的研究

---

[*] 薛锋，山东科技大学马克思主义学院副教授，法学博士，从事政治理论与方法、中国政治法律思想研究。

成果。① 在进行相关问题研究过程中，有一个值得特别关注和研究的课题是：全面依法治国战略下要注重培育公民人权保护法律意识。具体包括：全面依法治国战略下为何要注重培育公民人权保护法律意识？当前公民人权保护法律意识的基本状况如何？全面依法治国战略下培育公民人权保护法律意识的主要路径又有哪些？诸如这些问题，既有需要学理上研究的理论问题，又有需要实践中探索的现实问题。从现有的研究成果来看，对相关问题进行研究的成果还极为鲜见，许多问题需要进一步深入探讨。本文旨在对上述具体问题进行专门的分析研究和探索，以期为全面依法治国战略的实施和中国人权事业的发展提供某些方面的理论支撑和智力支持。

关于法律意识的概念，虽然目前中国法理学界的认识并不完全一致，但在基本内容上是大致统一的。一般认为，法律意识从属于社会意识，是现实社会中的人对于法律和法律现象的感受、评价、知识和思想的总称。② 因为现代法律的主要社会功能是维护社会的公平正义和保障个人权利的，所以公民法律意识的核心内容主要就是利用法律来保障个人权利的意识，即"公民人权保护法律意识"。本文中所使用的"公民人权保护法律意识"与公民法律意识的核心内容是一致的，两者有时互换使用。本文之所以使用"公民人权保护法律意识"，主要是想突出公民利用法律来保障个人权利的法律意识，强调公民在全面依法治国战略下依法保障人权的法律意识。

一、全面依法治国战略下培育公民人权保护法律意识的重要性

全面依法治国战略下培育公民人权保护法律意识的重要性，具体分析有四个方面：

---

① 参见常健：《全面推进依法治国促进中国人权保障法治化》，载《光明日报》2015年4月30日第2版；李龙、余渊：《全面推进依法治国视域下的人权保障》，载《现代法学》2015年第2期；于文豪：《全面推进依法治国中的人权议题——"法治中国与人权"理论研讨会观点综述》，载《人权》2015年第2期；李步云、周洁：《依法治国与人权入宪》，载《人民公安》2015年第1期；付子堂：《在全面推进依法治国中全面保障人权》，载《检察日报》2014年12月10日第3版。当然，有一些著作在相关内容中也论述到了两者之间的关系，在此不再具体列举。另外，也有研究者分析了"人权与法治之间的现实冲突"，参见万斌、罗许成：《人权与法治关系辨析》，载《苏州科技学院学报（社会科学版）》2015年第2期。

② 参见李步云、高全喜：《马克思主义法学原理》，社会科学文献出版社2014年版，第167页。

（一）培育公民人权保护法律意识有利于依法治国战略的顺利实施

党的十八大报告在阐述全面建设小康社会的新要求时，明确指出："到2020年，依法治国基本方略全面落实，法治政府基本建成，司法公信力不断提高，人权得到切实尊重和保障。"① 亦即是说，"依法治国基本方略全面落实"与"人权得到切实尊重和保障"两者都是全面建设小康社会的新要求、新目标。从实践中看，改革开放以来，法治与人权关系的历史发展大体经历了分离、结合与融合三个历史阶段。② 20世纪90年代以前，法治与人权是分离的，此后随着人权意识和法治观念的转变和增强，两者开始趋于结合，直至融合。1991年《中国的人权状况》白皮书为法治与人权结合作了奠基，也是两者在实践中的首次结合；党的十八大及十八届三中、四中全会加速推进了法治与人权的结合，并促使两者走向融合；"十八届四中全会报告不仅仅是法治宣言书，也是人权宣言书，是法治与人权趋于融合的显著标志"③。有学者明确指出："全面保障人权是全面推进依法治国的内在要求和重要任务。"④ 实际上，保障人权是依法治国和法治建设的主题和核心价值，一旦人权得到切实保障，就会促进依法治国和法治建设的进一步发展和完善。因此，"我们不应脱离开保障人权盲目地去讲依法治国和法治建设，也不应离开依法治国和法治建设空洞地去讲人权保障，坚持全面推进人权的法治保障"⑤。

既然"依法治国"与"人权保障"有密切的关系，两者在发展过程中相互促进、相辅相成、共同发展，因此能否"实现公民权利保障法治化"，就成为衡量依法治国战略是否顺利实施的一个判断因素和确定指标。因此，要想顺利实施依法治国战略，必须在现有基础上进一步提高人权保障水平，而人权保障水平的提高又必须要提高公民人权保护法律意识的水平。因此，培育公民人权保护法律意识，进一步提高全社会人权保障的现实水平，就成为一个事关全面依法治国战略大局能否顺利实施的一个重要影响因素了。

---

① 胡锦涛：《坚定不移沿着中国特色社会主义道路前进为全面建成小康社会而奋斗——在中国共产党第十八次全国代表大会上的报告》，人民出版社2012年版，第17页。
② 参见陈佑武、李步云：《改革开放以来法治与人权关系的历史发展》，载《现代法学》2015年第2期。
③ 陈佑武、李步云：《改革开放以来法治与人权关系的历史发展》，载《现代法学》2015年第2期。
④ 李君如：《在全面推进法治中全面保障人权》，载《人权》2015年第1期。
⑤ 谷春德：《中国特色社会主义法治与人权保障》，载《人权》2015第1期。

(二) 培育公民人权保护法律意识有利于依法保护人权

从理论上看，影响依法保护人权的因素是多方面的，但其中较为关键的一个因素就是公民人权保护法律意识的水平状况。人权保护法律意识属于社会意识的范畴，而依法保护人权的实现属于社会存在的范畴，两者是社会意识与社会存在的关系。根据社会意识和社会存在辩证关系的原理可以得知，社会意识具有相对独立性，"先进的社会意识，反映了社会发展的客观规律，对社会发展起着积极的促进作用；落后的社会意识不符合社会发展的规律，对社会发展起着阻碍的作用"①。因此，人权保护法律意识具有相对独立性②，并对依法保护人权的实现具有能动的反作用，先进于依法保护人权实现存在的人权保护法律意识，能够在一定程度上促进依法保护人权的实现，乃至向更高水平发展。从实践中看，一个国家或民族的公民人权保护法律意识水平的高低，在一定程度上影响着该国家或民族人权保障实现水平的高低。当然，由于诸多因素的影响，公民人权保护法律意识水平高的国家其人权保障水平不一定高，但人权保障水平高的国家其公民人权保护法律意识水平一定是高的。因此，要想实现依法保护人权，必须培育公民人权保护法律意识，解决公民人权保护法律意识较为落后的现状。

依法保护人权是依法治国的应有之义，有研究者强调："法治建设归根结底是为了人民，法治的核心始终应该是维护人权。"③ 在全面依法治国战略下，依法保护人权被提到了一个新的战略高度，其意义不容小觑。因此，培育公民人权保护法律意识有利于依法保护人权的实现。

(三) 培育公民人权保护法律意识有利于促进人权保障的法治化

实现人权保障的法治化，是自近代以来中国人权事业发展的一个目标，也是中国人权倡导者努力的一个方向。从清末修律伊始，中国传统法律开始逐步走向近代化，法律主要社会功能也开始从维护国家权威、保障皇权逐步走向维护个人权利、保障人权，清末修律第一次打开了中国近代人权思想进入法制领域的大门，是中国人权保障法制化的开端。在主持、参与清末修律的法理派努力下，新修订、制定的一些法律体现了对基本人权的法律保护，迈出了中国人

---

① 马克思主义基本原理编写组：《马克思主义基本原理概论》，高等教育出版社2009年版，第98页。
② 关于"法律意识具有相对独立性"及"法律意识对法的制定与实施的指导作用"的相关论述，参见李步云、刘士平：《论法与法律意识》，载《法学研究》2003年第4期。
③ 罗豪才：《围绕中国特色社会主义法治体系建设推进人权工作法治化》，载《人权》2015年第1期。

权保障走向法制化的第一步。在以后的中华民国南京临时政府、北洋政府、国民政府等历史时期的不断更迭过程中，伴随中国社会的不断发展与进步，先后有更多的人权进入了法制保护的范围和领域，中国人权保障法制化在曲折中得到了不断发展。在此基础上，新中国成立以来，在党和国家的正确领导下，经过改革开放前三十年与改革开放后三十年的不懈努力，中国人权保障法制化得到了深入发展和完善，从而为中国人权保障法治化打下了基础，创造了前提条件。① 与中国人权保障法制化这一过程相伴而生的是，中国人权保障法治化的道路也按照其自身发展规律在不断发展与进步，目前已初步形成具有中国特色的人权保障法治化道路。在中国特色人权保障法治化道路形成过程中，党和国家也逐步认识到了"全社会尊重和保障人权意识"的重要性。在《决定》中也明确指出："加强重点领域立法"，"实现公民权利保障法治化，增强全社会尊重和保障人权意识"。这里强调的"加强重点领域立法"，实际上就是强调要通过加强人权领域的立法来加强人权保障，使人权保障有法可依，才能最终"实现公民权利保障法治化"。这里最后要求的"增强全社会尊重和保障人权意识"，实际上是指要注重培养公民尊重和保障人权意识，当公民权利受到侵犯或损害时，公民要有足够的法律意识，能够做到依法保障人权，能够用法律作为武器来维护自己的权利。

实践证明，一个国家或民族的人权保障法治化的发展水平，是与该国家或民族的公民人权保护法律意识密切相关的。要想真正"实现公民权利保障法治化"，必须首先提高"全社会尊重和保障人权意识"。因此，培育公民人权保护法律意识有利于促进人权保障的法治化。

（四）培育公民人权保护法律意识有利于形成全社会尊重人权和保护人权的法治观念

中国近代以来，伴随着社会进步与不断深入发展，国民的人权意识和法治观念也在不断地发展和进步，特别是近六七十年中国社会在政治、经济、文化等各方面突飞猛进的发展，为中国人权事业与法治建设创造了极为有利的条件，国家治理方式和治理能力逐步走向现代化，公民的人权意识和法治观念也有了很大的改观和发展。但从总体看，由于受多种因素的影响，中国公民在人权意识和法治观念方面仍然存在一些偏差和不正确的认识，特别是在如何运用法律作为武器来维护自己的权利这一问题上，仍然明显缺乏自觉性和积极主动

---

① 参见李步云：《亲历从"法制"到"法治"的转变》，载《人民政协报》2014年11月13日第5版。

性。因此，相对于人们追求人权的渴望以及依法治国的现实需要来说，当代中国公民人权保护法律意识仍需要进一步提高。《决定》也明确指出："推动全社会树立法治意识。坚持把全民普法和守法作为依法治国的长期基础性工作，深入开展法治宣传教育，引导全民自觉守法、遇事找法、解决问题靠法。"从理论上说，公民人权保护法律意识与形成全社会尊重人权和保护人权的法治观念，两者具有内在的必然联系，前者是后者形成与发展的基础和前提，后者是前者发展的必然结果。除特殊情况外，一个公民人权保护法律意识较高的国家和社会，更容易形成全社会尊重人权和保护人权的法治观念。《决定》中强调"推动全社会树立法治意识"，实际上就是为形成全社会尊重人权和保护人权的法治观念创造有利条件。这与前面强调的"增强全社会尊重和保障人权意识"在最终目的上是完全一致的。

因此，要按照党中央的要求，采取有效措施，积极教育、引导全民要自觉守法、遇事找法、解决问题靠法。通过培育公民人权意识和法治观念，尤其是培育公民人权保护法律意识，能够大力提高公民利用法律维护自己权利的自觉性和积极主动性，促使全体公民养成利用法律维护自身权利的良好习惯，促成全社会形成依法保护人权的良好社会风气，从而为形成全社会尊重人权和保护人权的法治观念创造有利条件。

二、当前公民人权保护法律意识的基本状况

追求人权是人类共同的美好愿望和理想，是永无止境的，任何国家或民族在发展人权事业方面没有最好，只有更好。如何提高中国人权事业的发展水平，就是当代中国必须解决的现实问题。在影响人权保障发展的诸多因素中，公民人权保护法律意识起着至关重要的作用。就当前中国公民人权保护法律意识的发展水平来看，其状况不容乐观，已经成为中国人权事业进一步发展的"瓶颈"，许多方面的问题亟待解决。

（一）公民人权保护法律意识仍然受中国传统法律思想文化的影响

理论上说，一个民族或国家公民法律意识的形成，是政治、经济、文化等各方面因素相互作用、相互影响的结果，是一个长期的、渐进的历史演变过程。因此，一种法律意识一旦形成，在一个相当长的时期内就会保持相对的稳定，而且其发展演变也需要一个相当长的历史周期，同时须具备多种社会历史条件，是诸多因素共同作用的结果。由于中国经历了几千年的漫长封建社会，中国传统法律思想文化对人们法律意识的影响经久不衰，传统法律意识已深深植根于中国民众的头脑中。在中国传统社会中，国家的法律是统治阶级维护其统治秩序和统治利益的，法律中根本不可能有任何保障个人权利的法律条款，

是皇帝、大臣及各级官僚用来维护其自身利益的武器和工具,广大民众始终处在被管理和被惩处的地位,是法律制裁的对象。因此,民众普遍对法律采取排斥态度,甚至是形成了错误的法律意识。人们常常把法律看作"瘟神"一样的东西,盼望其早早寿终正寝,普遍认为法律不具有恒久性,只能暂存于一个不合理想的社会中,亦即认为法律存在本身就表明了社会的不合理想性,一个理想的社会是不需要法律的。因此,在中国传统社会的大环境中,人们根本不可能产生利用法律来维护个人权利和利益的想法和念头。在中国传统社会中逐步形成的人们对法律的功能与作用的认识,经过几千年的积累和沉淀,对中国社会的影响可以说是根深蒂固,导致人们习惯性认为任何社会的法律都是这样。时至今日,这种中国传统法律思想文化对人们法律意识的负面影响,在当代中国社会的部分人群中依然存在,特别是在一些经济文化落后的地区,其影响更为明显。这也是当代中国公民人权保护法律意识不强的主要原因之一。从当前实际情况看,这种影响是不可能在短期内得到消除或彻底改变的,在未来相当长的一段时期内,对于增强中国公民人权保护法律意识都是一种很难克服的阻碍因素,在某种条件下其产生的负面效应还有可能被放大。

(二)公民人权保护法律意识存在一定的误区

当代中国,虽然公民人权保护法律意识有了很大的改观和进步,但是在某些方面依旧存在一定的误区,对现代法律的认识仍然存在一些不正确的观点,对现代法律注重保护人权的社会功能和作用还没有深刻的理解和体会。实际上,在现代社会中,就人权与法制的关系来说,"人权是法制的重要内容(甚至核心内容),法制是人权的确认和保障。人权与法制是相互依存、相互作用、相辅相成、缺一不可的"。① 从目前中国的实际情况看,社会上还普遍存在一个不可否认的现象:仍有相当大的一个群体认为法律是国家管理社会的工具,是惩治违法、犯罪现象的,如自己不违法、不犯罪就与法律无关,在潜意识中并不能自觉想到法律还具有维护社会公平正义、维护个人权利的功能和作用。针对公民对当前法律运行和实施情况的态度问题,本研究团队设计了一些问题,选择两个不同的地方,在公民中随机做了相关的问卷调查。调查的基本情况如下:"法治与人治哪种治理方式更有利于保护人权?",有70%的人认为法治,19%的人认为人治,11%的人不确定的;"中国目前是法大还是权大?",有66%的人认为是法大,24%的人认为是权大,10%的人不确定;"当前法律是注重维护国家权威还是注重维护个人权利?",有53%的人认为注重

---

① 罗玉中、万其刚:《人权与法制》,北京大学出版社2001年版,第284页。

维护国家权威，29%的人认为注重维护个人权利，18%的人认为不确定。① 这表明，还有30%的人没有意识到法治在保护人权方面的积极作用，超过1/3的人不认为中国目前是"法大"，超过半数的人认为当前法律注重维护国家权威。这些调查数据有力证明了有相当多的公民在某些法律意识方面确实存在一定的误区，在一定程度上也能折射出当代中国公民人权保护法律意识的现状。当然，导致公民人权保护法律意识存在一定误区的原因是多方面的，既有中国传统法律思想文化、社会发展水平等社会历史条件的影响，也有目前社会在发展过程中出现的诸多现实矛盾问题的影响。

（三）公民人权保护法律意识普遍较为淡薄

在漫长的中国封建社会中，由于受中国传统法律思想文化的长期影响，社会上普遍形成了一种"厌讼"的习惯倾向，人们害怕被涉及"官司"，认为打"官司"是一种特别丢人的事情。儒家思想中极力宣扬和推崇的"无讼"思想，也是民众法律意识淡薄的一个很好例证。在中国传统社会中，由于崇尚无讼，与之相伴厌讼、贱讼便随之而产生，"然而厌讼与贱讼所带来的严重后果，就是人们不明法律，不知运用法律维护自己的适当权益"。② 因此，中国传统社会中民众法律意识普遍比较淡薄。同时，由于中国传统社会的生产方式、社会结构、伦理观念等因素的影响，导致了民众的人权意识更为淡薄，这就决定了在中国传统社会中民众的人权保护法律意识就极为淡薄，仅仅可以视作一点微弱的"灵光"。这种人权保护法律意识微弱的"灵光"，进入近代中国社会以后才开始逐步变得光亮起来，随着社会的不断发展与进步，民众的人权保护法律意识日益增强。由于受中国传统社会中民众的人权保护法律意识极为淡薄的影响，虽然在当代中国公民人权保护法律意识有了很大的改观，在某些方面甚至已经有了根本改变，但仍有很大的发展空间。关于目前中国公民人权保护法律意识较为淡薄的问题，本研究团队调查的具体情况如下："当你自己或亲人的权利受到侵害时，你能首先想到要拿起法律维权吗？"，有52%的人能，41%的人不能，7%的人不确定；"你解决争议问题会采用哪种方式？"，有49%的人选择私了，38%的人选择起诉、调解或仲裁，13%的人不确定；

---

① 统计数据来源于本课题组的调查问卷统计结果。调查方案及统计研究方法：本研究团队在1周的时间内，选择所在地的青岛市黄岛区西南辛安社区、北下庄社区两个不同的地方，在其居委会的支持和协助下，分2次在不同的地方随机发放70~80份问卷，在每次收回的有效问卷中再随机抽选50份问卷，对这100份调查问卷进行统计。下文中的有关统计数据来源与此相同。

② 张晋藩：《中国法律的传统与近代转型》，法律出版社2005年版，第271页。

"当你自己或亲人面临强拆,你认为哪种维权方式最为有效?",有 34% 的人认为法律维权,51% 的人认为直接对抗(做"钉子户"),15% 的人不确定。这表明,当自己或亲人的权利受到侵害时,有近一半的人不能首先想到要拿起法律维权;解决争议问题的方式,选择私了的人多达 49%;在自己或亲人面临强拆时,只有 1/3 稍多点的人认为法律维权最有效,而有一多半的人认为直接对抗(做"钉子户")最有效。对于相似的问题,也有其他研究者做过问卷调查:在问及"当您和本村的人发生经济纠纷时"首先想到的解决方式时,占 49.57% 的人选择"找乡村干部",占 28.61% 的人选择"找亲朋好友",仅有占 20.59% 的人选择"找法庭、法律服务所"。① 这些统计数字很有说服力,能够足以证明当前中国公民人权保护法律意识普遍较为淡薄的真实状况。

(四)公民人权保护法律意识的现有水平不利于全面依法治国战略的实施

总体上看,虽然近三十年中国公民人权保护法律意识水平有了突飞猛进的发展和提高,但是与实施全面依法治国战略的需要相比,仍然有很大的差距。对于这种状况,一些司法部门工作者在司法审判过程中也深有体会:"在我国,由于人情社会源远流长,传统法治精神资源非常匮乏,不少群众法律意识淡薄,遇事不找法,而去找关系;打官司只想赢,输了官司不仅拒不执行判决裁定,而且无休止地上访闹访等。近年来,这些问题不仅没有减少反而越来越突出。"② 从中国人权保障的情况来看,我国在人权保障领域确实已经取得了巨大成绩,但还有很大的发展空间。随着社会的发展与进步,现有人权保障水平与公民不断提高的期望值相比,在许多方面还存在一些不相适应的问题。从中国公民法律意识的状况看,"人们的法律意识远远抵不上权力意识(官本位意识),所以在我国,真正走向法治的标志,不是我们是否有完备的法律,是否有善良之法,而是要有符合法治社会要求的公民,即有良好法律意识的公民"。③ 实际上,"对法律的信仰作为公民法律意识的最高层次,既是公民法律意识的核心,又是衡量公民法律意识是否真正健全的标志,也是社会真正实现法治的前提和关键"。④ 在当前新形势下,公民对法律产生信仰是实现全面依

---

① 司小莉:《当代农民法律意识的困境、成因及培育路径》,载《河南师范大学学报(哲学社会科学版)》2010 年第 6 期。
② 胡云腾:《司法的首要职责是实施法律》,载《法制日报》2013 年 9 月 11 日第 9 版。
③ 肖周录:《依法治国:重在公民法律意识与信仰的培育》,载《西部法制报》2014 年 11 月 6 日第 4 版。
④ 梅义征:《论公民法律意识的培育》,载《中国司法》2004 年第 4 期。

法治国的前提条件和基础，也是建设社会主义法治国家的一个终极标志。鉴于当前中国公民人权保护法律意识的基本状况，为更好地实施全面依法治国战略，必须积极培育公民对法律的信仰，增强法律在维护公民权利方面的公信力和影响力。

《决定》强调指出："法律的权威源自人民的内心拥护和真诚信仰。人民权益要靠法律保障，法律权威要靠人民维护。"卢梭也曾说过："法律既不是镌刻在大理石上，也不是镌刻在铜表上，而是铭刻在公民们的内心里。"因此，只有让公民把法律铭刻在自己"内心里"，进一步增强公民人权保护法律意识，才能为实施全面依法治国战略创造有利条件。

三、全面依法治国战略下培育公民人权保护法律意识的主要路径

关于培育公民人权保护法律意识的主要路径问题，相关研究成果已有不少，主要集中在大学生与农民这两类人群上。但现有成果探索的多是宏观的措施或方法[1]，并非真正的具体路径。理论上说，探讨培育公民人权保护法律意识的路径有多种思路，比如，可以依据培育的方式或手段不同来探索，也可以依据培育的客体或主体不同来探索等。鉴于现有成果中，缺少从培育主体不同来探索的研究成果，在此主要就是依据培育公民人权保护法律意识的主体不同，进行具体路径的探讨。具体说，主要有五种路径：

（一）通过政府及相关职能部门培育公民人权保护法律意识

在当前或未来相当长的一段历史时期内，无论在理论上还是在实践上，政府及相关职能部门仍然是培育公民人权保护法律意识最主要的主体。"政府既是对人类精神起作用的巨大力量，又是为了公共事务的一套有组织的安排。"[2] 培育公民人权保护法律意识，既是对"人类精神"发生作用，又是政府"公共事务"当然的内容。因此，培育公民人权保护法律意识必然离不开"政府"这个"巨大力量"和"一套有组织的安排"。政府及相关职能部门可通过制定相应的政策、措施，并依靠其强有力的行政手段或特有的其他相关公共权力，采用多种形式培育公民人权保护法律意识。这是目前最有效、最有影响力的一

---

[1] 参见申自强：《新时期大学生法律意识的培养路径探析》，载《学校党建与思想教育》2014年第16期；王丽英：《提升河北省农民工法律意识的路径探析》，载《河北学刊》2012年第5期；魏小强：《当代农民法律意识发展的路径选择——新农村建设背景下的探讨》，载《学海》2011年第5期；司小莉：《当代农民法律意识的困境、成因及培育路径》，载《河南师范大学学报（哲学社会科学版）》2010年第6期。

[2] ［英］J.S.密尔：《代议制政府》，商务印书馆1982年版，第29页。

种培育公民人权保护法律意识的路径。在全面依法治国战略下,政府及相关职能部门是快速推动公民人权保护法律意识发展与进步的主要力量。一方面,政府及相关职能部门可以通过执法、司法、守法和法律监督等实践活动,使"纸面的法律"变成"实践的法律";另一方面,政府及相关职能部门通过开展法治宣传和普法教育等活动,使法律进入千家万户,进入人们的思想观念,促成人们树立牢固的法律意识。比如,到目前为止,在党中央、国务院正确领导下,司法部、全国普法办已顺利实施完成了全国六个五年法治宣传教育规划,现在正在全国推广实施"七五"普法规划,在法治宣传教育工作方面已经取得了显著成效。这就是政府及相关职能部门在培育公民人权保护法律意识方面,最具代表性的一个成功事例。

(二)通过相关社会组织培育公民人权保护法律意识

在当前形势下,社会组织也是培育公民人权保护法律意识的一个重要主体。一方面,社会组织可以通过参与法治体系的创建,在立法、执法、普法以及法律公共服务供给等各个环节中不断提高公民的法律意识;另一方面,社会组织可以通过对法律实施和运行进行监督,进一步督促公民爱国守法,促使社会形成良好的法治习惯。改革开放以来,我国各类社会组织有了很大的发展,已成为社会主义现代化建设的一支重要力量。据民政部有关统计,截至2015年底,全国共有社会组织66.2万个,比上年增长9.2%。其中,社会团体32.9万个、各类基金会4784个、民办非企业单位32.9万个。[①] 在社会分层中,社会组织处于中间层次,起着承上启下的作用,向上与政府及相关职能部门有密切联系,向下直接联系着普通民众。《决定》中也强调:"发挥人民团体和社会组织在法治社会建设中的积极作用。"社会组织作为不可缺少、具有独特优势的一种相对独立的社会力量,既可以积极配合、协助政府及相关职能部门做好培育公民人权保护法律意识方面的工作,弥补其某些方面的不足和缺漏,又可以独立面向社会实施普法教育宣传,还可以仅面向本组织内部人员开展增强人权保护法律意识的各种活动。特别值得一提的是,"作为一种民间力量,社会组织自身具备了亲民性、本土性、草根性等特点,借助社会组织能够增强法治宣传教育的力度,能够引导公民自觉遵法、守法,让他们能够借助法律知识解决问题"。[②] 从实践中看,一些社会组织在普法工作中确实做出了重要贡献,在一定程度上促进了公民人权保护法律意识水平的提高与进步。因

---

① 参见中华人民共和国民政部网站:《2015年社会服务发展统计公报》中有关统计数据。

② 姚志敏:《壮大社会组织建设法治中国》,载《人民论坛》2015年第35期。

此,在培育公民人权保护法律意识方面,社会组织确实扮演着至关重要的角色,是一支不可缺少的重要力量。

(三) 通过学校教育培育公民人权保护法律意识

学校也是培育公民人权保护法律意识的一个重要主体。早在1986年,邓小平同志就指出:"法制教育要从娃娃开始,小学、中学都要进行这个教育。"①《决定》也明确要求:"把法治教育纳入国民教育体系,从青少年抓起,在中小学设立法治知识课程。"这也能足以说明学校教育(国民教育体系)在法治教育方面的重要地位和作用。当然,这里的"国民教育体系"不仅仅是指小学、中学,也包括大学及研究生教育。在各级学校的教学内容安排中,都有与学生年龄阶段、身心发展程度、认知水平与行为能力相适应的法治教育内容。一般说来,小学主要侧重安全法治教育,中学主要侧重法律基本知识教育及守法习惯的养成教育,大学主要侧重于树立正确的法治观念和法律信仰教育。各级各类学校依据国家有关要求,结合不同年龄阶段的学生实际,在充分利用课堂教学对学生进行相应法治教育的基础上,把课堂教学与课外活动相结合,合理利用传统教学手段与现代教学手段,有计划、有组织地对学生开展相应法治教育。通过从小学、中学到大学的连续教育,学生在学校有计划的安排下可以接受一个相互衔接、逐步提高的、较为系统的法治教育,从而为其牢固树立人权保护法律意识和法治观念打下坚实的基础。因此,学校教育是学生接受法治教育的主渠道,是青少年形成正确的法治观念和法律意识的最为关键的环节。实际上,学校不仅仅是学生接受法治教育的主渠道,在全国普及九年义务教育、个别地方即将试行十二年义务教育、大学生人数逐年递增的条件下,学校教育对提高整个社会的人权保护法律意识水平都起着至关重要的作用。因此,学校教育也是培育公民人权保护法律意识的一个重要路径。

(四) 通过家庭教育培育公民人权保护法律意识

家庭也是培育公民人权保护法律意识不可缺少的一个主体。家庭是社会的细胞,是社会的基本单位,同时也是一个人出生、成长并伴其一生的生活环境。父母也经常被称作孩子的第一个"老师",家庭是孩子接受教育的第一个"学校"。因此,家庭教育也是培育公民人权保护法律意识不可缺少的一个主要路径。家庭成员,特别是父母的品质、习惯、兴趣、爱好等会对其子女产生深远的影响,而且这影响是潜移默化、无所不在的,也是别人无法替代的。因此,一个父母都遵纪守法、具有较强法律意识的家庭,其子女必然深受影响,

---

① 《邓小平文选》(第3卷),人民出版社1993年版,第163页。

更容易形成遵纪守法的良好习惯，具有相对较高的法律意识水平。实际上，家庭教育是一种亲情教育，父母在对子女进行法治教育时，往往是以自己固有的法治观念以及对法律的信仰程度，通过言传身教与日常可见的行为方式传递给子女，从而使子女形成自己对法律的认识与理解，乃至最终形成自己的法律意识。自古以来，中国的家庭教育一直受遵纪守法的传统家庭美德影响，从这个角度讲，"家庭教育在青少年法律意识形成中具有潜在的积极性"。① 从中国家庭的实际情况看，由于多种因素的存在，特别是历史的原因，导致现在的中老年父母以及一些农村、贫穷落后地区的年轻父母文化水平普遍较低，家风相对比较传统、保守，缺乏现代社会家庭必备的法律文化知识和符合时代发展要求的法治观念，对年轻一代人权保护法律意识的形成和发展极为不利。因此，对于中国现有的类似这样的众多家庭，政府及有关职能部门应给予足够重视，要尽快采取措施促进每个家庭，特别是家长的法律意识水平的提高，从而为培育公民人权保护法律意识创造较为有利的家庭环境。

（五）通过个人自我教育和养成培育公民人权保护法律意识

公民个人也是培养其自身人权保护法律意识的主体，而且是最终起决定作用的、最为关键的一个主体。因此，通过公民自我教育和养成，也是培育公民人权保护法律意识的一个路径。由于外因只是事物变化的条件，内因才是事物变化的根据，外因要通过内因才能发生作用，所以上述所有培育公民人权保护法律意识的路径，其前提条件是公民要有自我培育和提高人权保护法律意识的意愿，最后都必须通过公民个人才能产生一定的效果和作用。亦即是说，对于一个内心对此事无动于衷、漠不关心甚至有一定抵触情绪的人来说，一切培育路径都是不起作用的。实际上，公民人权保护法律意识的提高，来源于其对法律保障人权功能的信任和依赖，正如美国著名法学家伯尔曼在《法律与宗教》中所说："法律必须被信仰，否则它将形同虚设。"实际上，一个人经过家庭、学校、社会组织（工作单位）、政府及其职能部门等的影响、教育或宣传，通过多层面、多渠道接受有关人权保护法律意识的学习和教育，内化为自己对法律在保护人权方面的坚定信仰和依赖，最后形成自己特有的人权保护法律意识。在这个过程中，只有个人的法律情感、法律认知和法律理念不断地发展与进步，才能实现其自身人权保护法律意识的逐步提高。因此，要真正提高当代中国公民的人权保护法律意识，还必须使公民个人认识到增强法律意识的重要

---

① 姜平：《当代家庭教育对青少年法律意识形成的潜在性》，载《云南财贸学院学报（社会科学版）》2006年第4期。

性,从而使其发自内心自觉去学习,通过整合政府及其职能部门、社会组织、学校、家庭与个人的力量并最终形成合力,才能提高其自身人权保护法律意识,为提高整个社会的人权保护法律意识水平创造有利条件。

从当代中国的实际情况看,经过长期以来的不懈努力,公民人权保护法律意识和法治观念已有了明显的改观和进步。特别是改革开放以来,公民人权保护法律意识已明显逐步增强,一些从传统社会遗留和延续下来的错误法律意识也得到了一定程度的修正,在一定程度上,人们已经体现了利用法律来维护个人权利和自身利益的主动性和积极性。这里需要明确的是,"培养法律意识本身并不是目的。我们的目的是要依靠一种进步的与科学的法律意识作为指导,形成正确的法概念,制定一套好的法律规范与原则,建立一套好的法律制度,保证法律在实际生活中得到最有效的执行与遵守,使法的作用得到最有效的发挥"。[①] 当代中国已经逐步形成了中国特色社会主义法律制度,从立法到司法、从实体法到程序法、从宪法到部门法都体现了对人权的保护。特别是党和国家对人权事业的持续关注和重视,中国人权保障法治化的不断发展和完善,为当代中国人权事业发展提供了较为完善的制度保障,创造了非常有利的条件和难得的发展机遇,使中国的人权与法治建设取得了世界瞩目的巨大成绩。在全面依法治国战略的新形势下,中国人权与法治建设正面临新的机遇和挑战,有鉴于此,必须大力培育公民人权保护法律意识,进一步推进中国人权与法治建设的发展,才能为全面推进依法治国战略创造更为有利的条件。

(原载于《广州大学学报(社会科学版)》2017年第7期,有删改)

---

① 李步云、刘士平:《论法与法律意识》,载《法学研究》2003年第4期。

认真对待"特赦"的法理言说
——从人权、宪法实施、法治三个层面说起

梁鸿飞* 张 清**

摘 要 ▶ "特赦"关系着公民基本权利的处分与国家刑罚的执行,绝不能简单地将其作为一个偶然性的政治决定来看待,否则势必会对国家的人权理念、宪法权威以及法治建设产生相当大的负面影响。尤其是在十八届四中全会之后,国家正着力推动宪法实施,推进法治中国建设,在此背景下,认真地对待"特赦"更应是我们不可回避更不容小觑的命题。在立宪时代,"特赦"是一个储藏着人权保障价值的法律概念,而人权保障之根本规范为一国之宪法。那么,在法理逻辑上应将"特赦"措置在宪法之人权规范实施的范畴之内,而实施之路径应由以宪法为纲的法治来铺就。

关键词 ▶ 特赦;人权;宪法实施;法治

2015年,为纪念中国人民抗日战争暨世界反法西斯战争胜利七十周年,国家最高权力机关重启已经尘封四十年之久的"特赦",此一举动引起各界的广泛热议。但是,一阵热议之后官方层面就再无声息,直至2016年最高人民法院的"两会"报告中提及共赦免3万余人,"特赦"才重新回到人们的视野之中。"特赦"关系着公民基本权利的处分与国家刑罚的执行,倘若仅仅将其作为一个偶然性的政治决定来看待,或是说留给人们一种主观印象势必将对国家的人权理念、宪法权威以及法治建设产生相当大的负面影响。是故,认真地对待"特赦"是我们不可回避更不容小觑的命题。

"'特赦'的概念及其作为政治统治术在中国自古至今有之,在西方也同时自古至今并存。'特赦'是一个跨越东西方、横亘古今的普世概念及政治统

---

* 梁鸿飞,南京大学法学院博士研究生,主要研究法理学与民商法学。
** 张清,法学博士,扬州大学法学院教授,博士研究生导师,主要研究法理学与宪法学。

治术。"① 然而，在前立宪社会，"特赦"并不是一个储藏着人权保障价值的法律概念，而只是君主或统治者恩施仁政、聚拢人心的方法、手段，"特赦"的时期具有不确定性，"特赦"的方式具有不规则性，"特赦"的对象难以进行类型的分化。在以宪法为圭臬，奉行法治的国家或时代，国家的治理讲求权利本位的价值宗旨与遵循法律的权力理念。在此语境下，"特赦"应由所谓的"恩施仁政"转向"人权保障"，而"保障"之根本原则与最高依据则在已被奉为圭臬的宪法之中，由以宪法实施为逻辑起点的法治方式推求而出。由此不难发现，现代之"特赦"，其价值宗旨在于人权保障，正当性渊源为宪法之人权规范，实施路径则由法治来铺就。是故，笔者就人权、宪法实施以及法治三个维度顺次而下来审视"特赦"，一方面以更为立体的方式描绘出"特赦"的法理原貌，另一方面亦为如何认真地对待"特赦"提供学理参考。

一、"特赦"与人权

"在当代，就各国政治理念及国内法上的'特赦'概念，通常被理解为一种宽免理念，在形制上则是由国家元首或最高国家权力机关以法律、政令等形式对特定时期、对全部或大部分或一部分特定的犯罪人或不特定的犯罪人，对已判定之罪或正在追诉之罪予以免罪和免予刑罚或免予追诉尚未定狱之罪的政令、法律、政策或措施。"② 在中国人民抗日战争暨世界反法西斯战争胜利七十周年之际，最高权力机关决定特赦四类服刑罪犯无疑是国家宽免理念的再次彰显，同时也是我国向海内外表达人道主义情怀的历史契机。如赵秉教授志所言，"在新的历史时期施行特赦，充分展示了刑罚人道主义，凸显了国家和社会对罪犯的必要宽容"。③

回顾历史并不是为了复读仇恨，而是以史为鉴企望未来。面对深沉的历史，我们时常提及的"殷忧启鉴"在宣扬"落后就要挨打"这一朴素真理外，更是警示人类，如若一个国家、一个民族丧失了人道主义情怀，无论再怎么强大也必然坠入地狱的深渊之中。同理，施予痛苦的严苛刑罚是刑事法律乃至整个法律规范体系存在的必要手段，但是施予痛苦并不是法律的价值依归，严苛刑罚亦非主宰国家的治理之道。罪刑法定之后的人道主义补足是避免法治异化

---

① 陈云生：《中国的特赦及其宪政意义》，载《广州大学学报（社会科学版）》2010年第1期。

② 陈云生：《中国的特赦及其宪政意义》，载《广州大学学报（社会科学版）》2010年第1期。

③ 《三大看点解析我国特赦部分服刑罪犯的决定草案》，载新华网，2015年8月24日。

为刑治的重要屏障,以"特赦"为载体的人道主义情怀表达不失为纾解国家暴力氛围,消解社会戾气的善治良方。

具体来说,"反理性的、反社会的和犯罪的行为都被解释为是对人之正常本性的病态偏离,正像自我保护这种内在本能可能会在某种情况下和在一些人身上被结束自己生命的冲动所驱使而泯灭"。① 这种正常本性的病态偏离诚然给予了国家权力限制公民权利的正当理由,使其隔绝于社会,避免病态之危害进一步扩大。刑罚施予的痛苦与隔绝不仅仅旨在惩罚罪犯,避免危害,同样也有纠正乃至治愈罪犯之病态的功能与意向。也就是说,除非罪之病态已无药可救,非死刑不足以抵其罪过,其余之刑罚施予罪犯表明国家仍未放弃这些病态的少数人。当刚性的刑罚是本着"治病救人"的角度出发,这就说明国家仍在坚守权利本位的权力理念。但是,我们必须承认,如同法律固有的空缺结构一样,刑罚矫治罪犯之病态的功能也并非面面俱到、药到病除。一味地固执于刚性严苛的刑罚有时往往适得其反,不顾世事的历史变迁,忽略社会期待的实质正义,完全依凭国家暴力维护稳定的秩序,所谓的法治也只具有形式上的意义,实质上已经异化为刑治。所以,如同法官需要用法律解释方法填充法律的空缺结构一样,国家也需要用人道主义精神调处刚性严苛的刑罚,以致仁爱和宽容成为权力主体的个性与品格,那些病态的少数人也能够感受到人道的温婉理性之光。

事实上,"我们人类自身从来就是在爱与恨、宽容与残忍这两种情感的交织、博弈中成长和成熟起来的。全部人类文明史就是一部不断摆脱邪恶之心逐渐走向理智、不断褪去残忍的本性走向宽容的过程。没有人类的理智和宽容,像'特赦'之类的最能体现仁爱和宽容的政策或制度的产生和存续,是不可想象的事情"。② 然而,需要强调的是,"特赦"所彰显的仁爱和宽容是寄寓于人道主义精神之中的,现代国家行使"特赦"之权并不源于皇恩浩荡式的恩典而是基于权利本位的价值原则。"人道主义(humanism)作为一种自觉的思想,即承认自己与他人都是人,人人平等,每个人都应享有生存与发展的权利,最早出现于 14 世纪、15 世纪的西欧文艺复兴运动中。"③ 此后,人道主义的内涵不断丰富,并集中于人权这一伦理原则之中,成为人权之义。可见,人

---

① [美] E. 博登海默:《法理学——法律哲学与法律方法》,邓正来译,中国政法大学出版社 2004 年版,第 32 页。

② 陈云生:《中国的特赦及其宪政意义》,载《广州大学学报(社会科学版)》2010 年第 1 期。

③ 黄枬森:《关于人道主义和异化问题的讨论》,载《北京大学学报》2010 年第 1 期。

道与人权有着密切的耦合性。作为一项流行于人类社会之中的伦理原则,"人权通过强调人之作为人所应有的资格、利益、能力和自由,来维护人的尊严和价值,防止和扼制任何把人作为手段或工具的功利主义的、结果主义的考虑。在这种意义上,我们可以说,人权是一个以人道作为社会进步目标的目的性概念。此其一。其二,人权是一个以个体作为人道主体的主体性概念"。① 它不仅把人道要求落实在具体的个体的发展与完善,更加强调个人是人道的主体,而非客体或对象。② 也就是说,所谓的人道关怀应当是人作为人而应有的权利,非当权者的恩赐。"其三,人权是一个以权力来推行人道的权威性概念。作为一个法学上的权利概念,人权不仅指承认人们所享有某种实际的符合人道原则的利益和需要,而且,它把享有和满足这些利益需要宣布为人的权利。"③ 概而言之,人道主义是人权的主旨,现代人权又要求人道主义需要奉行权利本位的价值原则,脆弱的人道主义则需要借助人权概念予以强化、稳定以及发展。

回到"特赦"的命题上来,如果说"特赦"是对特定类型的罪犯所施予的合理的人道主义关怀,那么也可将其称为国家依从权利本位这一价值原则,按照既定的法律程序对特定类型的罪犯提供的人权保障。这种人权保障虽不同于落实一般的国家作为义务主体的权利性条款,但就人道主义这一价值出发点而言并无二致,其最终目的仍是为了治愈罪犯的偏离人之正常本性的病态,使之重新回归到理性人的角色,再次获得平等生存与发展之权利。就当下的一般情况而言,"伴随着社会交往的频繁、交往方式的愈加多样和交往风险的不断攀升,人权保障要求法律之治从更多层面和更多侧面加以回应"。④ 显然,现代人面临的各种风险在客观上要求人权保障在法律之治的层面向着更为绵延周密的方向迈进,这对大多数一般人适用,对少数正在服刑的罪犯也应同样适用。认真对待弱势群体、少数群体乃至有罪过之群体的权利是拷问一国之人权保障完善与否、正义与否以及是否具有人道主义情怀的关键命题。如范进学教授所言:"考察一个社会的人权实现状况,既要看多数人的人权实现程度,更要看少数人或个体公民的人权实现程度。在一个社会中,往往多数人的人权容

---

① 夏勇:《人权的概念起源——权利的历史哲学》,中国政法大学出版社2001年版,第176页。
② 夏勇:《人权的概念起源——权利的历史哲学》,中国政法大学出版社2001年版,第176页。
③ 夏勇:《人权的概念起源——权利的历史哲学》,中国政法大学出版社2001年版,第177页。
④ 罗豪才、宋功德:《人权法的失衡与平衡》,载《中国社会科学》2011年第3期。

易得到实现,而少数人或个体的人权诉求难以被重视,甚至被忽视或蔑视。如果一个社会建设起了对少数人或个体人权保护的屏障,让少数人或每一个个体的人权诉求基本得到满足,应当说该社会的人权状况就是好的或者是比较好的;反之,如果一个社会不顾少数人或个体人权的保护,而一味地以牺牲他们的人权为满足多数人权利的代价,则该社会即会倾向于多数压迫少数的危险,这对于人权保护也是极具危害性的。"① 认真对待少数人乃至有罪过之人的权利亦应为遵循文明之道的人类的价值共识,《公民权利和政治权利国际公约》第10条规定,所有被剥夺自由的人应给予人道及尊重其固有的人格尊严的待遇。第26条规定,所有的人在法律前平等,并有权受法律的平等保护,无所歧视。在这方面,法律应禁止任何歧视并保证所有的人得到平等的和有效的保护,以免受基于种族、肤色、性别、语言、宗教、政治或其他见解、国籍或社会出身、财产、出生或其他身份等任何理由的歧视。可见,现代人权的发展之道应由"认真对待权利"迈向认真对待弱势群体、少数群体乃至有罪过之群体的权利,这既是人权发展更为精进之路向,也是人权保障亟待填补之洼地。

现代国家之"特赦",从某种角度可以被理解为刑罚人道主义。如果我们顺着人道主义这一关键词超越刑罚领域来看,实则是国家在人权保障方面朝着更为精进的方向迈进。所以,如果说国家用完善人权法的方法来填补现代社会的人权洼地,那么"特赦"就是这一方法的微观缩影,抑或说具体表现。

二、"特赦"与宪法实施

前文提及,由于人道本身过为孱弱,是故需要借助人权概念予以强化、稳定以及发展。"特赦"实质上是国家以人权保障的方式推求人道主义情怀,使其落到实处,有所依归。然而,自全国人大常委会决定特赦四类服刑罪犯以来,多数人都在提及《宪法》第67条与第80条,即"全国人民代表大会常务委员会行使下列职权:……(十八)决定特赦","中华人民共和国主席根据全国人民代表大会的决定和全国人民代表大会常务委员会的决定,公布法律,任免国务院总理、副总理、国务委员、各部部长、各委员会主任、审计长、秘书长,授予国家的勋章和荣誉称号,发布特赦令,宣布进入紧急状态,宣布战争状态,发布动员令"。这两项条款诚然是国家施行特赦具有最高效力的规范性依据,但其所蕴含的更多的是程序性要素。如果仅仅强调宪法的第67条与第80条,而忽视实质之价值依归,所谓的"特赦"势必给人留下灵动之政策或盛世之仁政的印象。尤其是距上次特赦已有四十年之久,又恰逢"9·3"

---

① 范进学:《宪法实施:到底实施什么?》,载《学习与探索》2013年第1期。

阅兵盛典，种种因素似乎都在印证我国之"特赦"是灵动之政策或盛世之仁政。"特赦"既然是国家以人权保障的方式推求人道主义情怀，那么必然需要以宪法为纲的法律体系织构起落实人权、推求人道的规范之网。只不过，除了发现程序性的正当依据之外，更加重要的是探寻与明确法律体系之中的实质价值依归，使得法律实施尤其是宪法实施能够体现保障人权的应有能效与推求人道的价值取向。

通常认为，宪法是公民权利的保障书。"宪法形成与发展的逻辑基础是人的尊严与权利的保障，即人是宪法发展的基础"。[①] "一部宪法，如果失去了对人权和民主的价值追求，就丧失了宪法的核心原则，从而也就不能称其为宪法。"[②] 可见，宪法作为根本之法应当在人权保障的法律实施中起着提纲挈领的作用，尤其是 2004 年人权入宪以后，无论是学界还是普通民众对此都有着莫大的期许，希冀"尊重与保障人权"成为法律实施乃至整个国家活动之主旋律。有人认为，"一个国家，特别是中国这样的国家，公民的人权能不能得到充分保障，人权事业能否取得进步，更多的恐怕不是取决于宪法作出什么样的规定。人权是理想和应然性的东西，但更是现实，是实践性的东西，特别是与政治和一国的历史有密切的关联，当其他相关的条件不具备、不成熟的时候，对人权进行过于热烈超前的讨论，有可能不利于人权的发展"。[③]

笔者认为，一国人权保障的水平固然与其社会历史背景有着密切的关联，但人权作为一项伦理原则如何对其进行讨论并不影响它的发展。人权保障的法律之治并不需要过多的形而上色彩，公民的人权能不能得到充分保障当然不仅仅取决于宪法作出什么样的规定，因为更加关键的是国家作为义务主体是否切实地履行了公民权利保障书上的承诺。"一部宪法无非涵盖两大部分规范内容，即一部分是权力规范，而另一部分是人权规范——基本权利规范。"[④] 这两部分规范绝不是毫无交集，并列而行。相反，权力规范之实施旨在保障基本权利，也是就将权力主体作为义务主体履行承诺，保障人权规范的实施。[⑤] 这在本质上也就道出了宪法实施的最终指向是人权规范。亦即，人权规范的实施乃宪法实施之鹄的。

---

① 韩大元：《中国共产党依宪执政论析》，载《中共中央党校学报》2014 年第 6 期。
② 周叶中：《宪法》，高等教育出版社、北京大学出版社 2000 年版，第 155～156 页。
③ 刘松山：《人权入宪的背景、方案与文本解读》，载《华东政法大学学报》2014 第 5 期。
④ 范进学：《宪法实施：到底实施什么？》，载《学习与探索》2013 年第 1 期。
⑤ 范进学：《宪法实施：到底实施什么？》，载《学习与探索》2013 年第 1 期。

"特赦"本应是国家基于人权这一伦理原则推导而出的正常权力行为,这既是对宪法人权规范的落实,也是推行宪法实体性实施的例证。所谓"特赦",赦其罪过,允其新生。在皇恩浩荡已过其时,人权理念已入人心的当代,"特赦"作为尊重少数人的权利这一人道主义情怀的表达本身就是人权发展的应有内容,人权保障的具体表现。宪法的本质就是公民权利的保障书,但无须将各种权利一一列举完毕。再者,"国家尊重与保障人权"这一提纲挈领的原则业已写进宪法,在法律实施和国家活动中就理应起着思维路向与价值指标的作用。所以,可以确证,如果说"特赦"是人权保障的具体表现,那么它就应该纳入宪法实施的范围之内,即宪法人权规范实施的范围之内。换句话说,唯有将"特赦"纳入宪法实施的范围之内才能保证其尊重人权的价值取向以及以此为依托的人道主义情怀。

最后,如果我们将2015年之"特赦"结合党的十八届四中全会来看,或可将其视为宪法实施之开端。党的十八届四中全会强调:"完善以宪法为核心的中国特色社会主义法律体系,加强宪法实施;健全宪法实施和监督制度,完善全国人大及其常委会宪法监督制度,健全宪法解释程序机制。"全会还提出,将每年12月4日定为国家宪法日。随后,十二届全国人大常委会第十一次会议通过决定,把每年12月4日正式设立为国家宪法日,进而具有法定效力。显然,面对宪法的长期悬置化处境,党中央已经明确表达了推动宪法实施的政治决心,尤其是设立国家宪法日之动议足见其认真对待宪法的诚意。国家在抗战胜利七十周年之际重新开启"特赦"自然有一定的政治考虑,但只要政治逻辑与宪法逻辑相一致,从执政党和国家推动宪法实施这一宏观背景下考量,将2015年施行的"特赦"视为宪法实施之开端仍然是合乎逻辑的。

三、"特赦"与法治

十八届四中全会之所以着力强调宪法实施很大程度是因为,随着依法治国方略的确定,迫切需要以宪法为根本依据,重新凝聚基本共识,以此为逻辑起点开启法治之征程。

所以,有人宣称:"依法治国必定要求依宪治国,如果治国不依宪,那就等于废弃了立国的根本,背离了最根本的国家共识,使法治陷于悖论,成为无源之水、无本之木,建设法治国家也就无从谈起。"[①] 宪法之治诚然是现代法治的根基与源脉,法律实施如果没有贯彻宪法之规范意旨,抑或离弃宪法之价

---

① 秦前红:《依宪治国:法治的灵魂》,载《暨南学报》2014年第11期。

值取向，就等同于否定自身"良法"之品格，"善治"随之亦不可期，看似宏伟的法治大厦实已危如累卵。宪法就如同法律海洋中的灯塔，为每一部法律的实施提供从立法、执法到司法的方向航标。但是，我们也要认知到，航标的提供诚然是航行最为重要的一环，而仅凭航标再过壮丽的灯塔也不可能将人权、正义、秩序等诸多价值意旨送达至良法善治的彼岸。在法治这一命题之下，一方面，宪法之规范意旨的实现需要法律实施的延展与贯彻；另一方面，宪法之价值取向需要法律实施来提供承载程序。以宪为纲，以法为目，纲举目张方为法治。可见，法治征程的开启固然需要以宪法实施或说宪法之治为逻辑起点，但是这一征程一旦开启，无论是宪法实施还是法律实施皆应有机且统一地规置在法治这一命题之下，为良法善治这一目标而努力。

众所周知，法治与人治相悖，前者追求的是良法善治，后者期待的是王朝盛世。同样是赦免，法治之下的"特赦"必然与人治之下的"恩赦"有着根本的区别。"法治是一系列排列规整的程序，人权是法治程序所要实现的组合本体。"① 只不过，宪法能否有效地实施决定了这一系列排列程序的规整程度与价值取向，进而关系着人权这一组合本体的内在意涵是否富有人道主义情怀。如果说"特赦"是日益精进之人权保障的具体表现，那么在宪法实施的背景之下，"特赦"也是经由法治程序所要实现的人权这一组合本体的外在形式。是故，"特赦"应被规置在法治命题之下，经由法治程序实现，接受法治原则的制约。国家施行特赦也要讲求法治思维和法治方法，兹以保证其确定性、公开性，符合法治之程序正义的标准，由此实现的人权才是宪法规范意旨中的人权，由此推求的人道主义情怀才具有正义的说服力。要之，没有宪法实施情况下的法律之治不能称为法治，不经法治过滤的赦免亦不可谓为"特赦"。

具体来说，即"法治之下的赦免不应成为特定政治机构灵机一动的决策，或是偶然仁政的外显，而必须稳定化、连续化。对赦免的范围，通常应当交由民主的代议机关来决定，并且只能做到相对正义。对那些没有此次享受此项制度'恩惠'的罪犯，在制度上还有减刑、假释和保外就医等救济机会。当然，从制度设计上，也要增加特赦制度的可预期性、公开性等要素"。② 就 2015 年施行的特赦而言，最高权力机关决定，国家元首签署，审判机关裁定，检察机

---

① 徐显明：《法治的真谛是人权——一种人权史的解释》，载《学习与探索》2001 年第 4 期。
② 秦前红：《四十年后重启"特赦"意义何在？》，载新浪专栏—观察家，2015 年 8 月 25 日。

关监督，监狱机构执行等这一系列的过程都要符合既有的法律规定，严守基本的法治原则。当然，毕竟"特赦"已经尘封四十年，无论是司法机关还是行政机关对此都颇为陌生，而且相关的实施规范一时也难以统一周整，具体操作程序势必难免有失精密，法律效果如何亦有待考察。所以，"未来特赦制度的发展愿景是使之常态化、程序化和公开化。比如特赦议案的提起程序、审议和决定程序，特赦的执行监督，特赦人员的帮扶、再适应社会制度，均需建立清晰明确且具有可操作性的制度规范。在条件成熟时，还可考虑使特赦机构常态化，并在全国人大之下设立一个专门的特赦委员会，作为依据宪法和法律，辅助全国人大常委会研究审议特赦议案、监督特赦令执行的机构"。① 不难发现，施行特赦不是一张主席令那么简单，既要讲求规则化与程序化的系统性构建，又要求宪法之人权规范的价值取向与人道情怀，其本身就是一项用法治思维和法治方法建构的艺术工程。恰如陈云生老先生所言："用清晰、明确的思维和体制上固定的建制，将'特赦'确定为今人处理或调节社会纠纷的多元化选择中的一个选项，或许是一个不容回避和有极高价值期待的政治技术乃至政治艺术。"② 显然，清晰、明确的思维应是讲求法治方式的法治思维，体制上固定的建制是在合乎宪法与政治体制的前提下使"特赦"制度化，用更为具体、公开的程序链接其中，进而赋予其操作上的规范性、确定性和可预期性。在施行特赦制度的过程中，无论是在主观的思维路向与方式方法上，还是在客观的规范依据与参照标准上，都体现着规则治理、程序优位的基本原则，进而更有法治上的考量意义。唯具有法治的考量意义，"特赦"才是一项用法治思维和法治方法建构的政治艺术工程，才能具有极高的价值期待。

"法治方法排斥专断方式，法治思维排斥任意的思维。"③ "金斯伯格指出：'正义观念的中心是'消除任意性，特别是消除任意性权力。"④ 可见，法治意味限制权力，排除任意，我们在注重"特赦"法治化以防其成为权力所任意操纵的"恩赦"之同时，也要认知"特赦"本身也应是修补法治不足一种法治方式。这就如同法律的空缺结构需要法律解释来填补，法律的价值冲突需要法律论证来调处一样。在特定情境下，"特赦"是用法治的方式来修补罪刑法

---

① 秦前红：《四十年后重启"特赦"意义何在?》，载新浪专栏—观察家，2015年8月25日。
② 陈云生：《中国的特赦及其宪政意义》，载《广州大学学报（社会科学版）》2010年第1期。
③ 陈金钊：《法治思维和法治方式的意蕴》，载《法学论坛》2013第5期。
④ 张文显：《法治与国家治理现代化》，载《中国法学》2014年第4期。

定之后的人道主义缺失，但这并不意味宏观的人道主义可以任意地贬损讲求技艺精巧的法律方法，矮化或冲击具有原理性与准则性地位的法律原则。

有人认为，人道主义应作为刑罚领域的一项基本原则，以化解罪刑关系法定化的困境，具体而言，就是将人道主义作为司法者的职业道德责任以消解在特殊情境下法律之形式正义所显露的刻薄、残酷。① 人道主义之所以需要用人权的概念予以框定，一方面是因为其过于脆弱，难以独立成型；另一方面则是因为其同样具有普罗透斯之面，如果不以细密的规范化方式推行，反而会泛滥成灾，以增添法治倾覆之风险。法律意义上的正义、公正或许在一定的场景或语境下显得冷酷严苛、不近人情，不符合普罗大众的朴素的实质正义期待，但是作为法律适用者的司法机关并不能用所谓的司法道德去柔化这种冰冷的形式正义。司法者的焦点应集中于法律解释和推定法律事实，过重地赋予其推求人道的价值负荷势必让司法权摇摆不定，事实与规范之间逻辑涵摄反倒成为法庭上的人道宣讲，这样一种不讲求法治方式和法律立场的思维只会把简单的问题复杂化，贬损程序正义，进而与法治脱钩。我们既不能一味地固执于刚性严苛的刑罚，完全依凭国家暴力维护稳定的秩序，但也不可将钟摆推向另一个极端，以人道主义来冲击罪刑法定这一刚性的法律原则，如此以牺牲法治为代价的人道主义进路无异于是舍本逐末、缘木求鱼。罪刑法定作为法治所要求的基本准则在实现普遍正义的同时的确会偶然性地牺牲个体的合理权益，所以这才需要以施行特赦来补足罪刑法定之后的人道主义缺失。从某种角度说，"特赦"是由宪法与法律实施生成的产物，但它又是法律实施尤其是刑法实施的矫正器，其矫正之功能并不体现在法律实施之过程中，而是当法律实施之结果有悖宪法之人权规范意旨，抑或民众普遍的实质正义期待之时，"特赦"才以法治化的方式予以矫正补足，亦即以法治的方式修补法治的缺漏。

人道主义并不是仁爱泛滥，人权保障亦不等同于恩泽天下之恶。在现代法治视域下，"特赦"应表现为国家权力机关用法治方式来回应民众的正义诉求，实现宪法的人权保障宗旨，弥补法治的不足与缺漏，依此才能推求出值得称道的人道主义情怀。

（原载于《广州大学学报（社会科学版）2016 年第 7 期》，有删改）

---

① 参见孙万怀：《罪刑关系法定化困境与人道主义补足》，载《政法论坛》2012 年第 1 期。

人权基础理论

Basic Theory of Human Rights

中国特色社会主义人权理论体系纲要

李 龙* 郑 华**

摘 要▶ 自2013年以来，习近平同志提出了一系列关于人权理论的新理念、新观点和新思想，形成了中国特色社会主义人权理论体系的基本框架，凝结为马克思主义人权理论的最新伟大成果，是人权理论发展史上的重大突破，使人权理论回归到对人本身的研究，重视对人格尊严和幸福生活的保障与发展。中国特色社会主义人权理论体系的基本框架，可以概括为如下五个方面：民生人权观、法治人权观、历史人权观、国际人权观、辩证人权观。

关键词▶民生人权观；法治人权观；历史人权观；国际人权观；辩证人权观

中国特色人权理论体系是以唯物史观为理论基础，以人民中心为研究导向，以生存权、发展权为核心，以人的全面发展为目标的理论体系。体现人权本体论、范畴论、保障论与方法论的基本构成如下：

一、民生人权观

民生，即人民的生计，泛指人的全面发展、人格尊严和幸福生活。孙中山先生把它理解为"社会问题"。① 习近平说得更生动和具体："人民对美好生活的向往，就是我们的奋斗目标。"② 这既是中国共产党的政治宣言，也是对民生人权观通俗的表达。

---

* 李龙，武汉大学人文社科资深教授，博士生导师，主要研究方向：法理学和马克思主义理论。

** 郑华，武汉大学法学院博士研究生，东华理工大学文法学院讲师，主要研究方向：法理学。

① 参见《孙中山选集》（下），人民出版社2011年版，第832页。

② 习近平：《习近平在十八届中央政治局常委同中外记者见面会上的讲话》，载《人民日报》2012年11月16日。

人权，伟大而神圣，令人向往，催人奋进。这一人类的共同理想，不仅在《联合国宪章》中加以确认，也在两个国际人权公约中加以记载，更在《中华人民共和国宪法》中铭刻"尊重与保障人权"的原则。中华民族历来重视人权，孔夫子早在2000多年前就提出废除陪葬制度，倡导"仁爱"。可是，"近代以后中国人民历经苦难，深知人的价值、基本人权、人格尊严对社会发展的重大意义，倍加珍惜来之不易的和平环境，坚定不移地走和平发展的道路，坚定不移地推进中国人权事业和世界人权事业"。① 为此，习近平同志提出了人权问题的一系列新理念、新观点和新思想，首当其冲的就是民生人权观。

第一，民生人权观的集中体现，就是坚持和完善生存权与发展权是基本人权的理念。在人权理论的发展史上，无论是1776年美国的《独立宣言》，还是1789年法国的《人权与公民权宣言》，都按"天赋人权"理论，将生命权列为首位，号称第一人权。这在反对封建专制和神权政治上都具有进步意义。但由于"天赋人权"本身具有虚伪的一面，它以流通领域内的自由与平等，掩盖了生产领域中的奴役与剥削。以形式上的平等，掩盖了实际上的不平等。因此，它所谓生命权实际只是一个口号。中国特色社会主义人权理论，将"生命权"提升为"生存权"，把"生"与"存"结合在一起，而具有崭新的含义，并建立在坚实的物质基础上，把人的"生命"加以"存"续，使我国人民的平均寿命由解放初期的30多岁，提高到女性78岁，男性76岁，不断改善人民生活条件，提高幸福指数，使人的生存变得更有意义并受到尊重。宣告和确认生存权和发展权为基本权，就是说生存权和发展权是人成为其人最基本的权利，具有不可替代、不可分割、不可转让并可以派生出其他人权的特性。我国在生存权上取得的成就，已博得全世界人民的赞扬。

同样地，在"发展权"这新一代人权上，别有广阔的天地。自1986年联合国通过《发展权宣言》以后，很快在发展中国家达成了共识，面对西方国家对发展的责难和挑战。我国从哲理的高度，公开宣布"发展权"与"生存权"一样，同为基本人权的主张把发展权推向了新的高度。我国对发展权的新贡献，就是以法治赋予了崭新的含义，认为它既是个体人权，更是集体人权，认为"发展是硬道理"并将它作为党执政的第一理念。更重要的是，在十八届五中全会和"十三五"规划中，习近平同志提出了"创新、协调、绿色、开放、共享"发展理念，这不仅是我国长期的发展思路、发展方向、发展着力点，而且对世界各国实践发展权具有深远意义。

---

① 习近平：《习近平致2015年北京人权论坛的贺词》，载《人民日报》2015年9月17日。

第二，民生人权观的使命就是消除贫困、改善民生，逐步实现共同富裕。俗话说"小康不小康，关键看老乡"，就是说看贫困老乡能不能脱贫。党的十八大以来，实施精准扶贫、精准脱贫，加大扶贫投入，刷新扶贫方式。经过长期的努力，我国已走出一条中国特色扶贫开发道路，成为世界上减贫人口最多的国家，也是率先完成联合国千年发展目标的国家。但我国人口众多，底子薄，脱贫攻坚形势仍然严峻。截至2014年底，我国尚有7000多万农村贫困人口。因此，中央提出精准脱贫的具体思路：一是加大精准扶贫力度，通过发展生产，使大约3000万人跨越贫困线；二是搬迁脱贫一批，大约1000万人脱贫；三是提高教育程度，通过培训，设法使其就业，可以解决1000万人脱贫；四是用社会保障的办法，托底管理剩下的2000万人脱贫。到2020年，"一个也不能少"，确保贫困县全部脱贫摘帽。所以，习近平号召，"脱贫攻坚战的冲锋号已经吹响。我们要立下愚公移山之志，咬定目标，苦干实干，坚决打赢脱贫攻坚战"。[①]

当然，消除贫困只是改善生活的起码条件，更重要的是提高人民的幸福指数，这就要求党和国家的领导干部和工作人员多谋民生之利，多解民生之忧，解决好人民最关心、最直接、最现实的利益问题，像习近平同志所要求的那样："努力使全体人民在学有所教、劳有所得、病有所医、老有所养、住有所居上持续取得新进展。"[②]

第三，民生人权观的核心问题是就业问题。俗话说，就业是民生之本。因为人民只有充足的就业，才有可能满足生存权与发展权的需要，它是幸福指数提高的基本来源，是人权的物质基础。因此，在当今历史条件下，坚持就业优先战略，实施更加积极的就业政策，创造更多的就业岗位，着力解决结构性的就业矛盾，要全民创业、大众创业，积极贯彻劳动者自主就业、市场调节就业、政府促进就业和鼓励创业，特别是做好以高校毕业生为重点的青年就业工作和农村转移劳动力、城镇困难人员和退役军人的就业工作。加强职业技能培训，提升劳动者就业创业能力，增强就业的稳定性。健全人力资源市场，完善就业服务体系，增强失业保险对促进就业的作用。健全劳动目标体系和劳动关系的协调机制，加强劳动保障监督和争议调解机制，从而构建和谐的劳动关系。

提高人民物质生活水平的举措，诸如教育、医疗、环境保护、食品安全、社会保障和生态文明建设等，都属于民生人权观的重要内容，并且都提上了解

[①] 《习近平总书记系列重要讲话读本》，学习出版社、人民出版社2016年版，第220页。
[②] 《习近平关于深化改革论述摘编》，中央文献出版社2014年版，第97页。

决与提高的日程，都成为历届党代表大会和一年一度人民代表大会讨论与确定的重要方面，业已引起党和国家的高度重视。

第四，民生人权观的重心是强调社会公平正义，实现发展成果的共享，必须深化收入分配制度的改革，努力实现居民收入与社会发展同步，劳动报酬增长和劳动生产率提高同步，提高居民收入在国民收入分配中的比重，提高劳动报酬在初次分配中的比重。特别强调，"蛋糕"在不断做大，同时也要把"蛋糕"分好。我国历来有"不患寡而患不均"的观念，我们要在不断发展的基础上尽量做好使改革发展的成果更多、更公平地惠及全体人民，坚决克服分配不公现象，防止两极分化。要多谋民生之利，多解民生之忧，解决好人民最直接、最现实的利益问题。做到初次分配和再分配都要兼顾效率与公平，缩小人们工资之间的差距。

第五，民生人权观要求推进城乡社会保障体系建设。应该说，社会保障是保障人民生活、调节社会分配的一项基本制度。要坚持全覆盖、保基本、多层次、可持续方针，以增强公平性、适应流动性、保证可持续性为重点，全面建设覆盖城市居民的保障体系。在我国法律体系七大部门法中，其中就有社会法，而社会保障法就是其中的一部专门法。社会保障的范围很大，必须扩大社会保障基金筹集渠道，建立社会保险基金投资运营制度，支持发展慈善事业，做好优抚安置，特别是要完善社会救助体系，健全社会福利制度。

第六，民生人权观既要求提高人民的生活水平，也要求丰富人民的精神文化生活，加强社会主义核心价值观体系建设，是兴国之魂，倡导民主、文明、和谐；弘扬自由、平等、公正、法治；树立爱国、敬业、诚实、友善精神。必将使生存权、发展权永葆活力。通过丰富多彩的文化生活，普及科学知识，弘扬科学精神，提高国家的软实力和全民科学素养，促进人的全面发展。我们一定要坚持社会主义先进文化的前进方向，树立高度的文化自觉与文化自治，使中国特色人权理论体系具有更深的科学内涵，使生存权和发展权放射出更灿烂的光辉。

第七，民生人权观要求全方位、全周期保障人民健康。我国批判地借鉴了天赋人权的集大成者洛克的观点，把健康权提升到了重要地位。习近平同志2016年8月在全国卫生与健康大会上强调："要把人民健康放在优先发展的战略地位，以普及健康生活、优化健康服务、完善健康保障、建设健康环境、发展健康产业，加快推进健康中国建设，努力全方位、全周期保障人民健康。"这是健康促进人的全面发展，保障人权的必然要求，是人类社会的基础性条件，是民主昌盛、国家富强的重要标志，也是人类的共同追求。毫无疑问，良好的生态环境是人类生存与健康的基础。我们要按绿色发展理念，实现最严格的环境保护制度。同时，我们要加快医药卫生的体制改革，要按照十八届三中、四中、五中全会的要求，把这项重大的民生和民心工程加快推进，强化责任担当，努力为人民群众提供全生命周期的卫生与健康服务。

二、法治人权观

如果说民生人权观是中国特色人权观的核心与本体论，那么法治人权观则是中国特色人权观的关键与保障。仅有人权本体论而没有人权保障，实际上就是空谈。1999年九届全国人大二次会议将"依法治国，建设社会主义法治国家"写入宪法，依法治国正式成为治国方略，人权发展有了强大的保障力量。2004年3月14日，在十届全国人大二次会议上，正式以修正案的形式将"国家尊重和保障人权"写入宪法，作为宪法的一项基本原则，这是我国人权事业发展进程中的一个标志性事件。我国合理借鉴了边沁的观点，强调了人权的法治保障，特别是重视和实施了人权的司法保障。2016年9月12日，国家新闻办发布了《中国司法领域人权保障的新进展》白皮书，对我国司法领域的人权保障进行了详细的阐述。当然，对那些暂时在法律上尚未规定的人权，尽量创造条件使其进入法律确定和保障的行列。在宪法这一根本法的指导下，近年来，通过依法治国及司法体制的改革，使我国人权的法律保障特别是司法保障进入了更高更全面保障的新阶段，出现了人权法治保障的新境界。因为司法是一个国家人权保障的最后一道防线，司法腐败是人权的最大悲剧。习近平同志说，"司法是维护公平的最后一道防线"，同时引用了培根的一句名言，"一次不公正的审判，其恶果超出十次犯罪"。习近平同志接着说："如果司法这道防线缺乏公信力，社会公正就会受到普遍质疑，社会和谐稳定就难以保障。"① 因此，习近平同志郑重要求，要使人民群众在每一个司法案件中感受到公平正义，要强化人权的司法保障。法治人权观有着极为丰富的内容，这是习近平同志主持的十八届四中全会对马克思主义人权理论中国化的光辉成果，是他对中国特色人权观的杰出贡献，其科学内涵主要包括：

第一，从人权的具体权利的确立与完善来看，十八届四中全会坚持完善和强调了刑事原告人、被害人和被告人在诉讼进程中的"知情权""陈述权""辩论辩护权""申请权""复议权""上诉权""申诉权"等，而这些诉讼权利，均是当事人人权在诉讼中的具体体现。

第二，从人权的法律原则与法律制度来看，十八届四中全会确立了"罪

---

① 《中共中央关于全面推进依法治国若干重大问题的决定》，人民出版社2014年版，第55页。

刑法定""无罪推定""疑罪从无""非法证据排除"等法律原则与制度从而为查清案件真相，使人权保障落到实处。同时，加强对刑讯逼供、非法取证的源头预防，健全了冤假错案的有效防范和纠正机制，从制度上加强了人权保障。

第三，坚持和完善了我国宪法早已确立的人民法院依法独立行使审判权，人民检察院依法独立行使检察权，不受行政机关、社会组织和个人的干涉的原则。特别是增立了领导干部干预司法、插手具体案件处置的记录、通讯和责任追究制度。

第四，从司法管理体制与运行机制来看，明文规定并具体推行人民法院、人民检察院的人、财、物由省级机关统一管理，实现收支两条线。司法人员实行员额制并分类管理，充实和加强第一线人员，特别是实行谁受理谁裁判，严格法官、检察官责任制和错案追究制，促使司法官员认真办案，严防冤假错案的发生。

第五，严格制定和执行强制执行法，规定逮捕、拘留等刑事强制措施的原则、条件；同时规定查封、冻结、扣押等处理涉案的司法程序，使当事人的人身和财产依法保护和处理。

第六，依法规范司法人员与当事人、律师、特殊关系人、中介组织的接触、交往行为，严禁司法人员与当事人及律师泄露或打听案情，接收请吃或财物等违法乱纪行为，确保案件的正确处理、人权的切实保障。

第七，法治人权观坚决破除各种潜规则，绝不容许法外开恩，反对办关系案、人情案、金钱案，使当事人的人权受到司法过程中各种非法因素的侵犯和干扰。

第八，构建开放、动态、透明、便民的阳光司法体制，推行检务公开、审判公开、狱政公开，依法及时公开司法根据、秩序流程、结果和生效法律文书，杜绝一切暗箱操作，使人权在阳光下运行。

第九，提高司法人员的职业和道德心理素质，使司法人员牢固树立依法办事理念，执行"法律禁止不可为"和"法律授权必可为"的职业要求，明确司法领域"一个错案将导致一批人痛苦"的名言，使人权保障成为法官、检察官的座右铭，将"人权"两字印在脑子里。

第十，在判决的执行阶段，更要重视对被害人和被告人的人权保障，要防止"官司打赢了，被害人人权仍无保障"的现象发生，要落实对被害人精神赔偿和财产赔偿。至于刑事被告人在他们被判决有罪后，送劳改单位或监狱劳动改造，给予革命人道主义待遇，有病给予治疗，重病可以住院，达到法定标准时，还可以假释。对刑事犯罪分子，实行"给出路政策，让他们在劳动中改造自己成为新人"。①

为了使法治人权观得到真正落实,在人权在司法过程中得到切实保障,习近平同志特地提出并践行了几项改革:首先,实行以审判为中心的诉讼制度的改革,要求司法人员特别是办案人员树立必须经得起法律检验和历史检验的理念,树立"两个公正"(实体公正与程序公正)的理念,切实防止冤假错案的发生。近年来,根据已经平反的多起冤假错案的教训来看,过去办案不是以审判为中心,而是以侦查为重点,实行"联合办案""提前介入"。因此,必须将工作中心转移到以审判为中心上来,强调对被害人、被告人和犯罪嫌疑人的人权保障。其次,就是对司法机关的监督,特别是对人权保障问题进行检查。第一,加强公、检、法三家既相互配合,更相互监督。第二,加强权力机关对司法机关的人权监督。第三,更重要的是,要加强党对司法机关的监督,定期听取司法机关党组关于保障人权的汇报,具体解决司法机关出现的问题,必要时,派出巡视组与权力机关配合,对司法机关进行必要的检查。

三、历史人权观

其实,历史人权观源于黑格尔。马克思指出:"黑格尔曾经说过'人权'不是天赋的,而是历史地产生的。"② 但黑格尔是唯心主义者,他的历史观是建立在绝对观念的基础上的。马克思主义批判地借鉴了黑格尔的说法,科学阐释了以唯物史观为理论基础的人权观。恩格斯说:"社会进步一旦摆脱封建桎梏和通过消除封建不平等来确立权力平等的要求提上日程,这种要求就必定迅速地扩大其范围。只要为工业和商业的利益提出这一要求,就必须为广大农民要求同样的平等权利。""这种要求就很自然地获得了普遍的、超出个别国家范围的性质,而自由平等也很自然地被宣布为人权。"③ 这就是说,人权是历史发展的必然结果,是经济规律运行的客观要求,它既不是天赋的,也不是"绝对观念"演绎的,而是历史的。只有唯物史观才能正确回答人权的产生和发展。

马克思主义人权观在毛泽东思想文库中得到了继承与发展。毛泽东强调,只有人民才是历史发展的动力。反复指出人是最可宝贵的,要求人的权利必须与历史、经济、政治相适应。党的十八大以来,以习近平同志为核心的党中央创造性提出了一系列关于人权的新观念和新思想,概括起来主要有:

① 《毛泽东选集》(第4卷),人民出版社1991年版,第1477页。
② 《马克思恩格斯全集》(第2卷),人民出版社1995年版,第146页。
③ 《马克思恩格斯全集》(第2卷),人民出版社1995年版,第447页。

第一,坚持和践行"人民主体地位"的科学理念,牢记"人民是治理国家的主人"这一历史唯物主义观点,党和国家的一切活动,都是为了人民,依靠人民,造福人民,保护人民,以保障人民的根本利益,保证人民依法享有广泛的权利,维护社会公平正义,尊重和保障人权;同时引导人民承担相应的义务。为此,必须坚持和完善人民代表大会制度,善于使党的主张通过法定程序成为国家意志,支持人大及其常委会充分发挥国家权力机关作用,依法行使立法、监督、决定和任免等职权。特别是提高人民代表的素质,提高基层人民代表中工人、农民和知识分子代表的比例,完善人大代表联系群众的制度,优化人大常委会、专家委员会人员的法律知识和年龄结构,发挥人大代表质询和监督的功能,增强他们依法履职的能力。

第二,坚持"创新发展是硬道理"这一历史观,坚信人权的产生与发展始终离不开经济生活,始终受到物质生活条件的制约。这就是说,物质生活条件的高低水平直接决定着人权指数的高低水平。马克思把人对物质生活依赖的程度不同而影响自由程度不同,将人类社会分为三种形态,他说:"人的依赖关系(完全是自然发生),是最初的社会形态,在这种形态下,人的生产能力只是在狭隘的范围内和孤立的地点发展着。以物的依赖性为基础的人的独立性,是第二大形态。在这种形态下,才形成普遍的社会物质交换。全面的关系、多方面的需要以及全面能力的关系,建立在全面发展和他们的共同的社会生产能力成为的物质财富这一基础上的自由个性,是第三个阶段。第二个阶段为第三个阶段创造条件。"① 这就是说,人权这个属于上层建筑的观念形态,永远不能走出社会经济结构的范围,不能离开物质生活条件这个根本。习近平同志在人权历史观上的巨大贡献,就是把"发展是硬道理",把人权受社会经济条件的制约这个马克思主义原理与中国经济的状况直接结合起来。当我国经济社会发展基本面长期趋好,但正处在从高速到中高速的增长速度换挡期、结构调整阵痛期、前期政策消化的"三期叠加"阶段,习近平同志及时阐明了我国步入经济发展的新常态并及时提出了"创新、协调、绿色、开放、共享"的发展理念,强调在实践中加以落实,使中国经济开启了新的航程,不仅保障了中国人民物质生活水平的提高,而且使世界第二大经济实体对人类做出更大贡献,使人权历史观在世界范围内放射光辉。

第三,历史人权观在中国还体现为习近平同志高度重视人权的发展与历史传统的关系。评价一个国家状况,"是在我国历史传承、文化传统、经济社会发展的基础上长期发展、渐进改进、内生性演化的结果"。"如果不顾国情照

---

① 《马克思恩格斯全集》(第46卷)(上册),人民出版社1995年版,第104页。

搬别人的制度模式,就会画虎不成反类犬,不仅不能解决实际问题,还会因水土不服造成严重后果。"① 因此,我们在研究设计我国人权发展时,必须考虑历史传统这个问题。我国过去长期处于封建集权阶段,对人权不够重视,尤其近两百年来,受西方帝国主义的侵略与压迫,人权被践踏,因此,保障人权的制度建设需要一定时间。同时,我们也必须看到我国传统文化中也有保障人权的积极因素,诸如"忠孝仁爱""信义和平""礼义廉耻"等格言与信条,经过改造特别是经过社会主义核心价值观的教育,是可以吸收其某些合理因素,通过人权历史观的传播与普及,必然使中国特色社会主义人权理论体系在实践中形成与提高。

人权历史观表明,随着历史的发展,人权观念也在不断演化、进步和发展。自从18世纪格老秀斯提出"天赋人权"以来,历经几代人权观的演进,从"天赋人权观"到"法律人权观",到"四大自由说",到"新一代人权说"。总的说来,当今世界存在两种人权理论:一种是以天赋人权论为核心的资产阶级人权理论体系;另一种是以马克思主义人权理论为指导的社会主义人权理论体系。中国特色社会主义人权理论体系是马克思人权理论中国化、时代化、大众化的重大成果。它的建立与发展必须以党的十八大以来党和国家提出与阐明的人权理论为核心构成要素,并合理借鉴中外论述人权的理念与观点,在中国国情的基础上逐步形成的。

四、国际人权观

习近平同志关于国际人权观是对马克思人权理论中国化的杰出贡献。国际人权观的核心就是习近平同志提出并阐释"人类命运共同体"的新理念与新实践。2015年9月,他在深刻洞察了人类前途命运的基础上,于联合国大会中明确提出:"当今世界,各国相互依存、休戚与共。我们要继承与弘扬联合国宪章的宗旨和原则,构建以合作共赢为核心的新型国际关系,打造人类命运共同体。"②

提出人类命运共同体,这既是人权发展史上客观必然性的高度概括,也是当代国际形势发展的客观要求,还是我国对外政策的指导思想。这是因为世界格局正处在一个加快演变的历史进程之中,和平、发展、人权的阳光足以穿透战争、贫穷、落后和破坏人权的阴霾,经济全球化、社会信息极大解放和发展了生产力,创造了前所未有的基本人权指数的大幅度提高。与此同时,恐怖主

---

① 《习近平关于全面深化改革论述摘编》,中央文献出版社2014年版,第21页。
② 《习近平总书记系列重要讲话读本》,学习出版社、人民出版社2016年版,第624页。

义、金融动荡、环境危机、气候突变等问题愈加突出，给我国带来了空前的挑战。面对这一全球性问题，无一国家可以置身事外、独善其身，世界各国需要以负责任的精神同舟共济、协调行动。人类生活在同一个地球村，必然是相互联系、相互依存、相互合作、相互促进的程度空前加深，国际社会日益成为一个"你中有我，我中有你"的命运共同体。保障与发展人权成为"人类命运的共同体"，成为每个地球人的神圣职责和行为准则。为此，要加强区域命运共同体建设。

我国坚持睦邻、安邻、富邻政策，突出体现亲、诚、惠、容的理念，加强与东北亚、东南亚、中亚等周边国家不断增进互信、加强人权合作、促进共同繁荣，共同打造周边命运共同体。对于非洲国家，坚持正确的义利观，做义利兼顾，以义为先，对非的合作，讲"真、实、亲、诚"。中非以全面伙伴关系的经济建设和人权建设为引领，坚持互利共赢的平等合作，开放包容的多方合作、绿色低碳和尊重与保障人权的可持续发展，不断提高人民的福祉。对于拉美诸国，共同致力于构建政治上真诚互信、人权建设上互信包容、支持，经贸上合作共赢、人文上互学互鉴，共同打造中拉携手共进的命运共同体。同时，中国积极倡导和践行多边主义，支持二十国集团、上海合作组织、金砖国家等发挥了积极作用。大力推动实现联合国千年发展目标，积极应对气候变化、恐怖活动猖獗等全球性问题。随着国力的增强，中国将在力所能及的范围内承担更多的国际性义务，为人类的发展和人权建设作出更大的贡献。

为了弘扬和践行国际人权观，应该做到：第一，共同打击恐怖活动，切实保障生存权与发展权。恐怖活动是人类的公敌，它们蔑视人权、残害无辜、灭绝人性，受到各国人民的一致谴责与打击。但它们仍然继续作恶，世界各国应组织反恐怖的统一战线，联合国应该起主导作用。事实上，早在"第二次世界大战"期间，四大自由中就有免于恐怖的自由，现在已经发展到"恐怖活动，人类共讨之"的局面。中国一直走在反恐的前列，且不说上海合作组织就把"反对恐怖活动，消灭恐怖分子"作为主要任务之一，在联合国的活动中，我国作为常任理事国之一，积极参加联合国的维和行动，不仅人数最多，而且作出重大贡献，多次受到联合国的嘉奖。更重要的是，我国派出的维和卫士，在抗击恐怖活动中光荣牺牲，在维护和平中多次受伤，从而保障了人类的生存权和发展权。同时，我国还积极参与国际人权维护活动，如参加起草人权保护的国际文件，直接保护各种弱势群体、反对以人权为借口干涉他国内政、反对种族歧视等。

第二，推进全球治理体系的变革，完善全球人权制度的建设。随着经济全球化的深入发展，已经把世界各国利益与命运更加紧密联系在一起，很多问题不再局限于一国内部，很多挑战也不再是一国之力所能应对。世界上的事情特别是人权这个重大事业，根本上需要各国共同努力，亟须建立国际机制，遵守国际规则，追求国际正义，保障人权事业已成为多数国家共识。中国是现行国际体系的参与者、建设者，更是国际合作的倡导者和国际人权的保卫者。中国一直保持开放、透明、包容的姿态，同世界各国尤其是二十国集团成员加强沟通和协商，利用在杭州召开峰会的机遇，把二十国集团维护好、建设好、发展好，促进该集团从危机应对机制向长效治理机制转变，促使世界经济发展和人权保障更上一个台阶。

第三，推动可持续发展，树立尊重自然、顺其自然的观念，将尊重与保障人权落到实处。可持续发展这是 21 世纪人类共同发展战略，绿色发展是实施可持续发展的具体行动。习近平同志指出："生态发展是经济社会发展的基础。发展应当是经济社会整体上的全面发展，空间上的协调发展，时间上的持续发展。"必须清醒地认识到在经济发展中，GDP 数字的加大，绝不是我们追求的全部，我们同时注重社会进步、文明昌盛的指标，特别是人文指标、资源指标、环境指标和人权指标，要尊重自然、顺应自然，实现天人合一，全面体现尊重与保障人权。为此，十八届五中全会提出，"促进人和自然和谐共生，构造科学合理的城市化格局、农业发展格局、生态安全格局、推动建立绿色低碳循环发展产业体系"，把人权保障提到崭新的高度，实现人的全面发展。

人类命运共同体这一重大命题的提出有着深厚的历史渊源和文化积淀，应该说他根植于传统的"和"文化。所谓"和"文化，坚持的是"以和为贵""有容乃大"的格局，追求的是"太平和合"的境界，秉持的是"天下为公""友爱和谐"的政治理念，讲究的是"和而不同"的哲学思想。总之，"命运共同体"是站在世界和人类的高度，提出了反映人类共同理想的"中国方略"，体现了博大的天下情怀。

五、辩证人权观

一个完整的理论体系，既有其本体论、范畴论、保障论，也必然有其方法论。辩证人权观，就是中国特色人权理论体系的方法论，其基本点有：

第一，坚持人权的特殊性与普遍性的统一。我国明确表示接受国际公认的人权普遍性原则。这一立场表明，国际社会只有适用于所有区域的国际人权法。所谓国际人权法，是国际法保护人权的原则、规则和制度的总称。它们既有全球性，又有区域性，都是国际人权法的渊源，我国一贯遵守。同时，我国又认为人权的状况与发展，直接受到各国政治、经济和文化的制约，与各国的历史传统有一定联系。因此，我们必须注重人权的特殊性，要将人权的普遍性与特殊性有机结合起来，将人权的普遍性寓于特殊性之中。

第二，坚持保护个体人权与集体人权的统一。人权的主体无疑是个人，这是必须保护的。同时，对那些由个人组成的群体（集体），如种族、宗教、残疾人、妇女、儿童、老年人等弱势群体，同样实行法律保护。在国际上，对发展中国家的发展权、世界各国的和平权、整个人类的环境权以及对少数民族、种族、战争的俘虏等，同样实现国际法保护。当然，集体人权的主体仍然是个人，但是他们不是以个人身份，也不是由群众作为一个集体来享有，而是由组成群体的个人来享有。也就是说，集体人权的主体必须是组成群体的个人呢，如少数民族中的个人享有。这是社会主义人权理念与制度的重大特征，也是中国特色人权观的优势。

第三，坚持权利与义务的统一。这是对马克思主义人权理论的继承与发展。马克思早就说过："没有无义务的权利，也没有无权利的义务。"① 在我国坚持这一原则，强调权利和义务的一致性，强调权利义务必须相应对等和依存。正如习近平同志所指出："我们的方向就是每个人获得发展自我和奉献社会的机会，共同享有人生出彩的机会，共同享有梦想成真的机会，保证人民平等参与、平等发展的权利，维护社会公平正义，使发展成果更多更公平惠及全体人民，朝着共同富裕方向稳步前进。"②

第四，坚持主权与人权的统一。这是中国特色人权理论体系的特征和优势，它不仅代表中国人民的意愿与要求，也反映发展中国家的一致呼声。历史告诉我们：没有主权就谈不上人权。如果一个国家丧失主权，必然受到帝国主义的欺负。没有主权，就不可能有人权，落后就要挨打，这是历史的教训和真理。因此，在社会主义中国必须保卫主权，有了主权才有可能存在人权。我们必须在捍卫国家主权的前提下，才能更好地建设人权，才能有真正的"尊重与保障人权"。

六、中国特色社会主义理论体系的鲜明特点

渊源于马克思主义人权观，立基于中国政治、经济、文化与人权现状的中国特色社会主义人权理论体系，其不仅具有丰富的内容，亦具鲜明的特色。

第一，充分体现以人民为中心的研究导向。习近平同志指出："我国哲学

---

① 《马克思恩格斯全集》（第17卷），人民出版社1995年版，第476页。
② 中央文献研究室编：《习近平关于全面深化改革论述摘编》，中央文献出版社2014年版，第102页。

社会科学要有所作为，就必须坚持以人民为中心的研究导向。"① 这本是哲学社会科学必须遵循的价值立场和科学逻辑，更是人权理论本身的生动反映。所谓人权，就是人成为其人应该具有的权利，离开了人就失去研究的价值。人既是研究人权的载体，也是研究人权的中心。"民生人权观"和"历史人权观"正是人权理论体系中的本体论，体现了"只有人民才是历史发展的动力"这一历史唯物史观的原理。

第二，中国特色社会主义人权理论体系充分阐明"人类共同命运体"之一崭新的具有里程碑意义的伟大主张。人权强调人的全面发展，突出人的解放。主张将来建立一个联合体，使"每个人的自由发展是一切人的自由发展的条件"。② 目前，要形成"命运共同体"，需通过不断发展，最终达到上述理想境界。现在提出和不断实现"命运共同体"，正是实现人权的终极价值。

第三，中国特色社会主义人权理论体系立足于中国国情，结合中国实际，无论"民生人权观"，还是"法治人权观"都是中国实际经验的总结与提升。它来源于实践，又高于实际，对中国特色社会主义人权制度建设具有参考价值，对发展中国家人权制度建设也有借鉴价值。

第四，中国特色社会主义人权理论体系具有正义性。无论是强调民生，还是突出人权的司法保障，抑或是主张"人类共同命运体"，都是以弘扬和平、发展、公平、正义、自由、平等为内容，占据了人类道义和时代发展的制高点，无疑会受到各国的支持。

第五，中国特色社会主义人权理论体系具有包容性。因为我们的国际人权观和民生人权观倡导提高人民福祉，走和平发展道路，实现各国和平相处，和谐共生与和平发展，必将推动求同存异、和而不同、加强合作、谋求共赢，为人类社会发展进步作出应有贡献。

（原载于《广州大学学报（社会科学版）2017 年第 1 期》，有删改）

---

① 转引自张东刚：《坚持以人民为中心的研究导向》，载《光明日报》2016 年 8 月 10 日。
② 《马克思恩格斯选集》（第 1 卷），人民出版社 1995 年版，第 294 页。

人权叙事中的社会发展与个人权利
——纪念《发展权宣言》通过30周年

高礼杰*

摘　要▶以《发展权宣言》为代表的一系列国际文件表明，发展权已经成为国际社会高度关注的基本人权。但反对的声音仍然存在，认为发展权是一种积极权利、集体权利和偶然权利，从而拒绝把发展权视为一种普遍人权。发展权观念冲突的根源在于人权观念理解上的差异，而这种差异很难从概念上通过逻辑证成的方式被消解。人权叙事的视角，把联合国人权文件和我国人权白皮书视为"情节"而非"规范"，通过文学而非法律的进路，将消解冲突的希望建立在人权实践而非人权概念之上，把观念证成转变为观念理解。由此，发展权的普遍性就建立在对"善"的生活的普遍追求史上，普遍性难题的张力得到缓解。

关键词▶人权；发展权；自由；平等；叙事

1986年12月4日，联合国大会第41/128号决议通过《发展权利宣言》，确认"发展权利是一项不可剥夺的人权，发展机会均等是国家和组成国家的个人的权利"。① 这是作为人权话语的发展权第一次正式得到确认，但事实上发展权作为一种人权观念，早在《联合国宪章》（1945）第55条"联合国应促进：较高之生活程度，全民就业，及经济与社会进展"中就已经初步表述过，并进一步在《世界人权宣言》（1948）第22～27条中分别以"经济、社会和文化权利"详细阐述。（法国代表卡森把这部分内容视为人权这座神殿的

---

* 高礼杰，博士，西南政法大学马克思主义学院哲学系讲师，西南政法大学人权研究院博士后研究人员，现在主要从事政治哲学和法哲学研究。

① 联合国大会，《发展权利宣言》（第41/128号）（1986-12-4）[2016-12-28]，https://documents-dds-ny.un.org/doc/RESOLUTION/GEN/NR0/494/22/IMG/NR049422.pdf?OpenElement。

四条支柱之一。①）在此之后，联合国又分别通过了《经济、社会、文化权利国际公约》（1966）、《社会进步与发展宣言》（1969）、《关于发展权的决议》（1979）等一系列重要人权文件。从观念史的角度看，发展权作为一种人权，它并不是道德独断的观念，而是各国发展经验、国际组织人权商讨、学者研究等诸多"情节"所构成的人权观念的故事。

然而，在《发展权利宣言》通过三十多年后的今天，发展权仍然命运多舛。对发展权的反对或者拒斥主要有以下三个理由：第一，发展权是一种积极权利，而非消极权利观念；第二，发展权意味着一项集体权利，而非个人权利观念；第三，发展权意味着固化人类欲望的权利清单，而非对人类尊严的宣告。

可以讲，基于西方政治话语和观念语境的这样一种对于发展权的异议，正是中国人权理论与人权实践困境的现实写照。中国是发展权观念的积极推进者和践行者，但人权观念的本土化和中国化却难以获得西方世界的承认。通常来讲，对一种观念的承认需要基于某种道德哲学的证成，然而，事实上在多元化的背景下为冲突的人权观念寻找普遍道德的根基，这种思路已经被证明难以奏效②，因为在"集体－个人""保障－不侵犯"之间的价值判断实际上属于二律背反。强行推行"非此即彼"的价值判断，其结果往往不是走向某种人权观念的独断，就是走向众多人权观念所造成的虚无。据此笔者认为，人权的道德哲学根基之所以失败，很大程度是因为道德哲学的"证成"（justification）思路无法为人权普遍主义和相对主义之争提供一种柔化的解决方案。

埃莉诺·罗斯福（Eleanor Roosevelt）夫人——《世界人权宣言》组织工作的领导者喜欢说，任何表达理念的文件都"不会有任何分量，除非人们知晓它们、理解它们，并且在现实生活中需要它们"。③ 发展权观念的道德逻辑证成在异质性文化共同体之间也不会有任何分量，除非人们彼此都真正理解发展权，包括发展权的观念史和人类发展的生活史。因此，本文的目的不是从道德形而上学的角度证成发展权何以是一种基本人权，而是要用叙事的方法，说明发展权事实上在实践中是如何事实上与人权息息相关。

---

① 参见［美］玛丽·安·葛兰顿：《美丽新世界：〈世界人权宣言〉诞生记》，刘轶圣译，中国政法大学出版社2016年版，第174页。

② ［英］科斯塔斯·杜兹纳：《"人权的终结"六论》，江兴景译，载《法学家》2009第2期。

③ 参见［美］玛丽·安·葛兰顿：《美丽新世界：〈世界人权宣言〉诞生记》，刘轶圣译，中国政法大学出版社2016年版，第12页。

一、减贫行动：平等叙事中的福利增长

启蒙时代的人权观念认为，平等是人之为人，乃至人类美好生活的一种必然价值判断。近代人权观念诞生伊始所强调的那种平等权具有典型的消极性。这种消极性源自对旧统治秩序的恐惧以及对新秩序的警惕："18 世纪末的《人权宣言》是一个历史转折点……而在整个 19 世纪，一致的意见是，每当个人针对国家的新统治权和社会的新专横而需要保护时，就必须提出人权。"① 但是时代已经发生了变化，过去故事中的主角已经退场，过去故事的主要戏剧冲突已经消逝，或者确切地讲，它已经不是唯一重要的冲突。诚如人权学者格里芬所言，"那时迫切需要关注的问题是专制统治者，对该问题的解决于是就自然而然地集中到一系列公民权利和政治权利。然而，到了 20 世纪，在范例上的广泛一致已经消失"。② 基于这种洞见，平等作为一种人权，需要被放置在新的故事架构中被重新理解。

17 世纪、18 世纪英国和法国的启蒙运动与政治革命，其动机来源于企图用一种机会的形式平等来取代身份的绝对不平等。启蒙思想家用怀疑来审视社会制度，认为社会制度是一种偶然，并得出结论认为人的自然状态是"一种完备无缺的自由状态，也是一种平等的状态"。③ 在此状态下，人与人天然平等，虽然每个人的能力和性情存在差别，但比社会状态下的人与人之间的差别小得多。④

启蒙时代的平等观念是通过经济的机会平等来实现的。当然，身份的机会平等也是一种选择（如科举制），但经济的机会平等无疑是地理大发现、宗教革命之后的欧洲更为优越的选择。启蒙思想家重新祭起早已被基督徒抛弃的平等观念，并赋予这种机会平等观念以法权之形式，尤其财产权形式，其现实条件在于：15 世纪晚期西欧沿海地区已经比亚洲和拉美更加富裕，到 18 世纪劳动者的工资已经普遍是经济不发达地区的 3 倍；⑤ 重商主义与全球市场的开辟令这些地区工资普遍上涨，社会化生产方式的引入进一步提升收入，形成财富

---

① ［美］汉娜·阿伦特：《极权主义的起源》，林骧华译，生活·读书·新知三联书店 2008 年版，第 382 页。
② ［英］詹姆斯·格里芬：《论人权》，徐向东、刘明译，译林出版社 2015 年版，第 21 页。
③ ［英］洛克：《政府论》（下篇），叶启芳、瞿菊农译，商务印书馆 1964 年版，第 3 页。
④ 参见［法］卢梭：《论人与人之间不平等的起因和基础》，李平沤译，商务印书馆 2007 年版，第 80 页。
⑤ 参见［英］罗伯特·艾伦：《全球经济史》，陆赟译，译林出版社 2015 年版，第 11 页。

积累。财富的增长改善了人们的生活，不过这一集体福利可能存在两大隐患：其一，政治地位不平等可能致使财产国有化；其二，权利义务的不平等将会阻碍民商事活动。于是从这个意义上讲，平等就意味着对财产的平等保障。因此洛克讲，"政治权力就是为了规定和保护财产而制定法律的权利……而这一切都只是为了公众福利"。①

但是对财产权机会平等的欲求并不意味着放任事实上的财产不平等。启蒙思想家同样看到财产权的平等同社会制度本身一样也是一种偶然，因此，作为人权的平等表现为抽象的天赋权利平等，以及由于个人天性差异所造成的后果上的有限不平等。财产以满足个人的真正需求为限，人与人之间的不平等，不能以财产的多寡来划分。但是如果财产的不平等成为一种必然，就会出现不同于身份不平等的一种新的偶然不平等。财产上的差异将成为新的身份差异的基础——"如果我们循着人与人之间的不平等现象在这几次革命性的变化中的进展情况继续讨论下去，我们将发现：法律和个人财产权的建立，是在它的第一阶段；行政官的设置，是在第二个阶段；在第三阶段，则把合法的权力变成专制的权力。"② 也就是说，如果平等权只意味着财产权的机会平等，那么平等就必然会在实践中被消解。历史从某种意义上讲又回到了其不平等的原点。

换句话说，经济不平等超过天赋不平等的程度③，经济不平等固化为社会不平等，这是一种反启蒙，也是对人类美好生活图景的反叛。但是作为一种机会平等的权利平等本身，并不能有效遏制不平等逾越其应有的限度。库兹涅茨认为，经济的不平等程度会随经济体量的发展而上升，但到达一定程度之后则会下降。诚然，库兹涅茨"倒 U 型"曲线的前半部分已然得到经济史的证明，然而收入不平等程度在现实中却从来没有呈下降趋势。主要发达国家的"P90/P10"指数在过去 50 年当中均有增长或未见明显下降，包括北欧福利国家。④ 比较符合经济经验的描述是罗尔斯的"OP"曲线（贡献曲线）⑤，这条曲线同样呈"倒 U 型"，其意义在于揭示，如果政府不通过再分配干预经济，

---

① [英]洛克：《政府论》（下篇），叶启芳、瞿菊农译，商务印书馆 1964 年版，第 2 页。

② [法]卢梭：《论人与人之间不平等的起因和基础》，李平沤译，商务印书馆 2007 年版，第 112~113 页。

③ 参见[法]卢梭：《论人与人之间不平等的起因和基础》，李平沤译，商务印书馆 2007 年版，第 120 页。

④ 参见[法]托马斯·皮凯蒂：《不平等经济学》，赵永升译，中国人民大学出版社 2015 年版。

⑤ 参见[美]约翰·罗尔斯：《正义论》，何怀宏、何包钢、廖申白译，中国社会科学出版社 1988 年版，第 77 页。

而按照贡献来自然分配,将会打破"帕累托最优",不平等则会加剧。①

因此,如果平等权仅作为一种消极人权,它可以在逻辑概念上成立,也可以在公民警惕资本主义民族国家的故事中成立,但是在当今世界经济的真实故事中却是自败的。它最终会走向平等的反面。反过来,只有减少卢梭所讲的那种精神不平等和生理不平等(天赋不平等和经济不平等)之间比例的不平等,才能够保障作为美好生活愿望的平等价值。

现实生活中,个人必须拥有一定量的财富,其平等权才能够实现。从生存权平等的角度讲,"财富已经成为一种强有力的保护,使人得以远离疾病与死亡的危险"。② 从政治权利平等的角度讲,"如果民主政治变成了富豪统治,那就意味着非富有人群的权利实际上遭到了剥夺。实现民主政治的前提是政治平等,而政治平等总是处于经济不平等的威胁下"。譬如,"1998 年,人权观察集团估计有 2% 的美国投票适龄人口在当时或者永久丧失了投票权,其中 1/3 为非裔美国男性,也就是说,有 13% 的美国非裔男性没有投票权"。③ 从资源平等的角度讲,机会平等而非收入平等才是我们最想追求的,但实际上这两者经常同向而行,收入不平等常常也伴随着机会不平等。④

因此,从人权叙事的角度出发就不难理解,中国特色的人权为何强调发展权,为何强调减贫行动是中国人权事业进步的最显著标志。⑤ 减贫行动的平等意义可以从两个角度理解。减贫是平等权乃至其他人权的基本前提,此乃其一。2016 年 10 月国新办发布的《中国的减贫行动与人权进步》白皮书将中国减贫行动的成果与公民享有的人权以及公民人权保障水平正向关联,指出减贫行动对于贫困人口生存权平等,弱势群体机会平等,发展权平等诸方面的积极作用。《中国的减贫行动与人权进步》白皮书强调,"这些扶贫措施在全面保障贫困人口的经济、社会、文化权利的同时,也为进一步保障其他人权创造了

---

① 参见高礼杰:《罗尔斯"OP"曲线在分配正义中的意义及其批判》,载《浙江社会科学》2015 年第 6 期。

② [美] 安格斯·迪顿:《逃离不平等:健康、财富及不平等的起源》,崔传刚译,中信出版社 2014 年版,第 29 页。

③ [美] 安格斯·迪顿:《逃离不平等:健康、财富及不平等的起源》,崔传刚译,中信出版社 2014 年版,第 175 页、第 162 页。

④ 参见 [法] 托马斯·皮凯蒂:《不平等经济学》,赵永升译,中国人民大学出版社 2015 年版,第 28 页;[美] 安格斯·迪顿:《逃离不平等:健康、财富及不平等的起源》,崔传刚译,中信出版社 2014 年版,第 170 页。

⑤ 参见国新办:《中国的减贫行动与人权进步》白皮书,载国新网,http://www.scio.gov.cn/zfbps/32832/Document/1494402/1494402.htm,2016 年 10 月 17 日。

条件",① 包括环境权、劳动权、休息权等。《发展权：中国的理念、实践与贡献》白皮书也强调："贫穷是实现人权的最大障碍。没有物质资料的生产和供给，人类其他一切权利的实现都是非常困难或不可能的。"② 中国的减贫行动对于平等的促进，一方面表现为落实公民的机会平等，即直接缓解中国国内二元经济结构张力，从而让农村、西部等区域性贫困地区的居民能够有现实机会平等享有社会发展带来的各项权利；另一方面则表现为"与各国享有平等的发展机会"，③ 即避免中国由于经济落后而在全球化中无法现实地与世界公民享有平等的发展机会。

可欲的平等是发展的平等而非贫穷落后的平等，此乃其二。西方平等观念是人类寻觅美好生活这一动机的直接后果。平等是美好生活愿望的组成部分。但是，启蒙思想家主张的不是茹毛饮血的平等，也不是在暴死和恐惧面前的平等。如前所述，从作为生活史的经济史上看，西方的启蒙运动与其说是经济增长和资本主义革命的原因，不如说是结果，或者说是相互促进（本文的目的并不是找出因果关系，而仅仅是讲述故事），因为从时间上说西欧经济崛起在前，启蒙运动的高峰在后。平等的提出，其目的在于巩固并且促进生活的改善。不难看出，事实上平等作为一种人权，产生于"逃离贫困"这样一种愿望。这与白皮书中讲到的"消除贫困是人类梦寐以求的理想，是各国人民追求幸福生活的基本权利"，"拥有平等的发展机会，共享发展成果，使每个人都得到全面发展，实现充分的发展权，是人类社会的理想追求"④ ……具有类似的目的性。1949 年新中国成立伊始，人均生产总值达到历史最低，仅有448美元，生产效率低下，人的基本生活得不到保障，贫困比例高达90%以上，而在 2014 年中国减贫行动把贫困人口的规模减小到了 4.2%，对全球的减贫的贡献率超过 70%。⑤ 伴随经济发展，中国的人权事业也得到了快速发展。西方学者也承认，"中国和印度经济的快速增长，不但使得成千上万的人摆脱了

---

① 国新办：《中国的减贫行动与人权进步》白皮书，载国新网，http：//www.scio.gov.cn/zfbps/32832/Document/1494402/1494402.htm，2016 年 10 月 17 日。

② 国新办：《发展权：中国的理念、实践与贡献》白皮书，载国新网，http：//www.scio.gov.cn/zfbps/32832/Document/1532315/1532315.htm，2016 年 12 月 1 日。

③ 国新办：《发展权：中国的理念、实践与贡献》白皮书，载国新网，http：//www.scio.gov.cn/zfbps/32832/Document/1532315/1532315.htm，2016 年 12 月 1 日。

④ 国新办：《发展权：中国的理念、实践与贡献》白皮书，载国新网，http：//www.scio.gov.cn/zfbps/32832/Document/1532315/1532315.htm，2016 年 12 月 1 日。

⑤ 国新办：《中国的减贫行动与人权进步》白皮书，载国新网，http：//www.scio.gov.cn/zfbps/32832/Document/1494402/1494402.htm，2016 年 10 月 17 日。

贫困，也使得世界变得更加公平"。①

因此可以讲，平等权作为一种人权，从逻辑上争论它应当是"消极"抑或"积极"很难获得普遍性回答。从人权叙事的角度看，近代人权中的平等思想和当代平等思想相比，其故事背景截然不同，但这并不意味着站在当代人权故事的舞台上重新对平等和平等权进行解释会产生一种令启蒙思想家完全无法理解的新人权观念。因为无论是在哪个故事当中，平等都是对于美好生活的诉求。只不过在特定时期下，在特定语境中体现为一种政府对于个人权利的"消极"不干涉行为，而在当代发展中国家的特定条件和语境下，平等则体现为政府"积极"主导的经济"大推进"。两者的叙事目的或者说叙事伦理是一致的。

二、大屠杀：个人权利叙事中的身份与集体

从经济史的角度看，20 世纪实现了大增长大赶超的经济体，包括苏联、战后的日本、韩国、新加坡以及 1949 年后的中国，都采用了"大推进"的经济模式。② 这意味着，现实中经济社会的全面发展往往与大政府，与一定程度的集体主义密切相关。个人发展权的现实性同共同体的发展休戚与共。比如在《发展权：中国的理念、实践与贡献》白皮书当中就开宗明义地表明，发展权是个人人权与集体人权的统一。③ 反对者认为，在奠定人权话语基础的重要文件《人权与公民权宣言》(*Déclaration des Droits del'Homme et du Citoyen*) 当中，人权显然被认为是一种个人权利，而非集体权利。因此，即便承认发展和发展权是全人类的共同理想，这也并不意味着发展权是一种人权。发展权所包含的各项权利可在人权之外的其他权利规范当中约定。于是，两种意见又呈现"公说公有理，婆说婆有理"的二律背反。并且从人权这一模糊概念上无法得出一致性答案。因此，我们还得从 20 世纪的人权故事中寻找那么一丝普遍认同的可能性。

20 世纪是个漫长的世纪——人类经历了两次史无前例的战争，见证了在奥斯威辛、南京、卢旺达发生的大屠杀；同时也催生了大规模民族解放运动，

---

① ［美］安格斯·迪顿：《逃离不平等：健康、财富及不平等的起源》，崔传刚译，中信出版社 2014 年版，第 19 页。

② 参见［英］罗伯特·艾伦：《全球经济史》，陆赟译，译林出版社 2015 年版，第 133～143 页。

③ 国新办：《发展权：中国的理念、实践与贡献》白皮书，载国新网，http://www.scio.gov.cn/zfbps/32832/Document/1532315/1532315.htm，2016 年 12 月 1 日。

以及联合国这样的国际组织。众多悲喜故事表明,个人权利在世界史这一壮阔的背景之下显得无足轻重。尤其犹太人的际遇从经验上证明,个人权利无法同集体权利割裂开来。

然而,当作为集体权利的身份权被消解的时候,人权作为一种个人权利是否能够独自承载个人对于生存、安全乃至发展的希望呢?毒气室、死亡墙和焚尸炉作为文明的反讽,向人类昭示,"人的抽象的、赤裸裸的存在才是他们的最大危险"。① 脱离集体身份,脱离集体权利,个人权利话语"其形式和语言酷似那些防止虐待动物协会的组织和宣言"。② 这一说法毫不夸张,在奥斯威辛和南京,受害者的权利在施暴者那里一钱不值,人的境遇同屠宰场的猪牛并无二致。对此,汉娜·阿伦特正确地总结说,"失去民族权利等于失去人权,前者必定导致后者"。③ 在 20 世纪残酷冷峻的现实故事之中,"雅典的奴隶通过他们的主人的责任,比 20 世纪早期的无国籍的少数民族——或今天的难民——生活得更好,后者虽然享有各种各样理论上的权利,但是得不到任何实在的保护"。④

战后,随着民族独立运动的兴起以及联合国等国际组织地位的提升,在这一背景下,人权故事从积极的层面验证了集体权利和个人权利的紧密关系——犹太人建立了自己的民族国家,中国收复了失地并且建立了新的人民共和国,个人权利在主权得以完整的前提下,方才得以落实。由此阿伦特指出,"人权的恢复(如最近以色列的例子证明)到目前为止也只是通过恢复或者建立民族权利才能达到"。⑤

个人权利在宏大的历史叙事当中显得羸弱,缺乏现实性条件。个人权利获得现实性的前提就在于,个人权利必须要把"获得权利的权利"作为第一权利。而"获得权利的权利"这一结构显然不是抽象单个主体,它暗含着权利诉求者和被诉求者。在无穷后退的被诉求者那里,唯一能够有所担当的其实就

---

① [美]汉娜·阿伦特:《极权主义的起源》,林骧华译,生活·读书·新知三联书店 2008 年版,第 393 页。
② [美]汉娜·阿伦特:《极权主义的起源》,林骧华译,生活·读书·新知三联书店 2008 年版,第 384 页。
③ [美]汉娜·阿伦特:《极权主义的起源》,林骧华译,生活·读书·新知三联书店 2008 年版,第 384 页。
④ [英]科斯塔斯·杜兹纳:《人权与帝国》,辛亨复译,江苏人民出版社 2010 年版,中文版导言。
⑤ [美]汉娜·阿伦特:《极权主义的起源》,林骧华译,生活·读书·新知三联书店 2008 年版,第 392 页。

是匿名的集体。最重要的个人权利实际上就是一种可以向集体诉求的权利。这是故事中的经验——"20世纪的情况清楚地表明,我们以往所理解的'人权'实际上是公民(身份)权,而不是人权(个人权利)"。①

个人权利在某个人权故事当中能够充分受到尊重并且得到实现,这一情节是不能同其他情节脱离开来的。就比如个人的言论自由权,它的实现与否实际上需要前提预设:集体是否有能力对言论权提供保护,社会是否有能力在新媒体时代提供言论传播的信息工具,等等。正是那些匿名但重要的集体权利在场,才使得个人权利最终实现。

但是在个人权利实现的故事当中,集体权利不仅能够以身份权的方式为个人权利提供保障,它还可能过度膨胀以至于吞噬掉个人权利。这是以集体权利为由反对发展权的人士所主要担心的问题。如果把发展权等同于集体发展权,那么个人权利的叙事就会消失在人权故事之中。苏联在发展中造成的国家实力与公民福利之间的不匹配,官僚主义和社会不平等凸显等问题,恰是集体发展权吞噬个人发展权的结果。20世纪多次发生的人道主义悲剧表明,抽象的个人权利将承载个人权利的集体义务消解掉了,而集体对于个人的义务需要发展集体权利才能够落实。与此类似,20世纪的极权主义经验表明,虚拟的集体本身不需要权利,但如果抽象的集体权利将消化权利的个人排除在外,那么集体权利只能不公正地为少数人享有。

因此,站在人权叙事的立场,发展权所强调的集体权利就不能是集体主义的集体权。人权叙事之中的发展权必然是"个人人权和集体人权的统一"。个人权利的叙事或明或暗地包含了身份和集体权利的出场;反过来,身份和集体权利的发展促进了个人权利的实现。以此标准来看,中国的发展权话语十分强调发展中的个人权利保障,强调要"使发展成果更多更公平惠及全体人民,保障人民平等参与、平等发展权利",② 强调"发展机会均等是国家和组成国家的个人的一项特有权利,任何国家和组成国家的任何个人,都有参与发展、平等享有发展成果的权利"。③ 中国的发展权强调集体权利和个人权利两个方

---

① [美]塞瑞娜·潘林:《阿伦特与现代性的挑战:人权现象学》,张云龙译,江苏人民出版社2012年版,第29页。

② 国新办:《中国的减贫行动与人权进步》白皮书,载国新网,http://www.scio.gov.cn/zfbps/32832/Document/1494402/1494402.htm,2016年10月17日;国新办:《发展权:中国的理念、实践与贡献》白皮书,载国新网,http://www.scio.gov.cn/zfbps/32832/Document/1532315/1532315.htm,2016年12月1日。

③ 国新办:《发展权:中国的理念、实践与贡献》白皮书,载国新网,http://www.scio.gov.cn/zfbps/32832/Document/1532315/1532315.htm,2016年12月1日。

面,对两者的限定通过法治来保障。《2014年中国人权事业的进展》白皮书指出,"中国建设社会主义法治国家,以确保公民权利的实现、人性尊严的捍卫、基本人权的落实为根本目的"。① 按照这一思路,中国在依法保护产权、公共利益的界定、再分配制度的设计等方面做了大量工作,确保集体权利和个人权利的相对独立。

三、环境权:权利叙事中的尊严、自律和义务

除发展权本身的必然性问题外,发展权是否有必要进入人权话语体系,这个问题从逻辑上也得不到恰当回答。无论回答是肯定抑或否定的,这似乎也仅仅是信念的问题。持肯定意见者认为,每个人必须拥有一定程度的福利水平,这是体现人的主体性价值的基础,② 发展中所包含的各项具体的福利权被纳入人权事实上意味着"权利的革命"。③ 持否定意见者则认为,人权应当奠基于人的尊严和自律,而非人的欲望。发展权作为人权的实质是"个人欲望的公开化或法律化"。④ 人的欲望总是无穷无尽的,发展的内涵也是无穷无尽的,如若把发展权也纳入人权,最终会导致人权的一种"通货膨胀"。⑤

需要强调一点,持否定意见的人士大多并不是忽视这些福利和具体自由的重要性。⑥ 从逻辑上讲,基于发展的一定程度的"善"(goods)或者福利(welfare)是人们充分展现自身主体性的前提条件,但是问题恰恰在于,"一定程度"是何种程度?关于这一问题很难通过寻求"人权的最大公约数""所有人类共享的特质"得到普遍认同的答案。自然而然,这一困境就导致了两种不同的思路,一种是把人权话语视为开放道德体系,强调人权作为"善"

---

① 国新办:《2014年中国人权事业的进展》白皮书,载国新网,http://www.scio.gov.cn/zfbps/32832/Document/1437484/1437484.htm,2015年6月8日。
② David Crocker, Ethics of Global Development: Agency, Capability, and Deliberative Democracy, Cambridge University Press, 2008, pp. 389-390.
③ Cass R. Sunstein, After the Rights Revolution, Harvard University Press, 1990, pp. 1-7.
④ [英]科斯塔斯·杜兹纳:《"人权的终结"六论》,江兴景译,载《法学家》2009年第2期。
⑤ 参见[日]大沼保昭:《人权、国家与文明》,王志安译,生活·读书·新知三联书店2014年版,第327页。
⑥ 参见[印]阿马蒂亚·森:《正义的理念》,王磊、李航译,中国人民大学出版社2012年版,第353页。

的可欲性，强调"人权没有最好，只有更好"；① 一种则是严格地将人权观念限定在形式主义的范畴之内，强调人的自律所带来的尊严感和崇高感，强调权利本身是由自主承担义务而产生的。以上两张看法导致了人权目的论和义务论的冲突。通过哲学伦理学的方法很难调和两种观点，但却有望通过叙事的方式得到对立双方的理解。我们可以用环境权诞生的故事来说明义务叙事之中存在的目的叙事。

当下，严峻的全球气候形势和环境污染状况，是人类生存故事中无法回避的背景。在此背景下产生的环境权是一种典型的新兴人权或者说"膨胀"的人权。对环境权的诉求，来自人类对于种族延续、生存品质、审美情趣等多方面的欲望。因此，环境权是人类向外部世界以及人类社会所主张的一项新权利，基于新的普遍愿望。在此语境之中，环境权作为新兴权利进入了人权和发展权的话语体系。《2012年中国人权事业的进展》白皮书第一次专门指出环境权益问题，而在此之前，《中国的环境保护（1996—2005）》白皮书（2006）、《西藏的生态建设与环境保护》白皮书（2003）、《中国应对气候变化的政策与行动》白皮书（2008）也已经把环境权益理解为人类发展必不可少的保障。

但是，"尽管人权宣言是以承认人权这一事物存在的方式来书写的，但它实质上只是关于应该做什么的强烈的道德宣言"。② 这种道德宣言既包括他人对我们的道德宣言，也包括我们对他人的道德宣言。在环境权的故事当中，权利宣言仅仅只是其中的一个情节，更为复杂并且更为重要的是权利如何落实的问题，这恰恰涉及我们对他人的道德宣言，也就是义务维度。人们在主张这项权利的时候，也同时包含着对相应义务的主动承担。在环境权这一故事之中，具体的权利和义务是有机结合在一起的，表现在"我们既要绿水青山，也要金山银山。宁要绿水青山，不要金山银山，而且绿水青山就是金山银山"。③ 也就是说，环境权同经济社会的其他权利是相结合的，环境权的主张并不意味着权利的绝对增加，同时也不意味着某些福利的减少以及环境义务的增加。因为对他人主张环境权的同时，他人也向自身主张环境权，主张承担义务，包括能源、材料等自然资源，路权、教育医疗权等社会资源的节约，以及选择、使

---

① 国新办：《发展权：中国的理念、实践与贡献》白皮书，载国新网，http://www.scio.gov.cn/zfbps/32832/Document/1532315/1532315.htm，2016年12月1日。

② ［印］阿马蒂亚·森：《正义的理念》，王磊、李航译，中国人民大学出版社2012年版，第333页。

③ 中共中央宣传部：《习近平总书记系列重要讲话读本》，学习出版社、人民出版社2016年版，第230页。

用以及消费等欲望的自律。

事实上是不只环境权,所有的权利都是目的与义务的结合。没有对应义务的权利是不完整的。正如卢梭所言,"放弃自己的自由,就是放弃自己做人的资格,就是放弃人类的权利,甚至就是放弃自己的义务"。① 个人的尊严体现在与权利相对应的义务,以及义务的承担之中,表现为人的自律。从这个意义上讲,权利叙事并不孤立地是一种目的论。人们能够通过一个个现实的权利故事从而理解权利叙事本身就含有义务、自律与尊严。

四、结语:发展即自由

阿马蒂亚·森认为,虽然人权的很多问题在学术上并没有完全厘清,但是这并不妨碍人权观念在现实当中发挥作用。② 的确如此,虽然以发展权为核心的人权理论在学理上的问题还有待探索,以国际协作为特点的新人权观更是莫衷一是,但是这并不影响发展权、环境权等新兴权利受到越来越多个体的认同,受到越来越多政府和 NGO 的承认。但是也应当看到,人权观念在实用性上的一致不能消解人权观念冲突以及人权作为一种道德主张其任意性可能造成的危险。也有学者敏锐地看到,虽然"良知以思考的经验为基础,并通过判断而形成。根据这样的理解,良知可以被视为人权的主观基础,但却是一个并不任意的基础"。③ 关键并不在于发现这个"并不任意的基础"确切是什么样子,而是说明这个基础如何发挥作用。

人权叙事一方面以模糊性和柔性规避了人权根基这一本体论问题,另一方面则说明了人权冲突如何可能在故事中找到一致性。这种一致性来自故事中角色对于美好生活的共同憧憬。可以用这样的词语来形容这种憧憬:"让每个人都能发展自我和奉献社会,共同享有人生出彩的机会,共同享有梦想成真的机会,共同享有平等参与、平等发展的机会",④ 是"坚持相互尊重、平等相待、合作共赢、共同发展的原则",是"把世界各国人民的共同利益结合起

---

① [法]卢梭:《社会契约论》,李平沤译,商务印书馆1987年版,第16页。
② 参见[印]阿马蒂亚·森:《正义的理念》,王磊、李航译,中国人民大学出版社2012年版,第333~341页。
③ [美]塞瑞娜·潘林:《阿伦特与现代性的挑战:人权现象学》,张云龙译,江苏人民出版社2012年版,第205页。
④ 国新办:《2014年中国人权事业的进展》白皮书,载国新网,http://www.scio.gov.cn/zfbps/32832/Document/1437484/1437484.htm,2015年6月8日。

来……推动建设人类命运共同体"。①

发展即自由,这一命题只有从历史的角度,从人类共同的理想叙事出发才能够得到理解。人类在历史中不断完善和发展自身。公民权利是人类在 17 世纪、18 世纪对个人与新兴政体之关系的期望;经济和社会权利是人类在 20 世纪南北差距加大背景下,对地区间和谐共存的期望;环境权是人类在 21 世纪环境气候以及资源危机的语境中,对世界健康永续的期望。可见,人类对于"善"的生活的期许是发展的,其目的是保障人类在各个时期最大程度的自由。在人权这一至今仍然在续写的故事中,发展就是向个人自由的不断趋近。从这个意义上谈,认识发展权、承认发展权、落实发展权是推进人类自由的重要途径。

(原载于《广州大学学报(社会科学版)》2017 年第 11 期,有删改)

---

① 国新办:《发展权:中国的理念、实践与贡献》白皮书,载国新网,http://www.scio.gov.cn/zfbps/32832/Document/1532315/1532315.htm,2016 年 12 月 1 日。

国际衔接与本土融合：
对各国人权行动计划的考察及思考

许 尧[*]

摘 要▶1993年世界人权大会以来，已经至少有38个国家制定了55期国家人权行动计划。如何做到既充分借鉴国际社会中保障人权的有益经验，又与本国人权环境相吻合，是各国在制定和实施人权行动计划过程中需要特别处理好的一对关键问题。从各国行动计划的内容以及参加联合国普遍定期审议的情况来看，人权行动计划的国际衔接主要表现为：与国际人权机制的衔接、对国际人权经验的学习、与国际人权项目的合作三个方面。与本土环境的融合则主要是强调了对本国的历史发展阶段的定位、自然基础、对文化传统的传承，以及与其他政策的融合等。中国制定和实施国家人权行动计划，对于国内政策的"人权化"整合和解读、国际人权形象的提高具有显著促进作用，应进一步完善各种机制，加强国际交流与对话，促进中国人权事业的更好发展。

关键词▶国家人权行动计划；人权政策；国际化与本土化

从1993年世界人权大会到现在的二十多年时间里，全球至少有38个国家制定了55期国家人权行动计划。[①] 通过制定和实施人权行动计划来促进本国人权事业的发展已经成为国际社会高度认可的方式。中国先后制定了三期国家人权行动计划，引起了国际社会的高度关注。从各国制定人权行动计划的过程

---

[*] 许尧，管理学博士，南开大学人权研究中心（国家人权教育与培训基地）副研究员，研究方向：人权理论与实践，公共冲突管理。

[①] 参见联合国人权高专办网站，http://www.ohchr.org/EN/Issues/PlansActions/Pages/PlansofActionIndex.aspx。截至2017年3月3日，该网页列出了38个国家50期国家人权行动计划，但未包括中国政府制定的《国家人权行动计划（2012—2015年）》《国家人权行动计划（2016—2020年）》及韩国、菲律宾、泰国各自制定的第二期国家人权行动计划，所以，目前至少已经有38个国家制定了55期国家人权行动计划。本文中注释中的所有人权行动计划原文如无特别注明，均来自该网站。

来看,普遍面临的一个非常关键的问题是,如何使行动计划既能够与国际相关机制进行有效衔接,又充分考虑到本土的实际情况,这既关系到行动计划的效能问题,又涉及耗费巨大的行动计划是否能够得到国际社会的认可,从而使行动计划既起到改善国内人权情况的作用,又能够在国际舞台上加分,促进本国国际环境的改善。本文尝试对各国的人权行动计划内容进行具体解读,并结合各国参加联合国普遍定期审议的情况,来对相关国家在制定国家人权行动时的国际衔接与本土融合情况进行归纳概括和分析。

一、人权行动计划对国际机制的衔接与借鉴

对国际机制的衔接与借鉴对成功制定和实施国家人权行动计划具有很重要的意义,这主要基于以下事实:

第一,人权是高度国际化的语言,国家人权行动计划是1993年联合国人权大会上达成的共识和发出的号召,各项具体的权利多数有比较成熟的国家人权公约来规范表达,也有相关的委员会或机制来促进落实,这表明人权行动计划是一项高度国际化的政策尝试和政策实践。

第二,各国制定和实施国家人权行动计划普遍具有政策宣示的功能,也就是要向国际社会表明本国政府保障人权的态度和促进人权的决心,从而优化本国在联合国舞台上的地位和形象,在这种目标定位下,如何参考和仿照国际上的成熟的做法和使用通用的语言来表达就显得非常重要。

第三,要制定出高水平的人权行动计划,客观上需要学习其他国家在制定和实施国家人权行动计划过程中的成功经验和失败的教训,尤其是那些具有普遍性的规律和做法,遇到的实际困难及解决的办法,不同方面的国际评价,等等。

具体而言,人权行动计划对国际机制的衔接和借鉴包括对国际人权公约基本精神、主要内容和观点的吸收和转化,对国际人权公约的签署和批准计划,对国家人权公约内容向本国法律和政策的转化,对国际社会在制定和实施人权行动计划方面的经验的学习,对国际人权项目和资源的利用等。

(一)与国际人权机制的衔接

与国际人权制度的衔接主要包括以下四个方面的内容:

第一,本国批准和履行国际人权公约的情况。以瑞典为例,在其2006—2009年的国家人权行动计划中,专门大篇幅地介绍了"瑞典的国际人权义

务——2002年以来的发展",① 认为"政府人权工作的长期目标是确保人权在国家层面得到全面尊重。这意味着,瑞典在其国际人权义务中所表述的内容,不容违背。瑞典的司法体系必须与它同意遵守的国际人权公约相符合,而中央和地方政府也必须遵守这些公约"。② 参与国家人权行动计划的代表"瑞典法学家国际委员会"认为,瑞典作为一个在人权领域有着远大理想的国家,应当在最大程度上避免保留条款。③ 瑞典在制定人权行动计划时的"调查报告"和"行动计划"中问题、观点和措施的出发点由瑞典的国际人权义务构成。④

很多国家都在人权行动计划中列举了本国所加入的人权公约及履约情况,以此作为本国制定人权行动计划的依据或基础。比如,尼日利亚在第一期行动计划中,明确指出该计划所要涉及的权利主要依据本国的1999宪法及一系列国际人权公约;⑤ 挪威在其行动计划末尾列出了该国所加入的所有国际人权文件;⑥ 中国在已经制定的三期行动计划中,均设专章强调国际人权义务的履行;马拉维则将改革国内法律使之与其批准加入的人权公约相吻合作为人权行动计划的重要内容,对国内法参照国际人权公约进行评估,并改进和废止那些与马拉维作为会员国所加入的国际人权条约不相符合的现行法律、规章和司法实践。⑦

第二,本国如何将国际人权机制的评论意见转化为国家人权行动计划的内容,或如何回应和吸纳国际人权机制所提出的建议。这既包括联合国条约机构提出的建议,也包括在普遍定期审议中提出的问题和建议。

普遍定期审议的意见在很多国家成为国家人权行动计划的直接来源。比如,斯里兰卡在参加普遍定期审议时明确表示,由于开展了2008年的审议,根据各项建议、做出的承诺、条约机构的建议和特别程序制定了《促进和保

---

① Summary of the Swedish Government Communication (2005/06: 95). A National Action Plan for Human Rights 2006 – 2009, pp. 14 – 32.

② Summary of the Swedish Government Communication (2005/06: 95). A National Action Plan for Human Rights 2006 – 2009, p. 5.

③ Summary of the Swedish Government Communication (2005/06: 95). A National Action Plan for Human Rights 2006 – 2009, p. 38.

④ Summary of the Swedish Government Communication (2005/06: 95). A National Action Plan for Human Rights 2006 – 2009, p. 13.

⑤ National Action Plan for the Promotion & Protection of Human Rights in Nigeria 2006.

⑥ National Plans of Action for the Promotion and Protection of Human Rights – Norway. p. 9.

⑦ National Plans of Action for the Promotion and Protection of Human Rights – Malawi, pp. 1 – 2.

护人权国家行动计划》。① 采取措施以履行国际人权义务,是贯穿整个斯里兰卡国家人权行动计划的一条主线。② 尤其值得关注的是,斯里兰卡在其参加普遍定期审议的国家报告中,详细、逐条地将有关国家的建议、自身的承诺与国家人权行动计划中的体现和对应情况进行了详细说明。③

与此类似的还有澳大利亚和伊拉克。澳大利亚"2011 年接受了第一次联合国的普遍定期审议。通过与社会的广泛协商,政府接受了几乎 95% 的委员会建议。政府承诺将在制定新的国家人权行动计划中吸收这些建议"。"行动计划显示了澳大利亚如何将普遍定期审议中的建议转化为具体的提高和促进人权的行动。所有全部接受或部分接受的普遍定期审议的建议都会在行动计划的具体措施中对照引用。"④ 伊拉克则在普遍定期审议工作组通过首轮审议报告后,成立了一个部门委员会,借鉴国家、区域和国际上的专业经验,制定《国家人权计划》,旨在保护和增进人权并落实伊拉克所接受的各项建议。⑤

行动计划本身不是直接源起于普遍定期审议的国家,多数也非常强调普遍定期审议中的相关建议在国家人权行动计划中的回应情况。比如,巴西也在参加普遍定期审议的国家报告中表示,"在普遍定期审议第一审议期提出的所有建议都有对应的政府规划行动"。⑥ 墨西哥表示,制定人权行动方案的进程"将以普遍定期审议的建议以及相关国家机构和国际机构的建议为基础"。⑦ 阿塞拜疆明确,"在对阿塞拜疆共和国第一次普遍定期审议期间所提建议中产生

---

① 普遍定期审议工作组报告——斯里兰卡,人权理事会第二十二届会议,2012 年 12 月 18 日,A/HRC/22/16,第 3 页。

② 根据人权理事会第 16/21 号决议附件第 5 段提交的国家报告——斯里兰卡,人权理事会普遍定期审议工作组第十四届会议,2012 年 10 月 22 日至 11 月 5 日,A/HRC/WG.6/14/LKA/1,第 10 页。

③ 参见根据人权理事会第 16/21 号决议附件第 5 段提交的国家报告——斯里兰卡,人权理事会普遍定期审议工作组第十四届会议,2012 年 10 月 22 日至 11 月 5 日,A/HRC/WG.6/14/LKA/1,第 12~920 页。

④ Australia's National Human Rights Action Plan 2012.

⑤ 根据人权理事会将 16/21 号决议附件第 5 段提交的国家报告——伊拉克,人权理事会普遍定期审议工作组第二十届会议,2014 年 10 月 27 日至 11 月 7 日,A/HRC/WG.6/20/IRQ/1,第 13 页。

⑥ 根据人权理事会第 16/21 号决议附件第 5 段提交的国家报告——巴西,人权理事会普遍定期审议第十三届会议,2012 年 5 月 21 日至 6 月 4 日,A/HRC/WG.6/13/BRA/1,第 3 页。

⑦ 根据人权理事会第 16/21 号决议附件第 5 段提交的国家报告——墨西哥,人权理事会普遍定期审议工作组第十七届会议,2013 年 10 月 21 日至 11 月 1 日,A/HRC/WG.6/17/MEX/1,第 4 页。

的问题,反映在2011年12月27日总统令批准的阿塞拜疆共和国更有效保护人权和自由的国家行动方案之中"。① 韩国②、坦桑尼亚③等国均有类似的要求或表述。

第三,本国未来批准和签署国际人权公约的计划或时间表。有些国家在人权行动计划中介绍了其在未来一段时期内计划批准或签署的国际人权公约的情况,解释为什么暂时不加入某公约的理由或主要考虑。比如,瑞典在其2006—2009年的行动计划中,详尽地介绍了该国所新加入或批准的人权公约,没有签署部分新人权公约的主要考虑。④ 中国在其第二期人权行动计划中表态,"中国已签署《公民权利和政治权利国际公约》,将继续进行立法和司法、行政改革,使国内法更好地与公约规定相衔接,为尽早批约创造条件"。⑤ 印度尼西亚也在其1998—2003年的行动计划中,对准备批准的国际人权法律文件进行了介绍。⑥

第四,本国如何将相关国际人权公约的内容与本国的法律法规相融合或衔接。在泰国,强调"国际人权文书所规定的国际标准已经成为泰国起草关于保护人权的法律和政策的基准";⑦ 在秘鲁,关于人权方面的国际条约被列为宪法级别,其效力优于国内法;⑧ 在墨西哥,2011年6月颁布了对《墨西哥合

---

① 根据人权理事会第16/21号决议附件第5段提交的国家报告——阿塞拜疆,人权理事会普遍定期审议工作组第十六届会议,2013年4月22日至5月3日,A/HRC/WG.6/16/AZE/1,第2页。

② 根据人权理事会第16/21号决议附件第5段提交的国家报告——大韩民国,人权理事会普遍定期审议工作组第十四届会议,2012年10月22日至11月5日,A/HRC/WG.61/14/KOR/1,第9页。

③ United Republic of Tanzania National Human Rights Action Plan (2013 - 2017).

④ Summary of the Swedish Government Communication (2005/06: 95). A National Action Plan for Human Rights 2006—2009, pp. 25 - 32.

⑤ 中华人民共和国国务院新闻办公室:《国家人权行动计划(2009—2010年)》,外文出版社,2009年,第51页。

⑥ National Plans of Action for the Promotion and Protection of Human Rights - Indonesia, p. 2.

⑦ 根据人权理事会第5/1号决议附件第15(a)段提交的国家报告——泰国,人权理事会普遍定期审议工作组第十二届会议,2011年10月3日至14日,A/HRC/WG.6/12/THA/1,第3页。

⑧ 根据人权理事会第16/21号决议附件第5段提交的国家报告——秘鲁,人权理事会普遍定期审议工作组第十四届会议,2012年10月22日至11月5日,A/HRC/WG.6/14/PER/1。

众国政治宪法》中关于人权内容的全面修订案,将人权的概念全面纳入了大宪章中,并将墨西哥作为缔约国的各项国际条约中所包含的人权提升到了宪法权利的级别;① 在瑞典,采取合并与转化两种方式来对待国际人权公约。②

（二）对国际人权经验的学习

自1993年世界人权大会向各会员国提出制定和实施国家人权行动计划开始,不同国家断断续续地制定了多期人权行动计划。前期制定的计划及其实施经验为后续国家制定和实施行动计划提供了参考。尽管在具体内容、目标等方面各国都存在巨大差异,但在制定和实施过程中需要注意的问题、可能的困难、制定和实施的具体机制等很多方面可能具有共性的意义。

各国在制定和实施国家人权行动过程中,程度不同地参考了前期已经制定和实施的人权行动计划。比如,拉脱维亚邀请一些国际组织或其他国家专家直接参与到该国行动计划的制定中来;③ 伊拉克受到了人权高专办的技术援助,增强了相关委员会的能力。④ 在普遍定期审议过程中,很多国家也要求人权行动计划制定国分享其制定和实施国家人权行动计划的经验。

联合国人权事务高专办非常重视各国具体实施的情况,专门编写了指南用

---

① 根据人权理事会第16/21号决议附件第5段提交的国家报告——墨西哥,人权理事会普遍定期审议工作组第十七届会议,2013年10月21日到11月1日,A/HRC/WG.6/17/MEX/1,第3页。

② 瑞典对其同意的国际公约采取了二元方法,即瑞典批准的公约并不会自动成为国家法律的一部分。有两种主要方法使国际公约在瑞典法律中发挥作用和影响：合并和转化。合并意味着在瑞典法律或其他法定条款中直接宣布应用人权公约的条款。转化不仅意味着条约文本翻译为瑞典文,然后包含进瑞典的法令,也意味着国际协议在重新修订后加入瑞典法令。转化是瑞典常用的一种方法。在瑞典批准一个公约之前,将会考察瑞典法令是否符合公约的要求,在必要的时候,瑞典立法机构会修改法律以适应公约的批准。《欧洲人权公约》未采用转化方法,1995年它直接合并进瑞典法律,然后得以应用。参见 Summary of the Swedish Government Communication (2005/06: 95). A National Action Plan for Human Rights 2006 - 2009, p. 23。

③ 在拉脱维亚政府的要求下,一个由澳大利亚联邦人权专员布莱恩·伯德金先生和欧安组织及欧洲委员会的代表率领的高级国际代表团于1994年7月访问了拉脱维亚。由联合国发展计划署组织的这个代表团旨在为拉脱维亚国家保护和促进人权方案的准备工作进行详细的需求评估。拉脱维亚的国家方案就是以该国际代表团的最终报告为基础的。参见 National Plans of Action for the Promotion and Protection of Human Rights - Latvia, p. 2。

④ 根据人权理事会第16/21号决议附件第5段提交的国家报告——伊拉克,人权理事会普遍定期审议工作组第二十届会议,2014年10月27日至11月7日,A/HRC/WG.6/20/IRQ/1,第28页。

来指导后续的国家。这都为不同国家的政策制定者能够更熟练、有效地运用"人权行动计划"这种政策工具积累了经验和财富。

（三）与国际人权项目的合作

联合国人权事务高专办有一些国际项目，这些项目与人权行动计划相关，可以通过与类似项目的合作来加强自己制定和实施国家人权行动计划的能力。

以摩尔多瓦为例，2001年10月，在与联合国开发计划署、联合国难民署及它们共同的全球"加强人权"项目合作下，召开了第一次国家人权行动计划研讨会。多位国际专家、议员、中央和地方公共行政机构代表、地区和国际非政府组织的代表出席了研讨会。会议在借鉴已经积累的国际经验及亚太地区国家人权行动计划研讨会建议的基础上，讨论了在摩尔多瓦实施国家人权行动计划的适宜方略，包括其战略、方法及步骤，以及国家机构和公民社会在此过程中的地位和作用。在研讨会决议的基础上，两个月后，议会通过了关于设立"制定和实施国家人权行动计划协调委员会"及其构成和相关规定的决议。[1]

立陶宛为落实1993年世界人权大会上提出的制定和实施国家人权行动计划的倡议，2001年4月，议会主席和联合国开发计划署常驻代表签署了合作协议，开发计划署通过项目支持立陶宛制定"促进和保护人权国家行动计划"。这个项目在联合国开发计划署与人权高专办于1999年联合发起的"加强人权"的全球项目框架下开展准备工作。[2]

印度尼西亚[3]等国则在其行动计划中表明了对国际合作的开放态度。

当然，无法回避的是，国际合作是一把双刃剑，其好处在于可以借助国际社会的成功经验和技术，缓解在资源、技术等方面的不足；但也存在国际经验与国内情况不相吻合等情况，反而可能会使计划偏离本国发展的合理轨道，制定出看起来好看却不实用的行动计划，如此则不仅耗费巨大的人力物力资源，还可能伤害执政合法性，甚至造成更多的人权问题。在这个意义上讲，如何使国际经验能够为我所用，能够成功地本土化改造就显得非常重要。

二、人权行动计划与本土环境的融入与契合

世界各国具有极其多元的历史、文化、宗教背景，不同国家在政治、经济、社会制度架构方面存在巨大的差异。尽管人权是全人类共同追求的价值，但是，不同国家在不同时期的人权政策却需要根据本国的特点，充分考虑到本

---

[1] National Human Rights Action Plan of the Republic of Moldova for 2004–2008, p. 4.
[2] National Plans of Action for the Promotion and Protection of Human Rights – Lithuania, p. 4.
[3] National Plans of Action for the Promotion and Protection of Human Rights – Indonesia, p. 4.

国的历史文化和现实情况。联合国人权高专办在《国家人权行动计划指南》中明确提出,"根据国家人权行动计划的概念,有些普遍原则即使不适应于所有国家,也适用于很多国家。但是,每个国家都应该以自己的政治、文化、历史和法律环境为出发点,这一点是至关重要的。没有一个模式或途径能够适合所有的国家,每个国家都必须基于自身的情况来制定行动方案"。①

在具体分析不同国家人权行动计划时发现,不少国家在计划中突出强调了本国的具体情况,具体包括对历史发展阶段的定位、对本国自然基础的分析、对民族文化的传承与挖掘、与本国相关法律和政策的融合等。

(一) 对历史发展阶段的定位

人权行动计划作为一种旨在促进社会进步的公共政策,需要在整个历史进程中进行准确定位。历史是现实发展的基础,现实是历史的自然延伸。历史是一面镜子,既可以看到人权被系统侵犯的现实,也能够看到人权获得过程的艰难。只有放在历史的纵深中,人权行动计划的目标才会更容易得到战略性的科学定位,也才能基于历史的背景,更具有现实性和可操作性,避免盲目对比和简单复制的陷阱。从各国人权行动计划来看,亚洲国家、非洲国家、东欧转型国家等都比较重视通过回顾历史来梳理人权行动计划的目标定位。

比如,南非在其行动计划中首先强调了南非的人权历史——充满殖民征服、种族统治、社会不公、政治压迫、经济剥削、性别歧视与司法镇压……在1994年民主选举之前的漫长历史中,充满对黑人群体人权的系统侵犯,包括:忽视他们的政治权利、掠夺他们的土地、给其发展设置难以逾越的障碍、在资源获取上歧视他们、剥夺其平等接受教育培训和就业的机会、监禁和迫害那些为了正义和平等而斗争的人。② 现在的政府既是人民为了人权和人的尊严斗争的结果,也将促进和保护人权,致力于:"弥合过去的分裂;建立一个基于民主价值和社会正义的社会;为民主和开放的社会奠定基础;政府建立在人民的意志之上;每个公民受到法律的平等保护;提高所有公民的生活质量;最大限度地发挥每个人的潜力;用一种尊重人权的和人的生命的文化取代暴力充斥和蔑视人生命的文化。"③ 在这种特殊的历史背景下,新的民主政府几乎在人权保障的所有方面都面临着巨大的挑战,因为过去的受压迫者和弱势群体对政府抱着非常高的期望值。

---

① Office of the United Nations High Commissioner for Human Rights. Handbook on National Human Rights Plans of Action. 2002, p. 8.

② National Plan of Action for the Promotion and Protection of Human Rights – South Africa.

③ National Plan of Action for the Promotion and Protection of Human Rights – South Africa.

比如，尼日利亚在2006年制定的第一期国家人权行动计划中，率先回顾了该国的人权历史。包括：传统社会中存在的人权观念、伊斯兰教教义对人权的保护、殖民主义对传统人权价值的破坏、民族主义者为实现政治权利而进行的斗争、1960年独立宪法及1963年共和国宪法的制定、1979年宪法和1999年宪法对权利清单的规定、1994—1998年军政权对人权的大规模系统侵犯等。① 这些都为人权行动计划的制定铺上了一种无法回避的底色，在很大程度上决定着行动计划的内容重点、手段和途径依赖等。

又如，在拉脱维亚制定的国家人权行动计划中谈到，"经过50多年的苏联统治，拉脱维亚于1991年恢复独立。1993年6月，举行了第一次自由、公正的选举。1922年的拉脱维亚宪法得以重新实施"。②

（二）对自然基础的分析

一个国家的自然环境、人口规模等自然基础也在很大程度上制约着该国对人权意识的养成、人权道路的选择、人权制度的构建等。中国等国家在制定人权行动计划过程中，都比较重视本国的自然基础，尤其比较重视本国的总体发展水平判断、资源人口条件判断、经济社会发展阶段判断等内容。中国政府在制定第一期行动计划时，明确提到，"中国是一个拥有13亿人口、人均资源占有率很低、生产力欠发达、经济文化发展不平衡的发展中国家。当前，中国正处于全面建设小康社会、加快推进社会主义现代化的新阶段，改革发展稳定的任务十分繁重。受自然、历史、文化和经济社会发展水平等因素的影响和制约，中国的人权发展还面临诸多挑战，不断推进人权事业发展任重道远"。③ 在制定第二期行动计划时，我们还可以看到这种类似的社会基础分析，"应该看到，当今中国仍然是一个发展中国家，发展中不平衡、不协调、不可持续的问题依然突出，受自然、历史、文化、经济社会发展水平的影响和制约，中国人权事业的发展还面临着诸多挑战，实现充分享有人权的崇高目标任重道远"。④ 这种定位和分析能够确保各种政策措施是基于现实的需要和基于现实的资源能力情况，确保人权目标的可实现行。

---

① National Action Plan for the Promotion & Protection of Human Rights in Nigeria（2006）.
② National Plans of Action for the Promotion and Protection of Human Rights – Latvia, p. 15.
③ 中华人民共和国国务院新闻办公室：《国家人权行动计划（2009—2010年）》，外文出版社2009年版，第1~2页。
④ 中华人民共和国国务院新闻办公室：《国家人权行动计划（2012—2015年）》，人民出版社2012年版，第2页。

(三) 对文化传统的传承

人权在价值层面具有普遍性，不同国家在自己的历史发展过程中，形成了自己独特的宗教、风俗和习惯传统，这些都内化成为民族的性格和心理，成为人们普遍遵守的内在规则。当人权这个词汇越来越多地成为普世的话语体系，越来越多的国际人权文书成为不同国家和人民在这个日益多元化的世界中所共同认可的"公约数"，人权越来越走向"普世化"。国家人权行动计划作为一项推进人权事业的工具，必须考虑到本土的历史和文化，只有加以本土化，才可能产生正面的预期效果。

以印度尼西亚对民族文化的强调为例，印度尼西亚在全部印尼领土范围内促进和保护人权的承诺，源自它的"潘查希拉"（Pancasila）① 五原则，特别是其中第2条"正义和文明的人性"原则，以及1945年宪法提出的相关条款，而这些原则和条款的形成要早于1948年联合国《世界人权宣言》。印尼人民促进和保护人权的承诺同时也来自他们的价值观、风俗、文化和传统所提供的灵感。②

(四) 和相关法律与政策的融合

国家人权行动计划在制定过程中要充分考虑到现有的人权方面的相关政策、相关法律、相关部委已经确定的与人权相关的政策目标和手段措施。联合国人权事务高专办在其《国家人权行动计划指南》中强调，"人们需要密切注意国家行动计划与现有的国家全面发展框架（如联合国开发计划署的国家发展计划和国际货币基金组织或世界银行的《减贫战略文件》）以及保健、教育、法律实施等方面的政策规划过程良好的衔接以避免人权问题在无意中被孤立成一个单独的'部分'"。③

---

① "潘查希拉"是印尼建国"五项原则"的译音，是苏加诺在1945年6月1日印尼独立准备调查会首次会议上的发言中提出的，后来写入了1945年印尼第一部宪法，其内容是：(1) 民族主义；(2) 国际主义（或人道主义）；(3) 协商制度（或民主主义）；(4) 社会主义；(5) 神道，即在信仰神的基础上建立独立的印度尼西亚。潘查希拉是苏加诺思想的集中体现。目的在于团结印尼各阶层群众和各种政治力量，共同反对帝国主义，争取、捍卫印尼独立。1984年8月经印尼国会批准，将其定为印尼各政党、群众团体的共同宗旨，印尼共和国的建国基础。参见《社会主义百科要览》，载中国知网（CNKI）百科，http://epub.cnki.net/kns/brief/default_result.aspx。

② National Plans of Action for the Promotion and Protection of Human Rights – Indonesia, p. 1.

③ Office of the United Nations High Commission for Human Rights. Handbook on National Huma Rights Plans of Action.

从这个角度讲，人权行动计划制定之前一个很重要的工作就是要摸清现有的政策、法律到底处于一种什么样的状态，相关政府部委已经制定了哪些相关的政策目标或政策方案，人权行动计划所设定和目标、措施，如何与这些相关法律、政策相一致，避免在实施中的冲突及无所适从。

比如，坦桑尼亚特别强调行动计划与现有国家政策和战略的融合。强调国家人权行动计划在既有的国家政策和战略上强化基于人权的途径，包括坦桑尼亚国家发展与减贫战略、桑给巴尔岛发展与减贫战略、千年发展目标、2025愿景、五年发展规划，以及其他部委和机构的现有行动计划。国家人权行动计划要统筹这些众多计划下的活动和实施工作，以最大限度地增进它们对于保障人权的促进作用。[①] 特别强调，"国家人权行动计划不应被看作为一个独立于其他国家发展规划的计划。在制定国家人权行动计划的过程中，协调委员会将那些直接或间接地与人权相关的国家发展目标、政策目标、程序和具体的干预措施一并考虑了进去"。[②]

瑞典也强调了国家人权行动计划与其他行动计划的协调。比如，在2000—2006年期间，政府编写了一份关于歧视问题的特别通告《与种族主义、排外主义、反同性恋主义和歧视作斗争的国家行动计划》。"人权行动计划"将这些议题加以整合，而不仅仅是在更进一步的新的行动计划中提出这些议题。所以，国家行动计划也就包含着反对种族主义、排外主义、反同性恋主义和歧视的措施。这样，反对歧视和反对不宽容的保护措施作为人权议题得到了强调。瑞典在不同政策领域都有关于人权事务的一系列内容详尽的文件，"国家人权行动计划"对与瑞典人权问题相关的议题采取了连贯一致的方法。[③]

中国作为强调政府宏观调控的国家，也非常注意不同政策之间的衔接和融合。比如，在《国家人权行动计划（2009—2010年）》中强调，要"加大雨露计划实施力度""继续实施霞光计划""落实《国家环境与健康行动计划（2007—2015）》""落实《应对气候变化国家方案》""全面贯彻实施《政府信息公开条例》""全面实现《中国妇女发展纲要（2001—2010年）》规定的目标""全面实现《中国儿童发展纲要（2001—2010年）》规定的目标"等。在制定和实施2012—2015年人权行动计划时，特别强调要"结合实施《中华人

---

① United Republic of Tanzania National Human Rights Action Plan (2013 – 2017). Preface.
② United Republic of Tanzania National Human Rights Action Plan (2013 – 2017), pp. 7 – 8.
③ Summary of the Swedish Government Communication (2005/06: 95). A National Action Plan for Human Rights (2006 – 2009), p. 7.

民共和国国民经济和社会发展第十二个五年规划纲要》"。① 这种将不同领域的政策放在人权的视角下进行重新解读和整合,加大了各领域人权的落实力度,也避免了不同部门政策之间的矛盾和冲突。

其他很多国家也注意到了相关政策的融合问题,并采取了有针对性的举措。比如,韩国在制定国家人权行动计划之前,就在部长级会议上明确,"司法部负责监督和整理有关部委制定的政策";② 厄瓜多尔要按照《国家发展计划》评价和审查《国家人权计划》;③ 新西兰在其第一期人权行动中认为计划是可以实现的,因为在许多领域,政府的战略和政策已经认识到了这些问题,并采取了一些解决举措;④ 印度尼西亚人权行动计划的系统和全面执行,则建立于人民磋商会议"第七个五年发展计划"关于国家总体发展指导方针的报告。⑤

三、对改进中国政策实践的思考

制定和实施国家人权行动计划时中国政府结合自身特点,充分利用国际社会认可的语言和方式来促进本国人权状况的改善,引起了国内国际的普遍重视,并起到了非常积极的作用。

从国际角度讲,连续颁布和实施国家人权行动计划,提高了我国在国际交往中的人权形象。由于我国政治系统具有高度稳定性,我国的政策行为整体而言具有西方国家所不可比拟的连贯性。我国实施人权行动计划已经在国际社会上引起了高度关注,2013 年 10 月 22 日至 25 日,在联合国进行的对中国第二轮国别人权审议中,对中国制定和实施《国家人权行动计划》的肯定,高居各国肯定中国人权事项提到次数最多的前 3 位,共有 20 个国家对此加以肯定或赞赏,这对中国顺利通过审议并在此后的人权理事会改选中第三次高票当选人权理事会成员发挥了重要作用。

---

① 中华人民共和国国务院新闻办公室:《国家人权行动计划(2012—2015 年)》,人民出版社 2012 年版。

② Summary of the National Action Plan for the Promotion and Protection of Human Rights of the Republic of Korea.

③ 根据人权理事会第 5/1 号决议附件第 15(a)段提交的国家报告——厄瓜多尔,人权理事会普遍定期审议工作组第一届会议,2008 年 4 月 7 日至 18 日,A/HRC/WG.6/1/ECU/1,第 30 页。

④ Action Plan for Human Rights (2005 - 2010) - New Zealand.

⑤ National Plans of Action for the Promotion and Protection of Human Rights - Indonesia, p. 2.

从国内角度讲，促进了国内不同领域政策的人权化整合和解读。长期以来，国内不同政策领域缺乏基于人权意义的整合和解读，导致政策实践偏向于短期功利，缺乏长期的价值关怀，个别地方政府缺乏人权保障意识和知识，导致了在实际工作中发生侵犯人权的事件，给社会稳定造成了很大的挑战。[①] 我国实施行动计划能够促进相关政策基于人权意义的整合和解读，将对改善上述现象起到有益作用。

但对照国际人权领域的一些做法和我们自己的经验，在国际衔接与本土融入方面依然面临着一些突出的问题，需要我们重视并加以改善。

从国内方面讲，人权行动计划的本土融合主要面对的问题是：（1）从政府角度看，政策融合主要在中央层面，地方层面的融合还很不够。从计划的制定过程来讲，涉及了多个部委的相互协商，地方政府的参与不足；从计划的实施来讲，计划对地方政府还缺乏足够的约束力，落实和实施机制还不够完备；从中央机关的职能分工来看，由国务院新闻办公室和外交部来牵头制定和实施国家人权行动计划，对中央其他部委的统合协调能力显得有些不足。（2）从民间社会的角度看，还缺乏对国家人权行动计划的基本了解，公民的参与、支持、宣传还远远不够。

从国际方面讲，人权行动计划的国际衔接主要面对的问题是：（1）人权经验的国际表述不足。中国政府主导下的各种政策尝试大多与人权状况改善有着千丝万缕的联系，但由于不善于将自身的政策实践用人权语言来表述，这导致了两种裂痕：中国实际取得了举世瞩目的经济社会发展成就，广大公民的人权状况普遍得到了根本性的改善，但由于我们不善于用人权话语来表述和阐释，一定程度上导致了我国在国际人权交往中缺乏话语权，没有将中国的人权故事很好地传递给国际社会。（2）对其他国家人权行动计划的情况掌握不足，对话不够。我们对其他国家制定和实施人权行动，尤其是各国人权行动计划文本背后的权力博弈、具体机制、社会成效等还缺乏基本的了解，学界对国外人权行动计划的研究几乎为零，这种情况导致我们在具体实践时，缺乏对照和参考，对外交流时，说话缺乏针对性。

制定和实施国家人权行动计划是我国当前推进人权事业的很好形式，这基于：一方面，人权行动计划是国际社会倡导的形式，并且已经有了很多政策实践，积累了较丰富的经验；另一方面，通过制定计划这种政策形式来充分发挥政府对社会发展的宏观调控作用，是我国政府长期以来所擅长的形式，实际上，中国改革开放以来的重大成就就是在这种政府主导的模式下实现的。我们

[①] 参见许尧：《中国公共冲突的起因、升级与治理》，南开大学出版社2013年版。

应当加大对国际人权行动计划相关问题的研究和对话，完善制定、实施、评估人权行动计划的具体机制，加强通过实施行动计划的形式来更好地展示和表达中国的人权成就和态度。可以预见，随着我们颁布和实施更多期人权行动计划，并不断积累经验和完善各种机制，这种政策实践有可能成为我们在国际人权领域重要的成功范例。

（原载于《广州大学学报（社会科学版）》2017年第11期，有删改）

主权话语的法理解读
——兼论"南海仲裁案"的非法性

范兴科*

摘　要▶"南海仲裁案"并不意味着主权话语的日渐式微,相反透视出此一案件的非法性正在于对主权原则的侵蚀。"冷战"终结以来,否认和消解国家主权的论调成为西方理论界的一种时尚,主权话语是否还有生命力?主权国家作为一种制度是否已经过时?释解这些疑惑,有必要从历史和法理的视角,对主权话语的流变进行梳理和审视,重新发掘和阐释主权对现实国际秩序的价值,证成主权是遏制霸权和保障人权的正当性基础。中国对主权不仅作出了独特的理论贡献,还以自身实践尽其所能维护了这一原则。

关键词▶主权;话语体系;"南海仲裁案";非法性

南海仲裁案云谲波诡,但也不难看出,这是以美国为代表的西方,假借法律之名,出于地缘政治目的,企图否认一个国家领土主权的非法案例。"冷战"终结以来,否认和消解国家主权的论调成为欧美学界的一种时尚,托马斯·魏士与贾拉特·乔普拉宣称,"主权不再是神圣不可侵犯的"。特里·戴贝尔认为,"禁止干涉内政已成为国家主权基础上的旧制度"。[①] 与此同时,西方政界人士声称,"人权高于主权",英国前首相布莱尔扬言,"不干涉主权国家内政是有限度的"。捷克总统哈维尔更是直言不讳,"国家主权不可避免地将要消亡"。[②]

主权是现行国际法的基石。倘若抽掉主权这一根基,不仅意味着现存国际秩序的完全颠覆,而且作为现代法治、人权之载体的国家也难以自立。因此,支持主权的论调在国际社会同样有极大的共识,并不是完全甘拜下风。主权话

---

*　范兴科,武汉大学法学院法理学专业博士研究生。
①　钱文荣:《〈联合国宪章〉和国家主权问题》,载《世界经济与政治》1995年第8期。
②　杨泽伟:《国际法上的国家主权与国际干涉》,载《法学研究》2001年第4期。

语是否还有生命力？主权国家作为一种制度是否已经过时？显然，围绕主权的论争，引发了学界的广泛关注。释解这些疑惑，有必要从历史和法理的视角，对主权话语的流变进行梳理和审视，重新发掘和阐释主权对现实国际秩序的价值。

一、主权话语的历史演进

自从法国著名公法学家布丹第一次系统提出并论证主权问题之后，主权话语就成为政治学家和法学家格外关注的焦点，经过潜心研究，纷纷建构出观点迥异的主权话语体系，其中影响最大的当然还是布丹的"君主主权"理论，十分清晰地界定主权是一国享有的"不受法律限制的对臣民的最高权力"。[①] 荷兰法学家格老秀斯将主权引入国际法，从国家关系层面再定义这个词，当一国不受任何别国控制而处理内部事务时就表现为主权。[②] 这意味着主权不仅体现为对内主权，还包括对外主权，主权的理论框架基本搭建完成。梳理各种关于主权的理论观点，更是精彩纷呈，可谓百家争鸣。卢梭推出了其著名的"主权在民论"，艾斯曼阐释了其"国民主权"思想，戴雪精解了"议会主权"的理论，马克思合理借鉴卢梭"主权在民"思想，发展形成"人民主权"理论。至此，主权话语日渐鼎盛，成为不折不扣的学术主流，对后世影响甚为深远。

（一）君主主权论

让·布丹（Jean Bodin，1530—1596），法国著名的政治法律思想家，近代国家主权学说的创始人。布丹对主权最重要的理论贡献，在于其第一次对主权进行明确定义并使之系统化。1576年8月2日，布丹在其名著《国家论六卷》中，用历史的方法考察了国家，创立了国家主权学说。布丹承袭了亚里士多德的观点，认为国家起源于家庭，并通过"家长权"来论证国家主权的合理性，其"君主主权论"就是以"家长制"为出发点引申出来的。布丹认为，一个国家必须要有这样一个至高无上的权威统治才能安定团结。在一个国家中，所有立法行政权力都应当只归属于一个中心，这个中心必须拥有至高的权力，这种至高的权力就是国家主权。布丹将主权定义为一个国家中存在的"超乎于公民和臣民之上，不受法律限制的最高权力"，主权是一个国家区别于社会中

[①] 汪瑄：《国家主权原则是国际法的根本原则——批判否定或削弱国家主权的谬论》，载《北京政法学院学报》1980年第1期。

[②] 参见熊光清：《限制战争：格老秀斯主权理论新解》，载《太平洋学报》2014年第9期。

其他团体和组织的主要标志，是国家的根本特征。

布丹认为，国家主权具有三个特点：绝对性、永久性、统一性。[1] 主权是绝对的，因为它排斥了其他更高权力的存在，国家主权具有至高无上的特性，它高于其他政治权力，不受其他政治权力的约束。国家主权也不受法律的约束，法律仅仅只是主权者的命令，主权高于法律，法律源于主权。奥斯丁也赞同这一观点。国家主权在整个国家范围内都是不受限制的，它在本国范围内可以绝对支配一切。永久性，国家主权从存在的时间上看具有永久性，是一种永久的权力。虽然主权者本身的生命是有限的，但是主权却不会因主权者的死亡而消减，主权是可以永恒存在的。统一性，即国家主权的存在是不可分割和不可转让的。

关于国家主权的具体内容，布丹将之归纳为八个部分：立法权、宣战媾和以及缔结和约的权力、官吏的任免权、最高裁判权、赦免权、要求服从的权力、征税权、货币铸造和度量衡的选定权。[2]

关于国家与家庭关系，布丹认为，虽然国家是家庭的集合体，但家庭是私有的范围而国家是公有的范围，因此不能将国家主权等同于财产的所有权，主权权力应该属于国家所有，而财产权利则应该属于家庭所有，私有财产是神圣不可侵犯的。

虽然国家主权高于世俗的一切权力，但布丹认为，它要受到神法、自然法的支配，他强调了在社会与国家之上的神法与自然法的权威地位。人们对神法和自然法秩序的遵守正是国家区别于强盗集团的原因所在，单靠强力的征服还不足以为国家的建立取得合理的基础。

继布丹之后，霍布斯也赞同"主权在君"，最高权力的拥有者只能是君主，个人应绝对服从，这样才能避免产生冲突矛盾。在《利维坦》中，霍布斯还列举了作为主权者的君主应该拥有的12项权力。[3]

（二）议会主权论

艾尔伯特·维纳·戴雪（Albert Venn Dicey，1835—1922），英国著名的宪法学家，因著有《英宪精义》（英国宪法研究导论）一书而名扬世界。《英宪精义》第一版的出版，标志"议会主权论"正式形成，并一度产生较大影响。当然，议会主权论形成于英国并不是偶然的，而是对英国议会制度发展和完善

---

[1] 参见李龙：《西方宪法思想史》，高等教育出版社2004年版，第97页。
[2] 参见李龙：《西方宪法思想史》，高等教育出版社2004年版，第98页。
[3] 参见肖丹：《"主权在君"抑或"主权在民"——霍布斯与卢梭的契约政府理论比较》，载《沈阳大学学报》2009年第5期。

这一漫长过程所作的理论上的概括，而戴雪的贡献就在于从理论上加以概括。尽管在20世纪后从理论到实践已经否定了"议会主权"，但戴雪对这个问题的论证给人们留下了深刻的印象。

议会主权，即戴雪所讲的巴力门主权，是《英宪精义》的第一部分。按照戴雪自己的解释："巴力门（parliament）一名当在法家口中流出（虽则寻常会话中不是如此用法），实解作君主（the King）、贵族院（House ofLords）与民众院（HouseofCommons）的合体。当三者合成一体时，他们常被称作为'议会中之君主'（theKing in the parliament）。是为巴力门的本义。"

戴雪引用布莱克斯顿（Black-stone）的话对议会主权的实质内容作了说明，"议会对于一切法律可以创造，可以批准，可以扩张，可以收缩，可以裁减，可以撤回，可以再立，又可以诠释"；"大凡每一国家必有一种独裁的大权，而此项大权又必有所寄附；其在本国，此项权力依宪法实附托于议会身上"。按照戴雪的总结，议会主权有三个特征："第一，这个立法机关得随意变易任何法律，基本法或寻常法俱依通常手续；第二，宪法与普通法无分别；第三，除巴力门本身外，国内无第二机关，司法或其他，能宣告其所定，谓为非宪或无效。"

19世纪末至20世纪初，议会主权论不仅在理论上受到批评，同时也被事实所否定。戴雪的"议会主权"受到了英国的宪法学家詹宁斯的抨击，在其1933年出版的《法与宪法》一书中，对戴雪的主要观点均加否定，在谈到"议会主权"问题时首先提到：主权这个概念是中世纪末法国公法学家布丹首先提出的，然后由霍布斯、边沁和奥斯丁等人引进英国；按照奥斯丁关于主权的说法，它是最高的、绝对的权力，所以国会事实上不可拥有主权；并指出连戴雪也承认议会不能做的事大量存在。因此，戴雪的议会主权论，乃是一个相对的概念，是指议会与法院相比较时，法院必须服从法律，议会的权力要相对优于法院，议会主权实际上是指议会优越而已。孙中山先生也公开反对议会主权，为了不至于使议会专权，于是设计了"五权宪法"，增加了考试院与监察院。事实上，自20世纪以来，议会主权已不复存在，各种对议会权力的限制不断出现，尤其是英国的违宪审查形成以来，议会主权说在理论与实践上均已成为过去。①

（三）主权在民论

让·雅克·卢梭（Jean jacques Rousseau，1712—1778）。卢梭关于主权在

---

① 参见李龙：《西方宪法思想史》，高等教育出版2004年版，第265~268页。

民的理论，主要集中在《社会契约论》这本著作中。与布丹、霍布斯"主权在君"的思想截然不同，借助"公意"这一概念，卢梭第一次完整地提出了"主权在民"理论。① "主权在民"意味着主权权力来自一般的人民，而不是君主，或者其他任何团体。由于主权来自人民，因此，第一，主权是不可转让的。卢梭认为，"主权既然不外是公意的运用，所以就永远不能转让"。② 第二，主权是不可分割的。因为它要么是人民共同体的意志即法律，要么是一部分人的意志即命令。③

卢梭认为，主权是最高权力，任何其他权力都是由它派生出来。政府是介于臣民和主权者之间的一个中间体，政府从公意那里接受指导并使用它的权威按照主权者的意思决断公民的行为。政府完全是从属性的。④

与洛克、孟德斯鸠的分权论完全不同，卢梭主张的是主权不可分割的集权论。在实践中，表现为国会享有至高无上的权威，不受其他任何部门的制约。其理论根据是，国家的一切权力属于人民，人民通过其代表机关行使权力。然而，赋予国会绝对权力是否可靠？问题在于这个代表机关能否真正完全地代表人民。⑤ 因此，卢梭更倾向于直接民主制，并不信任代表的作用。强调"主权是不能代表的"。⑥ 主权者只能由他自己来代表自己。

(四) 人民主权论

马克思合理借鉴了卢梭的主权在民思想，在批判黑格尔的基础上，发展形成"人民主权论"。在《黑格尔法哲学批判》中，马克思指出，"不是君主的主权，就是人民的主权"。⑦ "人民主权不是凭借君王产生的，君王倒是凭借人民主权产生的。"⑧

黑格尔承认，"只有人民对外完全是独立的并组成自己的国家，才谈得上

---

① 参见肖丹：《"主权在君"抑或"主权在民"——霍布斯与卢梭的契约政府理论比较》，载《沈阳大学学报》2009年第5期。
② [法] 卢梭：《社会契约论》，何兆武译，商务印书馆1980年版，第35页。
③ 参见 [法] 卢梭：《社会契约论》，何兆武译，商务印书馆1980年版，第36~37页。
④ 参见李龙：《西方宪法思想史》，高等教育出版社2004年版，第130页。
⑤ 参见李龙：《西方宪法思想史》，高等教育出版社2004年版，第127~128页。
⑥ 周小苑：《论卢梭的立法思想》，中国政法大学2007年硕士学位论文。
⑦ 中共中央马克思恩格斯列宁斯大林著作编译局：《马克思恩格斯全集》（第三卷），人民出版社2002年版，第38页。
⑧ 中共中央马克思恩格斯列宁斯大林著作编译局：《马克思恩格斯全集》（第三卷），人民出版社2002年版，第37页。

人民主权"。马克思评论道,"这是尽人皆知的道理"。① 但黑格尔本人并不支持人民主权,竭力维护的是"君主主权",他说,"但是,人们近来开始谈论人民主权,通常都是指这种主权同存在于君主身上的主权相对立:在这种对立中,人民主权属于以人民的粗陋观念为基础的混乱思想"。② 对此,马克思一针见血地指出,"在这里,有'混乱思想'和'粗陋观念'的只是黑格尔"。③ 马克思进一步批驳黑格尔,指出人民主权和君主主权不可能同时存在,他说,"如果主权存在于君主身上,那么谈论同它相对立的存在于人民身上的主权就愚蠢了,因为主权这个概念本身不可能有双重的存在,更不可能有对立的存在"。④

马克思还进一步将主权区分为对内主权和对外主权,并有一段专门的评论,"这会使普鲁士政府感到极为难堪;这是对谢林的对外主权的一个攻击,而虚荣的君主看重自己的对外主权更甚于对内主权"。⑤ 在1848年的革命中,马克思还将实现人民主权同无产阶级革命联系起来。总之,主权是马克思极为关注和肯定的词语。

主权话语历经数百年嬗变,已经建构形成一套坚实完整的体系,无论是君主主权、议会主权,还是人民主权,共同之处就是都承认主权是国家拥有的至高无上的权力,是国家最典型的特征,是现行国际法的基石。不同之处在于具体由谁来行使国家的这一主权。

主权话语不只是停留在理论形态,其付诸实践的历史过程同样引人关注。特别值得一提的是,"三十年战争"(1618—1648年),这场由神圣罗马帝国的内战演变而成的全欧参与的一次大规模国际战争,也是历史上第一次全欧大战。这场战争给欧洲带来了毁灭性的破坏,各国为寻求和平共处之道,签订了《威斯特伐利亚和约》,接受了主权的概念。几乎所有的小国都在条约上签字获得了主权,正式成为主权国家,教会力量被削弱,领土国家的概念被接受,

---

① 中共中央马克思恩格斯列宁斯大林著作编译局:《马克思恩格斯全集》(第三卷),人民出版社2002年版,第37页。

② 中共中央马克思恩格斯列宁斯大林著作编译局:《马克思恩格斯全集》(第三卷),人民出版社2002年版,第37页。

③ 李蕾:《马克思早期法学思想的重要里程碑——纪念〈黑格尔法哲学批判〉发表170周年》,载《湘潭大学学报(哲学社会科学版)》2013年第4期。

④ 中共中央马克思恩格斯列宁斯大林著作编译局:《马克思恩格斯全集》(第三卷),人民出版社2002年版,第38页。

⑤ 中共中央马克思恩格斯列宁斯大林著作编译局:《马克思恩格斯全集》(第十卷),人民出版社2009年版,第11页。

确立国家内部事务不受外部干涉。在《威斯特伐利亚和约》之后，各国建立起自己的武装部队，国家主权得到确认和巩固，为形成新的稳定的国际秩序作出了贡献。

然而，"冷战"结束后，国际格局变化与全球化浪潮对国家主权原则产生巨大的冲击，挑战国家主权的论调再度兴起，诸如，主权演变论、主权让渡论、主权可分论、人权高于主权论、主权弱化论、道德相互依存论等。当然，这些挑战并不意味着主权国家作为一种制度已经过时，历史和现实告诉我们，主权话语没有过时，仍然具有顽强的生命力，主权概念与国家同在，主权仍是国家成其为国家最典型的特征。特别是"二战"后联合国确立的尊重国家主权和主权平等原则，业已成为现代国际关系的基本准则。[①]

主权是人权的根本保障。人权不是一个抽象的概念，对人权的保护与促进的主要责任在国家，抛开国家主权来谈人权只能是空谈。无论是《联合国宪章》还是《国际法原则宣言》，所提出的人权保护与合作均是以确认国家主权和主权平等为前提的。一个国家，如果丧失了主权，受制于人、任凭他人宰割，那里的人民就会失去一切权利。这是为近代一切殖民地和半殖民地的历史一再证实了的。在这一点上，中国人民有最深切的感受。鸦片战争之后，由于西方列强的瓜分和压迫，中国大地百业凋零、满目疮痍，亿万百姓流离失所、饿殍遍野，连生存权都不能保证，还哪里谈得上其他权利？中国人民的人权状况的真正改变，是1949年新中国成立以后的事。尊重国家主权，是有效地实现人权的国内保护和国际保护的根本条件。

二、中国对主权原则的独特贡献

自鸦片战争以来，中国持续饱受西方列强的武力侵略，数十个不平等条约使国家领土主权遭到彻底破坏，割地赔款，租界，领事裁判权，给中国人民带来了沉重的灾难，为维护自己国家主权独立，不屈的中国人民进行了艰苦卓绝的斗争，付出了巨大的牺牲。因此，中国人民十分珍视国家主权，并以自身的实践对"主权神圣不可侵犯原则"作出了自己特殊的贡献。

---

① 参见1946年12月6日联合国大会通过的《国家权利义务宣言草案》第1条规定："各国有独立权，因而有权自由行使一切合法权力，包括其政体之选择，不接受其他任何国家之命令。"1970年10月24日联合国大会通过的《关于各国依联合国宪章建立友好关系及合作之国际法原则之宣言》指出，各国一律享有主权平等，包括各国法律地位平等、每一国均享有充分主权之应有权利、国家之领土完整及政治独立不得侵犯、每一国均有权利自由选择并发展其政治、社会、经济及文化制度等。

著名国际法学家梁西教授指出,"主权是一个国家独立自主地处理对内对外事务的最高权力,是国家的固有属性"。① 如果没有主权,就不能构成一个国家,只能是一个殖民地或其他政治实体。一般来说,主权包括独立权、立法权、平等权、管辖权、自卫权等内容。国家是具有一定的居民、领土、政权组织和主权的社会实体。

为维护主权,反对霸权,1954 年,中国提出了以尊重国家主权为核心的和平共处五项原则,作为处理国际关系基本准则,这一原则由中国同印度、缅甸共同倡导,具有内容包括:互相尊重主权和领土完整、互不侵犯、互不干涉内政、平等互利、和平共处。② 1955 年,中国在万隆会议上又同亚非各国共同订立了和平共处的十项原则。中国根据和平共处的原则,同许多亚洲国家、非洲国家和一些欧洲国家建立了和平友好关系,现在又同古巴建立了正式的外交关系。③

中国不仅在理念上维护主权原则,还以自身实际的行动坚定维护领土主权不受侵犯。美国出于霸权需要,作为其遏制中国的"亚太再平衡"战略的一部分,唆使菲律宾单方提起所谓南海仲裁案,企图否认中国南海的领土主权,对此中国全面迎战,坚定维护领土主权。在法律层面,除了坚定表明立场,还从多个层面揭开仲裁案的非法性,指出其是披着法律外衣的一场政治闹剧。2014 年 12 月 7 日,中国发布《中国政府关于菲律宾所提南海仲裁案管辖权问题的立场文件》。2015 年 7 月 7 日,中华人民共和国外交部发表声明,不承认常设仲裁法院对此案的司法管辖权,也拒绝接受菲律宾任何形式有关此案的和解建议。2015 年 10 月 30 日,中国外交部作出回应:南海仲裁案仲裁庭就有关问题的裁决是无效的,对中方没有拘束力。2016 年 7 月 12 日,中华人民共和国外交部发布《中华人民共和国外交部关于应菲律宾共和国请求建立的南海仲裁案仲裁庭所作裁决的声明》《中华人民共和国政府关于在南海的领土主权和海洋权益的声明》。仲裁结果出笼后,美国赤裸裸地以武力威胁逼迫中国在领土主权问题上让步,中国人民爱好和平,但中国人民从来不惧怕对抗与武力威胁,维护主权与领土完整的决心坚定不移,并坚决抵御了霸权主义和强权政治对主权神圣不可侵犯原则的侵犯。

---

① 梁西等:《国际法》,武汉大学出版社 2000 年版,第 65 页。
② 参见吴迎春:《五项原则经受半个世纪考验——纪念和平共处五项原则发表 50 周年》,载《人民论坛》2004 年第 7 期。
③ 中共中央文献研究室第二编研部:《周恩来自述——同外国人士谈话录》,人民出版社 2006 年版,第 63 页。

三、南海仲裁案的非法性在于对主权原则的破坏

前美国国际法学会会长路易斯·亨金（Louis Henkin）教授认为主权是一个"坏字眼"（badword），"国家神话"（nationalmythologies），主权是一个"标语"（catchword），一个过时（outofdate）的概念，应该抛弃。① 在实践上，以美国为代表的西方国家，在自身并不遵守国际法的情况下，以国际法为幌子，以武力为后盾，威胁破坏他国领土主权，钓鱼岛、南海问题不过是其又一个破坏主权的非法案例。

中国拥有南海诸岛主权，具有充分的历史、法理和事实依据。这是一个被一些别有企图的人故意遮蔽的真理，但有哲人指出，真理就是一个解蔽的过程②，大量研究已证明，"南海九段线正是中国人民千百年来在南海开发经营、有效管辖乃至抗击外来殖民侵略等主权行为的集中体现和反映"。③ 中国对南沙群岛的认识最早可追溯至汉代，唐宋时期，中国对南沙的认识以及在南沙的经营开发都有了长足的发展，至明清两代，中国已明确了对南沙群岛的主权管辖，出版的权威地图都将南沙群岛列入中国版图。20世纪初，随着西方殖民者和帝国主义者加大对中国及东南亚地区的侵略，英国、德国、法国、日本等开始觊觎南沙群岛，但他们的企图无一例外都遭到中国晚清政府、民国政府以及民众的强烈反对，大部分侵略举动都以失败告终。

第二次世界大战爆发后，1939年日本为实施控制东南亚和澳大利亚的"南下战略"，侵占了中国南沙群岛部分岛礁。日本战败后，中国根据《开罗宣言》和《波茨坦公告》规定的原则收回南海诸岛之主权。④ 国民政府于1946年12月派舰巡视和收复了太平、中业等南沙群岛主要岛礁，接收了南沙全部岛礁并进驻南沙主岛太平岛。1947年，国民政府重新命名包括南沙群岛在内的南海诸岛全部岛礁沙滩名称共159个，并公布施行。同时，国民政府对

---

① 参见陈柳钦：《国家主权理论的演变与发展（上）》，载 http：//www.21ccom.net/articles/zgyj/xzmj/article_201001205492.html，访问时间：2016年8月19日。
② 参见贺炳团：《真理是一个解蔽的过程》，载《咸阳师范学院学报》2011年第3期。
③ 王立君：《南海诸岛的主权归属及其水域的法律属性》，载《政治与法律》2016第1期。
④ 参见1943年11月中国、美国、英国三国首脑在《开罗宣言》中写明："……三国之宗旨在剥夺日本自1914年第一次世界大战开始以后在太平洋所得或占领之一切岛屿，在使日本所窃取于中国之领土，例如满洲、台湾、澎湖列岛等，归还中华民国。"1945年7月26日发表的《波茨坦公告》第8条规定，《开罗宣言》之条件必将实施，而且日本之主权必将限于本州、北海道、九州、四国及吾人所决定其他小岛之内。

外公布中国南海疆域图，用 11 段线标注了中国在南海的领土主权和历史性水域范围。此后相当长时期内，美国官方对此未持异议。

然而，最近几年，出于霸权需要和遏制中国的目的，美国企图否定中国固有的领土主权。因此，由菲律宾单方挑起的"南海仲裁案"，直接目的就是要否定中国南海诸岛的领土主权。由于整个仲裁案在实体和程序上的非法性，当然注定不能得逞。

在实体上，仲裁案违反主权神圣不可侵犯原则。《联合国宪章》规定，联合国及其成员国应遵循各国主权平等原则。《宪章》第 2 条规定本组织及其会员国应遵行的基本原则，其中写道，"各会员国在其国际关系上不得使用威胁或武力，或以与联合国宗旨不符之任何其他方法，侵害任何会员国或国家之领土完整或政治独立"。菲律宾一方面不断用非法手段侵占蚕食中国岛礁主权，另一方面妄图通过所谓仲裁案将其非法行为合法化。这不仅违背了联合国宪章的宗旨和原则，也违反了"非法行为不能产生合法权利"的一般法理。《联合国海洋法公约》也应符合《联合国宪章》的宗旨和原则。主权是一种历史性权利。"一些国家企图用后产生的《联合国海洋法公约》去限制和否定先前产生的历史权利，这违反了基本的逻辑理路"，① 必须坚决反对。

在程序上，仲裁案明显缺乏公正性，仲裁庭法官多数由日本人柳井俊二指定，这个人颇具争议，特别是他们的日籍身份以及他与日本安倍政权的关系。另外，他还在涉及东海等问题上有过鲜明立场。这些因素决定了他理应主动回避南海仲裁案。柳井的出现，损害了仲裁的正当性，这在后来的仲裁进程中，表现的淋漓尽致。②

对于本案的管辖权，中国已于 2006 年 8 月 25 日通过《联合国海洋法公约》第 298 条任择性声明，排除了海洋划界在内的五类争端的强制管辖权。因此在本案中，基于"九段线的合法性争议"实质属于海洋划界争端，已被排除在强制争端程序之外，所以仲裁庭对该事项并无管辖权。③ 仲裁庭混淆了陆地主权和海洋权利之间的先决关系，在裁决中企图釜底抽薪地越过中菲长期存在的领土主权争议去裁决海洋争议。在没有管辖权的情况下，仲裁庭推行强

---

① 巩建华、贺斯迈：《南海"九段线"的主权定性及其应对策略研究》，载《云南行政学院学报》2016 年第 1 期。

② 参见《起底南海仲裁案临时仲裁庭：无人认领的山寨组织》，载新华网，2016 年 7 月 16 日。

③ 宋可：《〈联合国海洋法公约〉附件七的仲裁庭对涉及领土主权争端的"混合争议"管辖权问题研究——法律分析及对中菲南海仲裁案的影响》，载《中国海商法研究》2016 年第 2 期。

制仲裁，菲律宾不惜血本花费 3000 万美元重金聘请律师，创下一个律师费新纪录，目的就是要通过花钱为自己的非法主张造势。然而，对菲律宾来说，应该清楚的是，非法行为不能产生合法权利。仲裁结果指鹿为马，不仅完全否定中国固有的领土主权，还硬将太平岛说成是礁，让国际社会大跌眼镜，仲裁案因此完全沦落为一场毫无公信力的政治游戏。

非法行为不能产生合法权利，南海仲裁案作为美日强权政治操纵下的产物，不光彩地演绎了破坏一个国家领土主权的新样态，从反面证成主权话语并没有过时，主权作为现行国际法的基石，具有重要的现实价值，尊重国家主权是遏制霸权和实现国家关系民主化的正当性基础，同时，维护国家主权也是保障一国人权的重要基础。

（原载于《广州大学学报（社会科学版）》2017 年第 7 期，有删改）

建政、救亡与启蒙：
再论鄂州约法之人权条款

沈玮玮*

摘　要▶鄂州约法在中国宪法史上的意义是以其完善的人权条款而被赋予的。继武昌起义后的各省约法争相效仿鄂州约法，并且完全承袭了其中的人权条款。人权条款的全面性和体系性与军权和民权相约而成的约法性质有关。以鄂州约法为代表的民初约法是在"建政"而非"建国"的意义上使用约法，包括人权条款。因此，人权条款虽然以法条的形式存在，但依然只是具有救亡和启蒙的宣言性意义。人权条款与邹容和孙中山等人的思想颇有渊源，但本质上并未摆脱形式化的色彩。在当时南北革命党人、立宪派和旧军阀官僚的权力争夺中，人权条款几近沦为空文，所幸在此后民国立宪进程中一直被保留下来。

关键词▶鄂州约法；人权条款；建政；救亡；启蒙

武昌起义之后，中国形成南北对峙之势。南北议和代表达成协议，1912年2月12日清廷颁布退位诏书，将统治权公诸全国。《清帝逊位诏书》不仅为中华民国全面继承清朝疆域提供了重要的法理依据，对于"中华民族"的建构同样也具有重要意义。① 因此，《清帝逊位诏书》是中华民国宪制的一个重要构成，具有立国基础的宪法意义。② 然而，清帝逊位意味着1912年的中华民国并非"建国"而是"建政"。《清帝逊位诏书》在"建政"意义上的政权安排，反倒成了民国政府正统性之争的导火索，也成为民初宪政失败的重要

---

* 沈玮玮，华南理工大学法学院讲师，华南理工大学广东地方法制研究中心研究员，法学博士，从事中国法制史和人权史的研究。

① 杨昂：《清帝〈逊位诏书〉在中华民族统一上的法律意义》，载《环球法律评论》2011年第5期。

② 高全喜：《立宪时刻：论〈清帝逊位诏书〉》，广西师范大学出版社2011年版，第83页。

原因。① 南方的革命党所持的"共和国"之理想所设定的"建国"方略与北方旧军阀官僚所持的"建政"之意见相左。如果寻找"建国"最早的法律文本依据,则要追溯到武昌首义之后颁布的《中华民国鄂州临时约法》(以下简称"鄂州约法")。鄂州约法共7章60条②,被称为亚洲第一个正式颁布并得以实行的民主共和国宪法文本③,其以美国宪法为蓝本确立的联邦体制,首开20世纪初期联省自治运动的先河。④ 且在法律形式上首次确立了人民的民主权利,对国民首次称为"人民",可谓史无前例。清末制定的《钦定宪法大纲》,虽然对民权也作了相关规定,但基本反映的是部分改良派的人权思想,更多的是为维护君权统治,人权也是以"臣民权利"来体现。

鄂州约法在第二章"人民"中具体规定了人民的基本权利义务,从第5条到第21条共17条,涉及人民基本权利的有14条,基本义务2条(第19条、第20条)。该章置于第一章"总纲"之后,其他各章之前,显示制宪者对于"人民"的重视程度;而且基本权利在前义务在后,充分体现了古典自然法学派的人权观。具体包括:第5条、第6条规定了公民的政治权利和自由。其中第5条是平等权,位列首位:"人民一律平等。"紧接着是第6条表达自由:"人民自由言论著作刊行并集会结社。"第7条规定了通讯自由:"人民自由通讯不得侵其秘密。"第8条规定了宗教信仰自由:"人民自由信教。"第9条规定了居住自由:"人民自由居住迁徙。"第10条、第11条规定了国民财产权和经济权利,但仅仅规定人民自由保有财产和营业,主要体现的是工商阶层的利益,农民经济权利(尤其是地权)尚未规定。第12条、第13条规定了人身和住宅不受侵犯,并且确立了法律的保留原则。第14条规定了诉权,但仅仅只是规定了行政诉讼的起诉权,并未就一般诉案的权利进行规定。第15条、第16条分别规定了人民具有可以向议会陈请以及向行政官署陈诉的权利,即陈情请愿权。此乃国民参政议政权的具体体现,包括第17条规定了考试任官权:"人民有应任官考试之权。"第18条规定了选举与被选举权:"人民有选举投票及被投票选举之权。"除此之外,还体现在由人民直接选举行政长官都督的条款内。第19条、第20条规定了

---

① 章永乐:《旧邦新造:1911—1917》,北京大学出版社2012年版,第52页。
② 参见夏新华、胡旭晟:《近代中国宪政历程:史料荟萃》,中国政法大学出版社2004年版,第609~612页。
③ 参见冯天瑜:《法政大学中国留学生与〈鄂州约法〉的制订》,载《江汉大学学报(人文科学版)》2011年第5期。
④ 参见聂资鲁:《美国宪法对近代中国立宪的影响》,法律出版社2008年版,第120~126页。

纳税和当兵的义务。第 21 条则规定了在紧急情况下可通过法律对人民权利加以必要限制,即法律保留原则。如果说中国近代是一个走向共和的过程的话,那么第一步就是从鄂州约法的人权条款开始的。① 鄂州约法实非湖北一省之事,其开创的全新体制具有全国性的意义,在其后颁布的江西、江苏、浙江、广西四省约法都是以此为样板,此后《中华民国临时约法》很大程度上也受到了该约法的影响。

一、人权条款的制定者及其属性

鄂州约法的草拟者当属宋教仁,然汤化龙为立宪派代表,在湖北军政府的筹建和运转中是有力推手,对制定鄂州约法的作用也不容小觑。② 据称在草拟鄂州约法时,主笔者宋教仁邀汤化龙商定并润色③,共同拟定的条文达五六十款之多。④ 人权条款也当然在其讨论范围内。宋教仁之所以如此慎重对待约法,基于他对约法抱有极大的期望:"武昌起义在行动上已为全国倡导,而根本大法也要争取作出表率,鄂州约法不过是这方面的尝试,希望以后全国民众都来注意这个共和国的立法工作。"⑤ 也有学者认为黎元洪与汤化龙等虽代表着旧势力及立宪派,但也不能完全置于革命党人于不顾。⑥ 约法对都督等权限的规定即是对旧势力权力的一种限制,对于革命党人说,实际上起到了寓权于法的作用。⑦

汤化龙推出的军政府条例,以"军民分治,权集于都督"为原则,通过

---

① 参见严昌洪:《革命党人制定〈鄂州约法〉》,载《人民政协报》2011 年 10 月 10 日第 T8 版。
② 参见严昌洪、肖建东:《论汤化龙在武昌首义中的地位和作用》,载《甘肃社会科学》2011 年第 5 期。
③ 参见邱远猷:《〈鄂州临时约法〉研究》,载《历史教学(高校版)》2007 年第 3 期。
④ 参见刘道铿:《汤化龙的政治活动及其思想》,载《武汉文史资料文库》(第 7 辑),武汉出版社 1999 年版,第 24 页。
⑤ 贺觉非、冯天瑜:《辛亥武昌首义史》,湖北人民出版社 1985 年版,第 271 页。
⑥ 参见崇汉玺:《湖北军政府和它的革命政策》,载《纪念辛亥革命七十周年学术讨论会论文集》(上)1981 年版,第 799~801 页。
⑦ 参见蔡寄鸥:《鄂州血史》,龙门联合书局 1958 年版,第 154 页。

同盟会元老居正的居间斡旋，草率通过。① 就先后颁布的《中华民国鄂州军政府条例》和《中华民国鄂州军政府改订暂行条例》来看，旧势力和革命党斗争激烈。经过革命党人争取来的结果，改订条例第3条限制了都督制定有碍国民权利的权力："军政府都督代表军政府人民施行职务；除关于战事外，所有发布命令关系人民权利、自由者，须由都督召集军事参议会议决施行。"为了保证对都督权力的节制，改订条例第5条、第7条、第10条专门设置了由起义人公推出的稽查员，以加强革命党人对军政府行为和国民权利保障的监督。②

宋与汤前后在日本东京法政大学学习法律，二人都曾研究东西各国宪法及政治制度，又在清末预备立宪过程中早有交谊。因此，在约法制定过程中，每当"夜分人寂，对灯促膝，所谈无非约法者，如此二十余日，议论微定，大要兼取法、美二国之长，而力避偏枯拘挛之病。其草稿出遁初（宋教仁）手"。③ 在二人商讨期间，汤化龙提出"共和国体、民主政体、立宪政治、责任内阁、政党议员、人民之权利义务"的框架，这些思想基本来源于法政大学传授的波索纳德法学体系，也可能与美浓部达吉的讲授有关。而宋教仁在鄂州约法中体现"主权在民、三权分立"，也受启迪于法美政体，与波索纳德法学体系渊源有自。④ 很显然，宋和汤的思想体系中将"人权"置于何种位置是不同的，宋十分看重人权，所以"主权在民"置于"三权分立"之前，而汤则看重"国体和内阁"，人权则放在最末。经过宋教仁在汉滞留半月（10月28日至11月13日）订立约法的努力，堪称中国现代第一个人权法案的鄂州

---

① 据《居正札记》（1929年版）记录："（军政府）行政上漫无秩序，谘议局汤化龙有见及此，以不得同志之信任，未敢置议。闻余归，就商于余，有制订各种条例的必要，并出其草案示余，谓为同盟会本部所拟者，免被各同志怀疑，宜召集同志等开一会议，请众公决。"1944年版则改为："余（居正）商前谘议局长汤化龙等，草定各种条例……"参见黄中恺：《辛壬闻见录》，中国社会科学院近代史研究所藏抄件，第23页。学界根据这两种版本不同的记载，将居正视为汤化龙的帮凶，或者认定汤化龙乘机"狐假虎威"，以同盟会元老居正为《中华民国军政府暂行条例》张目，至此，学界对居正在暂行条例推出过程中的作用之评价截然相反。参见严昌洪、肖建东：《论汤化龙在武昌首义中的地位和作用》，载《甘肃社会科学》2011年第5期。

② 参见崇汉玺：《湖北军政府和它的革命政策》，载《纪念辛亥革命七十周年学术讨论会论文集》（上）1981年版，第814页。

③ 《蕲水汤先生行状》，载《辛亥人物碑传集》，团结出版社1991年版，第514页。

④ 参见冯天瑜：《鄂州约法：共和宪政史上的里程碑》，载《历史教学问题》2011年第3期。

约法出炉，拉开了现代中国宪法的序幕。①

继首义告捷之后，各省积极响应，相继独立。各省革命起义总体趋势是革命派冲锋在前，而由立宪派和旧军阀官僚享受政权果实。称谓虽变，然权力的阶极本质未变。从鄂州约法制定前后旧阶级与新党人之间的斗争来看，辛亥革命所引发的革命联动效果并未真正触及缘由的封建体制，有学者将根本原因归结为革命党人并没有充分利用底层群众（尤其是农民）的力量，革命党人的起义仅仅只是单纯的一种军事投机的冒险行为。就此而言，革命党人在制定约法时，虽将人权放在很高的位置，但仅仅只是泛泛而谈的原则性条款，起到的只是启蒙与救亡的作用。即便是同盟会发动会党和新军进行武装起义时，有机会组织动员广大群众，例如，当时已经火热的"抢米""抗捐""抗税""保路"等斗争中的群众，革命党人也没有自觉地将其作为经常性武装进行培植，这也是在人权条款中，革命党人有意忽视人权条款设计的初衷。在革命党看来，共和国的雏形只要具备了约法、内阁和地方自治，就可以得到保证。② 这就意味着，人权条款很可能沦为一纸空文，仅仅具有宣示的效果。当时已有人感叹："不图民国成立，人民竟有如水益深，如火益热之苦。"这一点学界早已言及，③ 只不过尚未说透而已。

二、人权条款及其制定程序

鄂州约法既然具有宪法性质，必须慎重对待制宪程序，包括立宪主体和基本程序。有学者认为照此标准来评价鄂州约法，缺陷一目了然。在立宪主体上，约法完全是极度个人化的文本，主要是宋教仁负责起草的，整个制定过程没有国民或国民代表的参与。④ 此外，在约法内容上，由于宋教仁舍去了体现民生主义的"平均地权"思想，使中山先生的"三民主义"实际变成"二民主义"，⑤ 在整个约法中就缺少以土地权利为主的民生权，这一缺点在此后起草《中华民国临时约法》时也并未得到改善，过度重视资产性立法，对外国资本主义经济和本国封建土地制度和传统生产关系，尤其是农业经济关系重视

---

① 参见费春：《中国第一部近代宪法——〈鄂州约法〉》，载《现代法学》2001年第1期。

② 参见张晋藩、邱远猷：《辛亥革命在国家政权问题上所提供的历史经验》，载《法学研究》1961年第6期。

③ 参见贺觉非、冯天瑜：《辛亥武昌首义史》，湖北人民出版社1985年版，第471页。

④ 参见王德志、王炜：《鄂州约法与宋教仁宪政思想》，载《百年共和与中国宪政发展——纪念辛亥革命100周年学术研讨会论文集》2011年版，第59~61页。

⑤ 参见宋教仁：《宋教仁集》（上册），中华书局1981年版，第8页、第277页。

不够。同盟会虽然提出了"平均地权"的民生蓝图，但是未能给出具体方案，导致约法无从参照。加之湖北革命党人对土地政策十分冷淡，对土地改革和农民土地问题只字不提。①

对于制宪权或立宪主体而言，于当时战时环境而言，根本无法采取正当程序制定约法。因此，在立宪程序上也采取了变通处理，即宋教仁草拟，同志集议，最后共同审订："首义同志，因相与集议，制定《鄂州约法》，为各省倡。推宋教仁起草，公同审订。"②

就此而言，有学者认为，鄂州首义的成功使湖北军政府暂代中央政府角色，鄂州约法虽然具有全局示范性意义③，但仅仅是迈向真正宪法的过渡，以不完备的民主程序制定完成实乃师出有名。④ 即便如此，鄂州约法也象征性地履行了公开征集意见的程序，虽然还说不上"全民公决"。1911 年 11 月 14 日，湖北军政府总监察处发布了《关于议决鄂州临时约法草案及官制草案的特别通告》表示："现定于半月后即行议决执行（两项草案）。在此半月以前，无论何人，均得对此草案或承认或不承认。如有意见，尽可逐条指摘评论，录送总监察处，由监察长取决多数，以划定规，而昭合议制度。"半月异议期之后，由 1910 年 10 月 11 日在上海创刊的作为同盟会中部总会主要言论机关的《民立报》于 1911 年 12 月 2 日至 6 日陆续公布。

按照《中国同盟会革命方略》建国四大纲领确立的军政、训政和宪政"三步走"战略，约法乃训政之期实施，在此阶段，"军政府以地方自治权归之其地之人民，地方议会议员及地方行政官皆由人民选举"，凡是"军政府对于人民之权利义务，及人民对于军政府之权利义务，悉规定于约法"。⑤ 照此看来，"约法"就是指"军权与民权"相约，因此，在规定了人民基本权利之后还附带规定了人民两项对于军权而言十分重要的义务，即纳税和当兵之义

---

① 参见王来棣：《辛亥革命时期湖北军政府剖析》，载《近代史研究》1980 年第 2 期。
② 相关记述可参见胡祖舜：《武昌开国实录》，武昌文华印书馆 1948 年版；李廉方：《辛亥武昌首义记》，湖北通志馆 1947 年版；杨玉如：《辛亥革命先著记》，科学出版社 1957 年版。
③ 鄂州军政府在中华民国南京临时政府成立前的近 3 个月内，一度充当中央政府职能。甚至连 1911 年 10 月 16 日在武昌创刊的机关报《中华民国公报》数次假托"中华民国军政府大总统孙（文）"之名发布《布告大汉同胞书》。与之对应，鄂州约法事实上代行全国临时约法的职能，至少对其他稍后独立的省份起参照作用。参见曹东：《"首义之地"宪法大纲——民国法律往事之鄂州约法》，载《检察日报》2014 年 10 月 24 日第 6 版。
④ 冯天瑜：《鄂州约法：共和宪政史上的里程碑》，载《历史教学问题》2011 年第 3 期。
⑤ 《孙中山全集》（第 1 卷），中华书局 1981 年版，第 297~298 页。

务。总体而言，鄂州约法的基本目的指向的是建政，确立新的既得利益关系，而非建国，套用的是"约法三章"的本意，所以在约法中规定人权，确切地讲应该是民权，理所当然。不过，约法是要待军政三年初有成效后才出台，鄂州约法显然提前颁行。因此，对该约法缺少相关民生权利，也不能苛责。毕竟"约法之治"尚未真正开启，但既然是训政，约法宣示性的意义更大于实际意义，也表明了民国政府未来重视民权的主旨。

鄂州约法不仅对鄂之民权有宣示意义，对其他各地约法也具有标准价值。按照革命党人的设想，"他日既定乙县，则甲县与之相连，而共守约法；复定丙县，则甲乙县又与丙县相联而共守约法。推之各省各府亦如是"。由此，《鄂州约法》第1条便开宗明义地规定："若在他州域内，亦暂受鄂州政府之统治，俟中华民国成立时，另定区划。"随后成立的其他州军政府虽然均参照鄂州约法来规划内容，尤其是对人权的条款规定，表面上看似服从了鄂州约法，但在军权的规定上则遵从地方特点，实行不同的政体形式，逐渐人权条款的宣示意义大于实际意义。同时，若"使国民而背约法，则军政府可以强制，使军政府而背约法，则所得之地咸相联合，不负当履行之义务，而不认军政府所有之权利"。[①] 看似军权与民权相互制衡，但在梁启超看来，军政府对国民违背约法的强制权赋予了其极大的权威，极易形成恐怖政治，并"得以无限之权行之"。革命党人一厢情愿认定的约法——"革命时代革命团体与人民相约者也"，因革命团体并不具备国家代表之资格，故此约法"亦犹国民与国民之关系而已"。[②]

三、各省约法中的人权条款及其他

辛亥革命之际，各省市都制定了临时约法等地方性法规，但公开程度不高，仅有鄂和江、浙、沪等不多几个省市。而制定省级约法的有6个，拟定宪法大纲的有1省，其中江苏约法18条、浙江约法48条、江西约法60条、贵州宪法大纲则不分条。

对比其他省份制定的约法，鄂州约法的样板作用更加明显。这从人权一章在约法中的位置即可看出：广西和浙江约法基本参照鄂州约法，将"人民"置于第二章。江西约法将都督一章置于人民之前，与约法的整体安排十分有

---

① 张枬、王忍之编：《辛亥革命前十年间时论选集》（第2卷上册），生活·读书·新知三联书店1960年版，第113页、第251～253页、第475页。

② 张枬、王忍之编：《辛亥革命前十年间时论选集》（第2卷上册），生活·读书·新知三联书店1960年版，第113页、第251～253页、第475页。

关，该约法赋予都督马毓宝的权力最大，这一做法与1889年日本帝国宪法几无二致。① 同时规定人民义务在前，权利在后。② 实际上江西约法不太看重人权条款的位序，在该约法公布之际，都督马毓宝发布的布告即表达得十分明白："在中华民国宪法未制定施行以前，为治理江西省之政务，兹特由参事厅制定临时约法七章，公布施行。"③ 实际上江西约法的制定权更是经不起考验，马毓宝通过安插亲信，以法律名义命令具有私人属性的参事厅拟制约法，更进一步彰显了旧军阀官僚独断的个人主义，虽然约法中也将鄂州约法的人权条款完全抄袭（第17~33条）。将人民置于国家前，显示出人民对于政府的前提性与根本性。《中华民国临时约法》完全继承了这一点。④

有学者研究显示，与鄂州约法相比，浙江、江苏、江西和广西四省约法完全相同的条款分别占总条文数的66.67%、83.33%、88.33%和52.59%，相似性条款分别占9.38%、16.67%、5%和22.41%。浙江、江西和广西约法与鄂州约法不同之处分别占11.46%、5%和14.66%，增加的条款分别占12.5%、1.67%和10.34%。⑤ 广西约法颁布于1911年11月7日、浙江约法颁布于1911年12月29日、江西约法颁布于1912年1月24日，基本上紧随鄂州约法之后，由于鄂州约法公开颁布已作他省参考，所以与鄂州约法相似程度颇高。

广西约法之所以与鄂州约法相似，在于第1条规定："在中华民国宪法未实施以前，本约法为广西根本法，都督及全体官员共守之。"只是变相体现了对鄂州约法的遵守。在具体的人权条款中，苛予了许多附加条件，如将许多自由都强调在"法律范围内行使"（第6条、第7条、第10条、第11条），再如第8条规定了"非依法律不得逮捕、审问、监禁、处罚"，第9条规定了"非依法律所定，不得侵入（家宅）搜索"，第12条规定了"得自由信教，但以不害安宁秩序，不背人民之义务为限"，等等。⑥

---

① 参见邱远猷：《〈江西省临时约法〉初探》，载曾宪义主编：《法律文化研究》，中国人民大学出版社2007年版，第218~219页。
② 参见张国福：《辛亥革命时期各省府约法初探》，载《中外法学》1991年第5期。
③ 《辛亥革命资料（近代史资料）》（总25号），中华书局1961年版，第618页。
④ 参见饶传平：《得依法律限制之：〈临时约法〉基本权利条款源流考》，载《中外法学》2013年第4期。
⑤ 参见代温世：《鄂州约法研究》，西南政法大学2013年硕士学位论文。
⑥ 参见邱远猷：《〈广西临时约法〉初探》，载《法学家》1996年第6期。

浙江约法对人权的规定几无变化，承袭鄂州约法的痕迹比较浓，但比江苏约法更加充实具体。① 其显著特点在于增加了议会对约法的解释权，以及有"约法所定外"的一切权力。这或是此后人民利用此权力扩大人权条款的通道。但当时制定此款时，主要是为了解决都督人选意见不统一的问题。鄂州和江苏约法就没有此规定。② 有学者指出，浙江约法对鄂州约法在人权条款上有相当的发展与完善。③

贵州和四川分别颁布了《贵州宪法大纲》和《蜀军政府政纲》，可能由于地处偏远，未受鄂州约法影响。《贵州宪法大纲》甚至没有条款，只是罗列了27段，其中人权条款在第23~27段，较为简单；《蜀军政府政纲》毋宁说是以都督为核心的政府组织法，人权条款付之阙如。即便在最后一章规定了区区只有4条的"公民大会"，也是对之权限多加限制。公民大会各地公选代表组成的公民大会，对地方行政事务只有建议之权，与鄂州约法所规定的诸多人权条款相去甚远。

四、人权条款的本源与实效

被誉为中国近代人权宣言的是1903年出版的邹容《革命军》，该书不仅首次提出了建国方案，而且还为"中华共和国"确立了自由独立民主的国策。同时，该书拟定了25条建国大纲，其体系之完整，设计之周详前所未有。尤其是邹容引入"天赋人权"学说，进一步阐释了每个人与生俱来的平等自由权。在他所命名的"中华共和国"内，人民当家作主，国人无论男女一律平等，破除上下贵贱之分，包括生命、自由及一切利益之事，皆属天赋之权利。政府专掌保护人民权利之事，但凡政府未尽保护人权之责，则经承公议，整顿权利，更立新政府。选择政府也为人民当然之权力。④ 此等人权主张，对当时之国人无不振聋发聩，《革命军》一经印刷，即风行海外，"销售逾百十万册，占清季革命群书销场第一位。……其言为驱胡建国之本，功不在孙、黄、章诸

---

① 参见丁凤麟：《辛亥时期浙江地方政权变化简论》，载陈绛主编：《近代中国》，上海社会科学院出版社2005年版，第95页。
② 参见褚辅成：《浙江辛亥革命纪实》，载《〈辛亥革命〉资料丛刊》（第7册），上海人民出版社1957年版，第156页。
③ 参见饶传平：《得依法律限制之：〈临时约法〉基本权利条款源流考》，载《中外法学》2013年第4期。
④ 参见邹容：《革命军》，中华书局1956年版，第35~36页。

公下也"。① 邹容这种崭新的革命观念②也影响了孙中山先生。

1904年孙中山在《中国问题的真解决》一文中指出清廷治下的国民诸多权利（至少有11项）遭受长期的打压，包括与满人同等对待之平等权、生存权、自由权和财产权（包括未经同意地征收苛捐杂税、不为辖区内居民生产和财产提供国家保护等），并且压制言论自由，禁绝结社自由，甚至以逼取口供为目的施行酷刑等侵害生命权，以及未经法定程序而剥夺人民的各项权利。③

在此基础上，孙中山先生在1905年草拟同盟会纲领时正式确立了反帝制立共和的革命宗旨。④ 1906年同盟会制定的《中国同盟会革命方略》中《扫除满洲租税厘捐布告》一文又再次重申了国民平等之制："民国则以四万万人一切平等，国民之权利义务无有贵贱之差、贫富之别，轻重厚薄，无稍不均。"⑤

如前文所述，从鄂州约法制定的参加者来看，几乎为清一色的留日法政精英，如宋教仁、汤化龙、黄中恺、居正、张知本、张国溶等，在日本东京法政大学求学期间，深受自由主义法学思想影响，在对人权的理解上也更为全面具体。此外，在首义革命军中，出身于清苦劳动者阶层的知识分子因受到革命的宣传鼓舞开始成为主力。⑥ 随着民主宪政思潮的积极宣传，出身穷苦家庭的青年也抱着改变现状的愿望加入了革命队伍。"老死田间，岂大丈夫之所为耶！"⑦ 除此之外，会党群众和学生等也积极投身革命，事实证明，湖北革命军在同盟会会员的领导下，得到了资产阶级、农民、工人、学生和革命士兵的广泛拥护，军政府是包括工农兵学商等人民大众为基本群众的资产阶级政权。⑧ 就革命参与者和身份构成来看，在作为革命胜利果实的约法中规定多项人权，也是当然之举，革命党人在起义之前是将人权思想作为战争动员的说辞，革命胜利之后当然要将这些承诺一一写在约法中，更何况约法在某种程度

---

① 冯自由：《革命逸史》（上册），新星出版社2009年版，第227页。
② 参见李维武：《1903—1906年：中国革命观念的古今之变》，载《贵州社会科学》2012年第1期。
③ 参见《孙中山全集》（第1卷），中华书局1981年版，第252页。
④ 参见尚明轩：《邹容与孙中山》，载《天津社会科学》1986年第5期。
⑤ 《孙中山全集》（第1卷），中华书局1981年版，第317~318页。
⑥ 朱峥山：《辛亥武昌起义前后记》，载中国人民政治协商会议湖北省委员会编：《辛亥首义回忆录》（第8辑），湖北人民出版社1980年版，第143页。
⑦ 张难先：《湖北革命知之录》，商务印书馆2011年版，第263页。
⑧ 参见崇汉玺：《湖北军政府和它的革命政策》，载《纪念辛亥革命七十周年学术讨论会论文集》（上）1981年版，第795~799页。

上就是军队与人民之约，约法中的人权条款只不过是将战争动员宣传册直接以国家名义粘贴在法典之中而已。

在湖北军政府最初的构成中，革命党人和旧军阀官僚（包括立宪派）所占各半。不过，因革命派推举黎元洪和汤化龙担任要职，首开先例，江苏、浙江、广西、广东、云南、贵州等随后起义的省份都依次惯例由旧军阀担任新政府首脑。按照同盟会所确定的《革命方略》，革命党人将招降帝制官僚，从内部瓦解敌人，以争取敌军反戈，作为一项重要的军事政治任务。① 但革命胜利之后，本末倒置，继武昌之后独立的 12 个省中，有 7 省的军政府落入立宪党人和旧官僚之手。因此，不仅仅是鄂州约法，其他省份约法也都有着帝制旧势力（包括立宪党人）向革命党人夺权的影子。加上革命党人并没有团结工农群众的自觉，反倒对群众进行打压，结果是革命党人根本没有力量反抗旧势力的进攻②，此后的南北议和也以北方完胜而告终。

革命党人也不重视相关文告的起草，常委付立宪党人和集贤馆文人代笔，这就为他们借草拟文件之机，肆意篡改同盟会的革命理念，维护既得利益。如经立宪派文人发布的《布告各省城镇乡自治公所文》《谕湖北各府州县及自治公所电》《通告各省城镇乡巡警文》等，旨在强调"清查奸宄，惩治痞徒""驱逐乱民"，防止"饥寒无告之民，乘间窃发"等扩大行政权警察权之举。同时，号召各地举办团练，使"贫者效力，富者输财，既使游手无事之民，有谋食用武之地，而富足之家，得因此保全"，照清末地方团练办理，看似互助互济，保障民生，实则借机镇压革命。《谕湖北各府州县及自治公所电》还赋予各地民团和自治公所推荐地方官之权，凡旧官僚如"有人地相宜，民间倚重者"，经此推荐，由都督批准可留原任，地方大权也以地方自治的名义被旧官僚士绅所把控。虽然地方士绅在减免赋税，除陋规；鼓励发展经济；兴办学校等活动上是有积极意义的，但真正将民权落到实处的实在难说。立宪派和旧官绅一旦在军政府中占据高位，约法人权条款的实效就大打折扣。人民在权利的落实上也并不积极，在经历了如此剧烈的革命后，大多国民期望政治稳定、家国安定，救亡之后，便是图存，国民对统一的国家和强有力政府的期望要高过对自身人权的关注。③

---

① 参见邱远猷：《同盟会创建民国的革命方略》，载《内江师范学院学报》2006 年第 3 期。

② 参见王来棣：《辛亥革命时期湖北军政府剖析》，载《近代史研究》1980 年第 2 期。

③ 参见丁旭光：《辛亥革命与地方政制变化》，载《广东社会科学》1993 年第 5 期。

五、结论

南方革命党人最终丧失了对辛亥胜利果实的掌控,并且在鄂州约法中所规定的人权等宪法性内容也随着民元之际的军阀混战而沦为空谈,主要原因在于革命党人对宪法一词的误读。对"Constitution"隐含的国家"构造"之义,并没有引起革命党人的足够重视。通观清末以来各个宪法文本及其制定,与"国家建构"的过程基本是分离的。① 鄂州约法也毫不例外,虽然该法完全参考美国宪法,但基本上失去了美国宪法文本表达和制定程序的真意。美国宪法不论是文字表达还是制造程序,基本上是围绕国家建构(建国)展开的。因此,在美国1787年宪法文本中甚至对公民权利只字未提,仅是在四年后修正案中才对人权进行增补。这无不显示,美国立宪最关心的问题是"国家建构"。② 关注国家建构,是与当时救亡图存和民主自由的启蒙思想相符合的。正如有学者所指出的那样,救亡的局势,国家的利益,人民的痛苦,压倒一切,当然不会鼓励或提倡个人自由和人格尊严之类的思想。③

虽然革命党人的宪政思想比起维新派和立宪派显然进步许多,对于"宪政"兼具"民主""法治"和"共和"功能的认知也深入许多,但革命党人首创的鄂州约法,始终只是宪政建设的一环,体现的只是湖北一省之见,依然具有浓厚的地方特色,未能体现全国性的"共和精神"。不仅是立宪派,革命党人也试图以"立宪"过程代替"建国"过程,随后的历史事实证明,共和国的建国过程遭遇滑铁卢。革命党人认为制宪权和立宪过程本身已不重要,试图通过"制宪"来体现"人民主权",正因为立宪尚未正当,人权条款也必将仅具有宣示性意义。从此角度来重新审视以鄂州约法为代表的民初人权条款,才能真正理解民初约法和人权条款的真意。

(原载于《广州大学学报(社会科学版)》2016年第3期,有删改)

---

① 参见饶传平:《从设议院到立宪法——晚清"Constitution"汉译与立宪思潮形成考论》,载《现代法学》2011年第5期。

② 参见马剑银:《英美宪政的近代中国之旅——反思从戊戌变法到"四六宪法"的宪政认知与实践》,载《清华法治论衡》2013年第1期。

③ 参见李泽厚:《中国现代思想史论》,东方出版社1987年版,第33~34页。

论人权价值认同的意蕴

任帅军[*]

摘　要▶ 民众对人权价值的认同是把握和实现人权价值的基础。人权价值的进步与认同中的熵值变化联系在一起，从中能反映出人权价值的特征。这一认同的作用机制体现在认同的内化和外化环节中。民众对人权价值的共识是不同个体之间的认同在社会层面寻求一致看法的结果。人文精神是人权价值的认同向共识转化的根据，对人文精神的信仰是对人权价值认同和共识的必然结果。要实现人权价值，就要把握人权价值认同中的"熵"，使之符合人文精神的时代特征；有效衔接内化和外化环节，构建人权价值认同的合力体系；重视信仰在认同中的作用，提升民众实现人权价值的自觉性。

关键词▶ 人权价值；认同；共识；熵；环节；信仰；人文精神

在对人权价值融入民众生活展开研究的过程中，认同、共识和信仰是需要给予关注的核心范畴。何为人权价值的认同？认同中的熵值变化与人权价值的实现是什么关系？认同中的内化环节和外化环节又是什么关系，是如何相互作用共同构成了民众认同人权价值的完整过程？民众对人权价值在个体层面的认同如何向社会层面的共识转换，对人文精神的信仰在这一过程中又起到了什么作用？研究这些问题对民众认同人权价值会有哪些启示？本文试图通过对这些问题的系统思考，以期为人权价值的相关研究有所助益。

一、人权价值认同中的"熵"

（一）人权价值认同的释义

在对人权价值融入社会民众现实生活的研究中，认同（identity）是一个很重要的问题。通常而言，认同泛指个体在观念和行动上同化和吸收异于自身的人或事，从而在社会中确认自身，并与社会建立某种联系。陈新汉就认为：

---

[*] 任帅军，法学博士，复旦大学马克思主义学院博士后流动站研究人员，主要研究方向：人权价值、法律评价等。

"认同作为关于'我是谁'的理解,在'确立和认证自身'中,'让社会成为自我的一部分'和'将自我视为一个群体的一部分'。"① 可见,认同的核心是一种把个体与社会联结起来的精神纽带。按照法国社会学家涂尔干的说法,认同就是个体建立社会共同体的精神联结或结合方式。民众如果缺乏对一个社会的基本认同,其秩序乃至整个社会将很难维系下去。

不论是什么样的社会都有其最基本的价值体系,社会主义核心价值体系是中国社会的基本价值体系。对中国社会的认同是建立在对社会主义核心价值体系认同的基础之上。在社会主义核心价值体系中,人权价值是民众在生存和发展过程中所需要的基本价值的理论抽象,是人民主体意识和群众切身利益的集中价值表达,处于社会主义核心价值体系的"硬核"位置(科学哲学家拉卡托斯语),在社会主义核心价值体系中起着统领其他价值的主导作用。因此,人权价值是社会主义核心价值体系中的价值内核,体现着社会民众在生产生活实践中对基本价值的理性要求,于是对社会主义核心价值体系的认同首先是对人权价值的认同。

对人权价值的认同建立在对人权价值理解的基础上。何为人权价值?人权价值是能反映一定社会历史条件下,民众对基本生存和发展需要的具体价值和价值取向。其表明,人权价值是任何人基于人的资格都应享有的价值,这一价值内涵会随着人类生存和发展的不断进步而逐渐丰富和完善。对人权价值的认同就是民众能理解和把握人权价值,进而能在生活中有效实现人权价值。对于这一论题中的认同有四个价值意蕴的启示:第一,人权价值是做人资格的价值表达,对其认同是建立在对做人及其资格认同的基础上;第二,人权价值承认所有人都具有不被剥夺的基本权利及其体现的内在价值,这是认同人权价值的最低限度的要求;第三,人权价值在社会主义核心价值体系中的地位决定了,认同人权价值是认同社会主义核心价值体系里其他价值的基础和前提;第四,人权价值具有丰富多样性,民众在认同能满足其生活需要的多样性具体价值时就是在认同人权价值。可见,人权价值的认同是一种对社会多元价值的认同。虽然社会多元价值及其差异在一定程度上造成了认同人权价值的困难,但并非一种简单的非此即彼的否定,其内蕴着多元价值之间的张力和整合力量。社会多元价值通过理性对话可以使不同民众在理解其他价值时拓展自己的理解,从而共同体现人权价值这一人类最基本的价值取向。

---

① 陈新汉:《认同、共识及其相互转化——关于社会价值观念与国民结合的哲学思考》,载《江西社会科学》2014年第7期。

（二）人权价值的进步和"熵"

从西方资产阶级理论家提出人权的概念，到 19 世纪末 20 世纪初的价值哲学把价值作为哲学研究的全部任务，再到人权价值成为价值研究的核心主题，人权价值伴随着世界人权的发展和进步而不断地丰富和完善。可以说，在世界各国范围内，尊重人权价值和保障人权价值的实现已经成为不同文明和地区促进发展和追求进步的现实要求。在人类社会里，人权价值增加的现象可以用热力学第二定律里的"熵"来进行描述。这一定律告诉我们，当能量发生转化时必然会产生能量的耗散，熵就是指能量在有序化转变时被耗散（即无序化）的能量。熵值越高，表明能量在转化过程中被耗散的部分越大。如果用熵值来表征人权价值的认同程度，对人权价值的认同越高，熵值就越低；反之，认同越低，熵值就越高。

在人权价值融入社会民众现实生活的过程中，对人权价值的认同与实现人权价值紧密联系在一起。具体人权价值在社会民众现实生活中得以实现的程度越高，对人权价值的认同程度就越高，也就使得熵值越来越低；然而，在一定社会历史条件下，由于种种原因使得具体人权价值在社会民众现实生活中得不到实现，民众对人权价值的认同就会朝着逆向方向发展，那么熵值只会不断增加，就能反映出该社会对人权价值的保障处于一种无序状态。人权价值认同中的熵值反映着一定社会对人权价值的保障是朝着有序向无序还是无序向有序的方向发展及其程度的变化。

就整个世界范围内的人权发展和人权价值的实现来看，人权价值认同的熵值处于一种不断减少的变化状态之中。这得益于全球化进程中多元文明交流的迅捷，现代化生活生产方式不断启蒙和提升民众的思想也起到了助推作用。民众处在人权价值认同的减熵环境中，就会不断产生实现人权价值的良性循环，又进一步推动了社会对人权价值的有序实现。然而，一个社会如果处于一种发展极为不平衡的环境中，熵值就可能在这个局部区域里呈现为增加的情况。例如，在所谓"三股势力"（宗教极端势力、民族分裂势力、国际恐怖势力）盛行的极端主义社会里，各种暴力事件就对实现人权价值带来了巨大的威胁。因而在缺乏有序实现人权价值的社会里，对人权价值的认同就处于一种衰退的状态中，熵值只会不断增加。归根结底，只有社会处于正常稳定的发展状况，国家权力也采取了切实可行的措施来保障人权价值，才能说在真正地推进人权价值的实现朝着有序的方向发展，也才能促使人权价值认同的熵值不断地降低。

（三）人权价值的特征

从人权价值认同中的熵值变化就可以把握人权价值的四个特征：

第一，人权价值具有可理解性特征。不管熵值增加或减少，都能反映出社会对人权价值有序实现的努力程度，以及社会民众对人权价值的认同程度。这说明，从人权价值认同的熵值变化就能把握民众对人权价值理解和认同到了何种程度，进而能为国家和社会改善人权价值的现实状况提供必要的参考。如果现行社会发展模式导致了熵值增加，就可能使民众无法达成对人权价值的认同。国家就要在整体层面重新对社会发展做出相应决策，否则社会就无法继续前进。反之，熵值减少说明社会的发展促进了人权价值的有序实现，民众就能切身感受到自身人权价值的实现，并对国家和社会产生强烈的认同感。正反两方面的情况都能说明人权价值具有可被社会民众理解的特征。

第二，人权价值具有包容性特征。就表现形式而言，凡是人之为人的基本价值都可以说是人权价值。并且人权价值会随着人类生存和发展的进步而不断丰富自己的价值内涵。人权价值的多样性就内在地体现了其包容性特征，要求在人权价值的"同"中展现具体人权价值的"异"，即"求同存异"。这就与只坚持一元价值的独断论与彻底的多元主义划清了界限，前者否认"同中有异"，后者否认"异中有同"。对人权价值的认同就是坚持多样性的具体人权价值共存于人权价值的体系当中。社会民众就是在认同多样性人权价值的过程中有序实现人权价值，从而使其熵值不断减少的。

第三，人权价值具有碎片化特征。人权价值的多样性还可以通过碎片化的角度来理解。社会民众是在实现碎片化的具体价值时来实现人权价值的。在现实生活中，人权价值是以碎片化的具体价值来呈现的。每一项具体的人权价值都反映着民众对生活中某一方面的具体价值需求。民众就是在实现碎片化具体人权价值的过程中感受着人权价值对其生活的意义。按照英国社会学家鲍曼的说法，现代性社会就是一个碎片化社会，民众在"流动的生活"中就是通过碎片化人权价值的实现来确证自身，进而认同社会的。碎片化社会确实在一定程度上改变了民众接受事物的方式，使得民众以碎片化的方式来感受人权价值的实现，来认同人权价值。因此，把握这一特征有助于我们更好地认识人权价值及其实现。

第四，人权价值具有实践性特征。人权价值产生于社会民众的生产生活实践中，反映着他们最为基本的价值需要。民众是以能否满足自身的价值需要来认同人权价值的，这是理解人权价值的关键所在。国家就要为民众践行和实现人权价值提供相应的政策和法律支持。例如，2015年12月9日，中央深改组会议审议通过了《关于解决无户口人员登记户口问题的意见》，就体现了对无户口人员人权价值的尊重，这里的人权价值就能对民众的生活产生积极的正面作用，自然能引起民众认同我国的人权建设。然而就我国目前的经济社会发展阶段而言，人权价值的建设还面临着相当大的压力。保障人权价值还存在诸多方面的漏洞，要想与西方发达国家的人权发展相接轨还需要建立完善的社会保障制度。

二、人权价值认同的两个环节

在现实生活中，民众对人权价值的认同是一个持续不断的过程。为了能解释清楚人权价值认同的作用机制，可以将之简单地划分为内化环节和外化环节，两者在互动中共同完成民众对人权价值的认同，因此有必要专门进行分析。

（一）人权价值认同的内化环节

民众对人权价值的认同首先存在一个把人权价值内化为自身价值要求的过程。人权价值的存在具有客观性，不会因为个体能否意识到而改变，只会随着人类社会的发展而不断丰富。并且，个体对人权价值的理解往往存在因人而异的现象，但是其对具体人权价值的需要却是客观的。这是由人权价值表征人类生存和发展的基本价值的功能决定的。然而，由于各种现实主客观条件的制约，人权价值的实现带有不可避免的历史局限性。尤其是当民众意识不到自己享有某些人权价值时，就更谈不上在他们身上实现这些人权价值了。例如，我国《宪法》第38条规定："中华人民共和国公民的人格尊严不受侵犯。禁止用任何方法对公民进行侮辱、诽谤和诬告陷害。"这是典型的保护具体人权价值（人格尊严的价值）的宪法条款。在现实生活中，很多人就意识不到别人对自己的侮辱、诽谤和诬告陷害是侵犯了自己的人权价值，可以据此条款通过法律途径维护合法权益（2009年乌鲁木齐女子伪造法医鉴定就构成了诬告陷害罪）。此类的案例还有很多，都无一例外地涉及了人权价值应如何通过被民众所认同，从而内化为民众日常生活中的基本价值问题。

民众对人权价值的认同会使其熵值减少，提升整个社会对人权的保护意识。民众对人权价值的认识水平和社会对人权价值的保护力度，是促使人权价值内化为民众价值信仰的两个关键影响因素，对后一方面的投入力度也要转化为对前一方面认识的提升，才能说是完成了内化阶段。社会对人权价值的保护是通过实现具体人权价值体现出来的。具体人权价值往往与生产生活中的民众具体利益联系在一起。民众的正当利益得到了满足，就会对自身具体人权价值的实现产生一个经验认识，并通过这一经验感受他人人权价值的实现，从而对人权价值的普遍实现产生一个自我认同感。这里的认同就体现了社会多元价值主体之间，通过各自正当权益的实现而就基本人权价值及其合理性达成了一致看法，然后在接下来的生活中，就会用人权价值作为价值标尺来衡量自身价值的实现。由此可见，社会对人权价值的保护主要就是通过实现民众的利益来提升其对人权价值的认识水平，进而引导其认同人权价值，并在社会层面达成对基本人权价值的认同。因此，只有努力实现作为众多个体的基本权益及其反映的人权价值，才能使整个社会的认同熵值逐渐减少。

（二）人权价值认同的外化环节

从外化环节来看，这一过程就是民众认同外在于自身的人权价值的过程。社会作为提供人权价值的主要场域，起着从外面向民众输送人权价值的作用。如果民众认同这种人权价值，就会使其熵值不断减少。反之，则会起到逆向作用。因而，民众能否认同一定社会主导的人权价值就成为一个重要问题。一般而言，社会向民众输送的人权价值会对民众的生产生活起到正向的引领作用。这是由社会具有维护民众生产生活的天然职责所决定的。然而，在许多具体的社会场域，其对人权价值的引导也可能起到负向的刺激作用，会使其熵值不断增加。比如，中国封建社会提倡的三纲五常对维护封建统治秩序起到了主要的伦理作用，是当时社会人权价值的主要表达。然而，三纲五常同样是封建礼教禁锢人们思想和行为的主要伦理束缚。在这种伦理型的制度安排下，不同阶级阶层之间的社会地位不可能平等。社会底层的民众更谈不上享有完整的受教育权和财产权等许多基本的人权，因而就不可能认同社会所主导的人权价值。当这种认同的矛盾激化到必须通过武力斗争的形式解决的时候，就开始爆发大规模的农民起义。可见，社会输送的人权价值只有真正体现了民众的价值需要，才会引起民众的认同。

从根本上说，民众的认同是建立在自愿的基础上。任何一个社会都不可能永远强制民众接受一定的社会价值观念，这是因为外在的强制力量绝不可能取代民众内在的认同力量。正如同恩格斯所说的："我们不知道有任何一种力量能够强制处在健康清醒状态的每一个人接受某种思想。"[①] 社会所输送的人权价值要想被民众自愿接受，就应该体现民众的价值需要，而不能靠简单的外在强制使人民臣服。认同只能发生在民众对某一价值有强烈情感共鸣的情况下。人权价值只要能表达民众的现实利益，并满足民众的价值需要，就能在民众情感上产生认同的共鸣，从而被民众所接受。因此，自愿原则是外化环节的基本要求。社会的主要任务就是为民众实现人权价值创造一个良好的社会环境，从而使民众能通过个体经验感受到人权价值的实现。这是社会在努力减少人权价值认同熵值的过程中发挥能动性的体现。尤其是在建设社会主义现代化的历史

---

① 《马克思恩格斯选集》（第 3 卷），人民出版社 2012 年版，第 463 页。

进程中，从我国近几十年来司法案件的爆炸性增长就能看出，民众对人权价值的追求已经进入了白炽化阶段。社会更要为有序实现民众的人权价值提供更好的环境场域。

（三）认同两个环节的基本关系

学界个别论点总坚持，认同就是自我认同，不包括社会认同。笔者则认为，认同是社会认同与自我认同的统一。具体到本文而言，民众对人权价值的认同，既离不开社会输送人权价值的过程，又要把人权价值内化为自身的价值要求。前一个环节（外化环节）反映了人权价值作为社会价值观念对个体的影响，而后一个环节（内化环节）则反映了人权价值作为个体确证自身价值的表征对个体的影响。进而言之，民众对人权价值的认同，既是对人权价值的社会认同（外化环节的主要任务），又是对人权价值的自我认同（内化环节的主要任务）。这两个环节共同构成了民众认同人权价值的完整过程。作为个体的民众在认同人权价值的过程中，既让自身价值成为体现人权价值的一部分，从而实现自身价值客体化的过程；又让人权价值成为体现自身价值的一种表达，从而实现人权价值主体化的过程。这两个过程分别是民众认同人权价值的同一过程的两个环节，揭示了民众认同人权价值的作用机制。并且这同一过程的两个环节在不断地相互转化过程中，深化了民众对人权价值的认同。

在民众认同人权价值的两个环节中，内化环节起着主要作用。这也是某些学者坚持认同就是自我认同的原因。这是由于在认同的过程中，无论是外化还是内化环节都表达了人权价值对个体的影响。只不过外化环节侧重揭示作为社会价值的人权价值对个体的影响，而内化环节侧重揭示作为自身价值的人权价值对个体的影响，两者的方向都指向个体对人权价值的认同。然而并不能因此否定外化环节的重要作用。个体总是社会的一员，必然会受到社会输送的人权价值的影响。个体也只有成为社会的一部分，才会认同客观存在的人权价值。即便是在孤岛上生活的鲁滨逊也总是按照人类社会的要求来生活。这说明他认同外在于自身的人权价值，社会向他输送的人权价值就在此时显示出强大的生命力。可见，外化环节同样能对人的生活产生持久而深刻的影响。尤其是在价值多元的现代社会里，国家更加注重输入与社会发展相适应的人权价值，以此来强化人们的社会认同感。在当下中国，倡导和践行社会主义核心价值体系就是中国社会引导民众认同人权价值的重要努力，反映了外化环节对民众认同人权价值的重要影响。

三、人权价值认同中的共识

认同不等于共识，前者是个体为了在社会中确认自身而认可异于自身的价值,强调单一个体对某一价值的认可;后者则是不同个体或社会主体之间对同一或不同价值通过某种方式达成一致看法的过程,强调不同主体对同一或不同价值的认可。因而,可以把认同理解为是微观层面的单一个体与某一价值之间的认可关系;而共识是宏观层面的不同主体与同一或不同价值之间的认可关系。换言之,也可以把共识理解为是不同个体之间的认同在社会层面寻求一致看法的结果。根据这一理解,对人权价值认同中的共识可作以下分析:

(一)人权价值的认同向共识转化

人权价值的内化环节主要指向个体对人权价值的认同,而外化环节则是不同个体之间的认同在社会层面寻求共识的表达。于是,在众多个体对人权价值认同的过程中,就存在整个社会对人权价值形成共识的情况。罗尔斯的"重叠共识"理念正好能揭示这一现象。他认为,"重叠共识"的形成是不同价值主体能超越各自认同的局限性即"超出自己观点的狭小圈子",从而"发展各种他们可以依此面对更广阔的公共世界来解释和正当化其所偏好"。① 这一思想体现在众多个体寻求人权价值认同的共识中,有如下启发:

第一,作为个体的民众通过自身利益的实现对人权价值形成"重叠共识"。个体在现实生活中是通过实现自身利益来认同人权价值的。要使人权价值在个体的认同中发生作用,就要使人权价值所表达的利益变化与个体所需要的利益相一致。人权价值就是通过体现不同个体之间的基本利益,使个体在认同中形成对人权价值的共识。最典型的例子是改革开放以来,国家对社会基本温饱问题的解决,以及为实现民众的幸福生活而努力,是民众认同我国人权建设的价值基石。第二,人权价值的"重叠共识"是民众认同的意志表达。民众对人权价值的认同具有复杂性,不是用简单的一元价值代替多元价值的过程。人权价值只是对民众在生存和发展过程中所需要的基本价值的理论抽象,而这些基本价值就反映了不同个体在生存和发展中的不同意志。从社会层面来看,人权价值就是不同个体意志的共性表达,反映了不同个体在理解他人利益和价值的过程中,形成可以相互共享的价值理念,从而体现为共识性的社会意志。第三,对社会主义核心价值体系的共识是民众认同人权价值的意志表达。在社会层面,民众对人权价值的认同是对社会主义核心价值体系形成共识的基础,这是由人权价值在社会主义核心价值体系中处于内核位置所决定的。民众在对人权价值形成共识性的社会意志时,就在社会层面不断地强化了对于社会主义核心价值体系的共识,这是两个共识在同一过程中的确立。

---

① [美]罗尔斯:《政治自由主义》,万俊人译,译林出版社2000年版,第175页。

(二) 人权价值认同中的人文精神

人文精神是人权价值的认同向共识转化的根据。人权价值要为民众所认同，成为社会层面的价值共识，就必须反映人文精神的时代特征。自从有了人，就可以说有了体现人的生命价值的人文精神。人之所以称为"人"，就是因为人能理性地理解自己，懂得自己存在的价值和意义。人文精神就是人在存在过程中展开生命活动的精神表达。只不过到了欧洲文艺复兴运动时期，才开始有了人文精神的正式提法。在此之前，人能意识到自己作为类存在物而以自为的方式存在着，正是人文精神的体现。人权价值就是人在生命展开过程中对人文精神的价值追求。对于个体而言，人权价值与人文精神统一于人对生命理解和把握的过程中。

人文精神在不同时代有不同的人权价值要求。按照马克思的社会三阶段论，在人类最初的社会形态，人文精神就表现为摆脱人对人的依赖关系，人权价值就通过自由和平等的具体价值体现出来；在人对物的依赖阶段，人文精神就表现为摆脱人被物所异化的局面，人权价值就通过超越物的多元价值体现出来；在人能自由而全面发展的阶段，人文精神就表现为人的个性的全面实现，人权价值就通过全面实现人本身而得以体现。中国目前处于第一阶段向第二阶段的过渡，人权价值在这个特殊阶段呈现叠加实现的要求，既要满足人在走向独立过程中的自由和平等的基本价值要求，又要满足除此之外的其他具体人权价值要求，这就是人文精神在当今中国的时代特征。

个体对人权价值的认同固然会受到社会意识形态的影响，反映到社会层面，由个体结合而成的民众对人权价值的共识固然会受到时代局限性的制约，然而最终都要体现人文精神的时代特征，才能实现特定时代的具体人权价值。这是因为人权价值必须体现人文精神的时代特征，才能与该时代民众现实利益的具体价值诉求联系在一起，才能被个体所认同，并成为民众在社会层面的价值共识。人权价值所体现的人文精神时代特征就是个体层面认同向社会层面共识转化的根据。在这一转化过程中，人文精神的时代特征还能反映出人权价值认同熵值的变化情况。从整个人类发展的历史进程来看，二者呈现为负相关的关系，即人文精神的发展会使熵值不断减少，反之则会上升。这就要求中国在推动人权发展的过程中，各项工作都要努力符合人文精神的时代特征，才能更好地实现人权价值。

(三) 信仰对人权价值认同的作用

从发展方向来看，对人权价值的信仰是对其认同和共识的现实趋向。不管是对人权价值的认同还是共识，都要上升为信仰才能使其从外在的要求内化为心中的信念。信仰就是民众相信某一对象的持续性信念。"信念是人对某种现实或观念抱有深刻信任感的精神状态。"① 信仰反映了民众在思想上对对象的信任和在行动上要将观念变为现实的精神状态。个体对人权价值的认同总要上升为信仰，才能不仅在观念上认可，而且在内心使其成为指导行动的精神力量。民众对人权价值的共识也离不开个体对人权价值认同的信仰。在实现自身利益的生活实践中，人权价值会反复地在众多个体的内心形成积淀，使个体对其由理性的认可变成非理性的信任，然后在社会层面以社会心理、社会思潮或社会意识形态等共识形式确认下来。民众对人权价值形成共识性的信仰，就能内化为生活实践中的自觉价值取向，并将之转化为推动人类历史前进的强大动力。

具体而言，人权价值是通过表征民众的现实生活权益而逐渐形成认同的社会心理，进而达成社会共识，再上升为社会信仰的。人权价值以社会心理形式在民众内心升华为信仰，就为一定时代人权价值的实现奠定了广泛的社会心理基础。简而言之，社会心理是社会民众在某一时代的整体心理状态，具有自发性、凌乱性和强制性，是社会意识的初级表现形式。对人权价值的信仰就是从形成一定的社会心理形式开始的。然后，一定社会阶级或阶层就用一定的思想理论形态表达时代对人权价值的要求，从而在社会上形成与之呼应的社会思潮。社会思潮就反映了人权价值影响民众社会生活的思想趋势。人权价值以社会心理和社会思潮形式在社会层面达成的共识必然要反映到上层建筑领域，从而以社会意识形态的形式确认下来。人权价值一旦在社会意识形态中形成，就意味着其已经从"自下而上"的社会信仰上升到"自上而下"的国家信仰。

需要指出的是，对人文精神的信仰是对人权价值认同和共识的必然结果。对人权价值的信仰在精神层面就指向对人文精神的信仰。人文精神的时代特征总是反映着该时代民众对自身利益的价值诉求，这种价值诉求的本质是民众对人权价值的现实需要。在现实生活中，民众在对人权价值由价值需要上升为价值信仰的过程中，就在精神层面确立了对人文精神的信仰。反过来，民众对人文精神的信仰又会进一步确立具有人文精神的人权价值信仰。于是民众就是在对人权价值和人文精神的认同、共识和信仰中，对社会的健康稳定发展产生积极的推动作用。

---

① 李德顺：《价值论》（第2版），中国人民大学出版社2007年版，第201页。

四、人权价值认同的启示

（一）把握人权价值认同中的"熵",使之符合人文精神的时代特征

人权价值认同中"熵"的变化反映了人权价值在民众现实生活中的实现程度。熵值的变化是与人权价值的实现程度联系在一起。人权价值的实现程度越高,就越能得到民众的认同,在社会层面达成越来越多的共识,熵值就会不断减少;反之,人权价值在得不到有效实现的情况下,民众的认同和共识就会降低,熵值就会不断增加。考察人权价值的实现及其程度必须把握熵值的变化情况,将熵值控制在合理的范围之内,避免因其过高而出现认同混乱的局面。当一个社会的熵值过高时,只能说明这个社会存在普遍侵犯人权的现象。至于采用什么样的方法来制定熵值的衡量标准,国际上没有一个统一的做法。人权价值在不同地域、不同时代和不同文明当中的复杂性也决定了,每个国家或地区只能制定适合本国国情的标准来衡量人权价值的进步情况。然而,这并不意味着否定人权价值存在的客观性。在国际范围内,针对人权价值的保护存在一些普遍性的国际公约。《经济、社会及文化权利国际公约》《公民权利和政治权利国际公约》,乃至一些区域性的公约如《欧洲人权公约》《美洲人权公约》等都表明,对人权价值的保护存在客观上的普遍性。那么如何来把握熵值变化的度？人文精神的时代特征就是认识这个度的关键。

人文精神与人权价值统一于人对自身本质的把握当中。人在实践中把握自身的本质时,是在与反人性的"兽性"、非人性的"物性"和超人性的"神性"的对立统一过程中来体现人权价值的。人文精神的具体形态就存在于实现人权价值的过程之中。人文精神作为人权价值在具体时代中的精神表达,体现着该时代对实现人权价值的具体要求。因此,要想减少人权价值认同的熵值,就必须研究人文精神在中国语境中的实现情况。在当今中国社会,人文精神的时代特征要求,通过破除特权势力,摆脱人对人的依附关系；通过解决人的生存发展问题,摆脱人被物异化的关系,进而在实现人权价值的过程中,达到人对自身解放的目的。我国正处于社会主义现代化建设的历史进程中,社会面临着剧烈的转型和变迁,必然伴随着经济、政治、社会、文化和观念的一系列转变,只有立足这一基本国情,明确人权价值认同的中国语境,才能使熵值变化的度符合人文精神在当下中国的时代特征。

（二）有效衔接内化和外化环节,构建人权价值认同的合力体系

恩格斯在分析单个意志对创造历史的作用时曾说过,"历史是这样创造的：最终的结果总是从许多单个的意志的相互冲突中产生出来的,而其中每一个意志，又是由于许多特殊的生活条件，才成为它所成为的那样。这样就有无数互相交错的力量，有无数个力的平行四边形，由此就产生出一个合力，即历史结果，而这个结果又可以看作一个作为整体的、不自觉地和不自主地起着作用的力量的产物……每个意志都对合力有所贡献，因而是包括在这个合力里面的"。① 这段话在一定程度上揭示了唯物史观的核心论题：民众是如何创造了历史。根据他的分析，历史就是由作为众多个体组成的民众依据"许多单个的意志"的合力，而创造出一个综合了"许多单个的意志"的"历史结果"。民众对人权价值的认同过程与民众创造历史过程的原理具有一致性。借用这一原理就可推知，人权价值认同的内化和外化环节就是整合"许多单个的意志"的过程，使之最终成为认同人权价值的合力体系。因而，这两个环节是构建认同人权价值的合力体系缺一不可的必要组成部分。

具体说来，在人权价值认同的内化环节，任何单个意志对人权价值的理解都不一样，在认同人权价值时也会受到其他单个意志的影响。在众多单个意志的相互作用下，人权价值就朝着民众对其共性部分的认同方向发展，最后出现的情况就是在社会层面达成对人权价值认同中的共识。这一过程反映到外化环节就是，所有单个意志都希望人权价值朝着能实现自身价值的方向发展，虽然人权价值不可能完全符合单个意志的努力，但每个意志都对形成和实现人权价值作出了自己的贡献，因而是包括在构建人权价值认同的合力体系里面的。因此，这一合力体系的构建是这两个环节中民众对人权价值认同的不断相互作用的结果。这一动态过程揭示了构建合力体系的复杂性，必须将对形成人权价值有影响的价值都考虑进去。尤其是在社会转型时期，会出现多元价值并存的局面，就需要注意构建这一合力体系的动态性、可理解性、包容性和实践性，让多元价值在有张力的竞争中对民众认同人权价值有所贡献。

（三）重视信仰在认同中的作用，提升民众实现人权价值的自觉性

信仰是认同的最高阶段，培养民众对人权价值的信仰，是提升民众实现人权价值自觉性的必经之路。人权价值的实现强调社会主体责任的承担和落实。国家、社会和个体都是实现人权价值的社会力量。首先，从国家视角来看，承认其具有实现人权价值的政治责任，并通过积极合理的管控和引导增强民众对人权价值的信仰，是其合法存在的价值证明。国家通过战略决策和顶层设计能为一定区域内社会民众对人权价值的整体信仰提供方向性的共同准则。其次，在国际社会上，一些重要的非政府人权组织为推动国际人权事业的发展作出了

---

① 《马克思恩格斯选集》（第4卷），人民出版社2012年版，第605页。

重要贡献。我国目前的人权组织仅以中国人权官方保障机构的非政府机构和研究组织构成，并没有自发的非政府社会组织，在人权保障和实现方面呈现国家的单向主导现状，难以与社会之间建立起持续性的有效互动机制。于是在社会层面，培育具有公共责任的社会组织，并为这些组织自觉实现人权价值创造良好的社会环境，进而引导民众增强对人权价值的社会信仰，是当下亟须发力的一个重要内容。再者就个体而言，人权价值只有成为个体对自身价值诉求的表征，进而上升为个体自觉性的价值信仰，才能在个体的观念和行动上产生实现人权价值的自觉性。

国家已经注意到，要在社会层面提升服务的质量和效率，有意识地引导民众认同和信仰人权价值，从而提升民众自觉认同人权价值的重要意义。就习近平总书记对2020年贫困地区迈进全面小康的系列讲话为例，中国实现人权价值就应优先解决中西部落后地区社会弱势群体的生存和发展问题。只有通过国家整体规划，社会组织有效配合，民众积极互动参与，才能在解决民生问题的过程中建立起多元社会主体对人权价值的认同、共识和信仰。这就同时要求国家、社会和个体在不同层面上增强实现人权价值的自觉性，进而带动更广泛的力量参与其中，在全中国形成实现人权价值的强大合力。这既是人权价值认同的目标，又是实现人权价值的必然要求。

（原载于《广州大学学报（社会科学版）》2016年第5期，有删改）

马克思人权批判思想的方法论探析

郭大林*

摘 要▶ 马克思人权思想与西方古典人权思想在方法论上的区别在于：前者坚持社会历史唯物主义，而后者则是形而上学理性主义。具体表现在人权本源问题上的先验论与实践论，人权实现上的分离论与辩证论的分疏。基于方法论上的不同，马克思人权思想的旨趣从以抽象人权、价值人权、普遍人权为内容的应然人权转移到了以具体人权、事实人权、特殊人权为内容的实然人权。但这种转移并非对应然人权的简单否定，而是一种批判。

关键词▶ 社会历史唯物主义；理性主义；人权；方法论

一、问题的提出

根据笔者掌握的资料，对马克思人权思想的研究，我国学术界早在20世纪80年代就已经开始并陆续形成了相关著述。① 以中国政府1991年发表的《中国人权白皮书》为标志，官方对于人权问题的关注也持续升温。2004年，"国家尊重和保护人权"被正式写入《中华人民共和国宪法》，我国以最高法的形式确立了"人权"在政治和社会生活中的重要地位以及国家尊重和保障人权的宪法义务，"人权入宪"也成为马克思人权思想研究的"分水岭"。我国学者在讨论马克思与西方人权思想问题的时候，大体上以此为界，之前的学者普遍认为马克思对西方人权思想的态度是否定的，乃至认为西方人权思想因缺乏唯物主义的方法论基础而陷入形而上的所谓"非科学"泥潭，从而认为马克思的人权思想优于西方。"人权入宪"之后，学者则采取了一种较为辩证的态度，认为马克思既肯定了西方人权思想中的合理成分和实践意义，又指出

---

* 郭大林，重庆大学法学院博士研究生。
① 任允正于1980年12月在《环球法律评论》上发表了一篇题为《马克思列宁主义的人权观与当代意识形态》的文章，这是笔者见到的最早直接讨论马克思人权观的文章。随后，严存生、夏勇、俞可平等学者在20世纪90年代对马克思人权思想进行了较为集中的讨论。

了其中诸多不足，有学者指出，"自由平等人权并不是资本主义世界的专利品，切实保障最广大人民的自由平等人权是社会主义的本质要求和重要任务"。①

显然，后一种观点更为客观，也更加体现了，至少从态度和文字上体现了马克思式的辩证思维。但问题是为什么我们之前没有看到马克思对待西方人权思想的"既肯定又否定"，而仅仅执着于一个方面？原因可能是学者受到学术视野、知识水平的客观局限，缺乏对西方人权理论更为全面和精致的把握，更可能是基于意识形态上"政治正确"的考虑，而"不愿"或"不敢"看到，从而使得学术讨论变得不那么"学术"。除此之外，在笔者看来，过于关注马克思对西方人权思想的批判内容，而忽视马克思以何种角度，在何种意义上，用何种方式进行批判，即批判的方法论也是造成上述问题的一个，甚至是重要的一个原因。马克思在《〈黑格尔法哲学批判〉导言》中曾经指出，"批判的武器当然不能代替武器的批判，物质力量只能用物质力量来摧毁"。② 这里涉及"批判的武器"和"武器的批判"的关系，意指理论和实践的关系，笔者借用马克思的这两个概念，倘若将学术批判的实践理解为"武器的批判"，而将学术批判的方法理解为"批判的武器"的话，不但"批判的武器当然不能代替武器的批判"，而且"武器的批判"也不能混淆和代替"批判的武器"，并且这也是我们进行真正有意义的批判的前提。二者之间的混淆与纠缠不清在某种程度上导致了我们在"人权入宪"之前对马克思人权批判思想的某种"误读"，进而单纯基于批判的内容而忽视批判的方法做出某些错误的结论。

二、两种人权思想方法论的分疏

人权是人之为人应当享有的权利，人权的主体是抽象意义上的"人"这一"类存在"，是否拥有人权构成了人与动物的核心区别，也构成了人类社会文明的重要标志。西方学者蔚为大观的人权思想在方法论上是一种形而上学的理性主义，而马克思对人权问题的思考则是以其哲学思想为基础，坚持一种社会历史唯物主义的方法论。从这一马克思哲学的基点出发，把人权问题拉回形而下的论域之中。两种方法论的区别主要体现在对人权本源、人权主体、人权实现三个问题的思考维度上。

---

① 罗文东、谭扬芳、任洁：《树立和践行马克思主义的自由平等人权观》，载《中国社会科学院研究生院学报》2010年第6期。
② 《马克思恩格斯选集》（第1卷），人民出版社1982年版，第9页。

（一）人权本源：先验论与实践论

人因何拥有人权？即人权的本源来自何处？这是人权理论首先必须面对的问题。为了解决这一问题，西方古典人权理论家预设了"自然状态"这一范畴，在自然状态下存在某种超验的"自然法"。自然法是源于上帝意志或是人类本性的维系人类社会存在的道德意义上的规范，按照自然法的要求，人在自然状态享有某些不可剥夺的自然权利，如自由、平等、安全、财产权等，这些权利抽象的结果即是"人权"，于是人权就成为自然法的构成要素和必然的逻辑推演，这些权利之所以成为"天赋人权"就源于自然法的规定性。人类为了摆脱自然状态的弊端进入理性的文明社会，通过让渡出全部或部分权利订立"社会契约"从而建立了国家，但由自然法规定的人权因其与人的生存息息相关，因而某些权利是不可让渡的，国家应该通过法律的形式将这些自然权利予以规定变成法定的权利，国家不仅应当避免对其进行侵犯，而且要努力促进这些自然权利的实现，将法定权利变成实际生活中的权利。这样，以"理性"勾连的"自然状态""自然法""自然权利"等形而上的先验的范畴使得"人权"成为一个逻辑自洽的形而上的理性推理的结果。

"人的本质不是单个人所固有的抽象物。在其现实性上，它是一切社会关系的总和。"① 这是马克思关于人的本质的定义。马克思并未像其他学者一样纠缠于人的本质是"性善"还是"性恶"的抽象意义上的讨论，而是从社会关系，也就是实践的角度来解释人的本质。马克思对人的本质的实践性理解决定了其必然会从实践出发思考人权的本源问题。对人权本源的追溯不应脱离于人类社会生产与生活的实践，人权的本源不应是某种抽象的、先验的自然状态或自然法，而是人在实践中形成的客观需求。他指出人权不是在意识思维的产物，而是社会生产劳动的产物。在马克思看来，人类社会实际上是从"自在自然"到"人化自然"的发展过程，而连接这一过程的中介只能是人的实践，在实践中人类结成了各种社会关系，产生了处理社会关系的某些基本需求，如对自由、平等、财产的需求。而当这些需要用法律的形式予以确认的时候，就产生了我们所说的"人权"。于是，在马克思看来，人权的本源来自人类社会生活的实践，实践构成了社会关系，社会关系又产生了对人权的需求，而人权需求最终由法律所确认。这显然与西方古典人权理论的形而上学理性主义的方法论迥然不同。

---

① 《马克思恩格斯选集》（第1卷），人民出版社1995年版，第56页。

（二）人权实现：分离论与辩证论

如果说西方古典人权思想与马克思人权思想在人权本源，也就是人权本体论上的方法论区别是唯心论与唯物论的区别，那么二者在人权实现问题上的方法论分疏则是形而上学与辩证法的分疏。

依照西方古典人权理论，人权是天赋的，人们之所以将部分"天赋人权"让渡出来，缔结所谓"社会契约"建立国家是为了结束霍布斯描述的那种"一切人对一切人的战争"的自然状态，但"人是生而自由的，但却无所不在枷锁之中"。① 对人权最大的威胁来自国家政治权力的侵犯，所以，国家必须实行民主政治，政府应当积极扩大政治参与渠道，以政治解放推动政治人权的实现，否则国民可以推翻失去"公意"的政府。与此相反，对于经济人权的实现，国家则应当处于消极的"守夜人"地位，不需要对经济行为进行干预，经济人权的实现是每一个理性人"自由"的领域，因此西方国家宪法确立的最早人权多被称为"自由"，如近代宪法确认的人身自由、精神自由、经济自由"三大自由"。即是说，西方古典人权理论以政治与经济的相互分离作为思考"人权如何实现"这一命题的基础。他们认为，对于政治人权，国家需要积极作为，而对于经济人权，则只要国家的消极无为。这种二元分离的方法论似乎贯彻在诸多西方理论当中，如"公权力—私权利""国家—社会"等二元分离的理论架构。

马克思则将政治与经济（或者说政治国家与市民社会）看成一种辩证的关系，即我们通常说的经济决定政治，而政治对经济具有反作用。人权实现是一种人类的全面解放，即政治人权和经济人权的实现应当是一种整体性积极追求。马克思指出："只有当人认识到自身'固有的力量'是社会力量，并把这种力量组织起来因而不再把社会力量以政治力量的形式同自身分离的时候，只有到了那个时候，人类解放才能完成。"② 基于对政治与经济的辩证思考，马克思认为人权的实现需要从消灭作为经济领域核心的私有制出发，然后实现经济人权和政治人权的整体实现，而不是西方古典人权理论主张的分离式的实现。正如有学者理解的那样，马克思在《关于费尔巴哈的提纲》以后日渐成熟的政治哲学著作中集中阐述了上述观点。他说："生产资料资本主义私人占有制其所造成的阶级对立是市民社会和政治国家存在的前提，因而，只有废除生产资料资本主义私人占有制，消除阶级对立，消灭市民社会和政治国家，促

---

① ［法］卢梭：《社会契约论》，商务印书馆1962年版，第2页。
② 《马克思恩格斯选集》（第3卷），人民出版社2002年版，第189页。

使劳动解放,才能实现人类解放。"①

三、从应然到实然:马克思人权思想关注点的转移

形而上学理性主义方法论认为,任何存在之所以存在一定在逻辑上有一个原动力,即亚里士多德所谓的物质世界运动的"第一推动者"。这个"第一推动者"便是理性,正是因为理性的存在认识才是可能的,人们才能认识到人权是维系人类存在的最为基本的需求。所以,理性是上述方法论思考人权的问题的起点,要想对西方人权思想进行"釜底抽薪"式的批判就必须扭转这种以"理性",这一唯心的概念为起点的思考进路。马克思真正意识到这一点是在其哲学思想从唯心主义转向唯物主义之后,马克思在担任《莱茵报》的主编时,"第一次遇到要对物质利益发表意见的难事"。②此时,马克思一改之前在分析人权问题时坚持黑格尔的国家理性主义学说,以社会历史唯物主义作为其思考人权问题的方法论,将人权的关注点进行了转移。

(一)关注具体人权而非抽象人权

以理性出发的古典西方人权理论必然更多在抽象意义上探讨人权。在谈到自由权时,卢梭认为,自由源自人的本性,"这种人所共有的自由,乃是人性的产物"。③而在论及平等权时,他说:"社会公约在公民之间确立了这样的一种平等,以致他们大家全都遵守同样的条件并且全都应该享有同样的权利。"④面对人权产生问题上的此种抽象的观点,马克思认为人权应当从现实当中去寻找,他将人权的主体还原为现实当中的"人",绝不是孤独的鲁滨逊式的人,而是受到一定社会经济制约的人。从人权主体的现实性出发,马克思指出人权是人类发展到资本主义社会才出现的产物。"在希腊人和罗马人那里,人们的不平等性比任何平等受重视得多。如果认为希腊人和野蛮人,自由民和奴隶,公民和被保护民都可以要求平等的政治地位,那么这在古代人看来必定是发了疯。"⑤在资本主义社会,人权产生于与政治国家相对的市民社会,"所谓人权无非是市民社会成员的权利,即脱离了人的本质和共同体的利己主义的人的权

---

① 李进廷:《市民社会与人权的内在逻辑——马克思人权批判思想简论》,载《河南师范大学学报(哲学社科科学版)》2008年第5期。
② 《马克思恩格斯选集》(第2卷),人民出版社1995年版,第31页。
③ [法]卢梭:《社会契约论》,商务印书馆1997年版,第9页。
④ [法]卢梭:《社会契约论》,商务印书馆1997年版,第44页。
⑤ 《马克思恩格斯选集》(第2卷),人民出版社1995年版,第31页。

利"。① 按照黑格尔的法哲学思想，在政治国家与市民社会的二元对立中，不是市民社会决定政治国家，而是政治国家决定市民社会。这种观点在马克思看来是"逻辑的泛神论的神秘主义"，实际上，市民社会才是政治国家的前提，市民社会是人最直接、最现实的生活，因此，马克思把近代人权称为"市民社会的人权"而与"公民权"相对应。基于对政治国家与市民社会二元关系的重新认识，马克思表达了人权产生于市民社会"利己主义"的本质而不是抽象的理性这一思想。"可见，任何一种所谓人权都没有超出利己主义的人，没有超出作为市民社会的人，即作为封闭于自身、私人利益、私人任性，同时脱离社会整体的个人的人。"②

（二）关注事实人权而非价值人权

通过对资本主义制度的深入分析，马克思指出了西方人权思想中最为重要的缺陷：作为价值追求的人权和作为事实状态的人权的矛盾，即道德人权与法定人权、现实人权的背离。马克思在谈到平等权面临的这种背离时说："正如基督徒在天国一律平等，而在人世不平等一样，人民的单个成员在他们的政治世界的天国是平等的，而在人世的存在中，在他们的社会生活中却不平等。"③ 财产权价值与事实的背离状态也是马克思《资本论》第一卷讨论的重要内容，财产权背离状态的根源是商品经济下的异化劳动。"劳动力的买和卖是在流通领域或商品交换领域的界限以内进行的，这个领域确实是天赋人权的真正乐园。那里占统治地位的只是自由、平等、所有权和边沁。"④ 但"所有权对于资本家来说，表现为占有别人无酬劳动或产品的权利，而对于工人来说，则表现为不能占有自己的产品。所有权和劳动的分离，成了似乎是一个以它们的同一性为出发点的规律的必然结果"。⑤ 于是，在西方的理论视野和法律条文中"私有财产神圣不可侵犯"的人权仅仅对于拥有财产的人而言是真实的，而对于除了自己的劳动力之外一无所有的无产者来说，财产权则是虚无的。

（三）关注特殊人权而非普遍人权

基于人类理性的普遍性，西方的古典人权思想强调人权的普遍性，这实际上就是一种人权主体的普遍性，每个人都平等地享有基本人权，不因其种族、

---

① 《马克思恩格斯选集》（第1卷），人民出版社1956年版，第437页。
② 《马克思恩格斯选集》（第1卷），人民出版社1965年版，第439页。
③ 《马克思恩格斯选集》（第3卷），人民出版社1972年版，第334页。
④ 《马克思恩格斯选集》（第3卷），人民出版社1998年版，第199页。
⑤ 《马克思恩格斯选集》（第3卷），人民出版社1998年版，第640页。

性别、健康状况、宗教信仰等因素的差异而有所区别。在古典自然法学者的论述中"人"不是以个体而是以整体形式存在的。如洛克所言,"人是自然平等的,应该享有同样的共同的权利和特权"。① 对人权普遍性的追求得到了西方各国宪法以及众多人权国际公约的确认。马克思则从人权的特殊性出发,集中讨论了工人阶级的人权问题,他在《关于林木盗窃法的辩论》中,谴责贵族等级"把拣枯树枝也算作盗窃林木"的习惯权利时,认为这实际上是违背理性法的"特权者的习惯",而与此相反,穷人的"习惯权利"的客观基础却存在于穷人的贫困境况之中,它是符合事物的本性即理性的。在《资本论》中马克思对工人阶级并未获得普遍人权的问题进行了集中阐发,并直截了当地指出,"平等地剥削劳动力,是资本的首要的人权"。② 因为在商品交换领域存在的普遍平等与自由,在雇佣劳动为特征的资本主义生产关系中被资本家对工人的剥削所替代,所谓人权的普遍享有自然也就成了空中楼阁。

抽象人权、价值人权、普遍人权都是在应然的意义上讨论人权,而具体人权、事实人权、特殊人权都是在实然意义上讨论人权,在社会历史唯物主义的指导下,马克思人权思想的维度由传统的应然领域转向了实然领域。但需要指出的是,维度的转换并不意味着对应然人权,乃至整个人权理论的否定,而是以社会历史唯物主义的方法论视角揭示出应然人权与实然人权的背离状态。诚如夏勇先生所言:"马克思批判的不是应然的人权,而是实然的人权,也就是说,马克思批判的不是人们对人权的要求,而是现存的人权制度或者实存的标榜人权的制度。"③ 正因为如此,我们才能理解马克思在谈到无产阶级领导人类解放时为何"不能再求助于历史权利,而只能依靠人权"。④ 质言之,在社会历史唯物主义方法论下,马克思的人权思想在于"批判"而不是完全否定。

四、结语

如上所述,如果按照西方人权理论较为普遍的分类标准,"人权"这一范畴具有道德人权、法定人权、现实人权的三种形态。那么应然人权是指道德人权,即人应当享有何种权利,道德人权是永恒的、稳定的、普遍的,是人作为类存在物都应当具有的权利,道德人权与人的理性本质息息相关,如果失去了

---

① [英]洛克:《政府论》(上篇),商务印书馆1996年版,第66页。
② 《马克思恩格斯选集》(第2卷),人民出版社1995年版,第267页。
③ 夏勇:《人权概念起源——权利的历史哲学》,中国政法大学出版社2001年版,第207页。
④ 《马克思恩格斯选集》(第3卷),人民出版社1998年版,第199页。

这些权利，人就失去了人之为人的前提，社会存在的道德和伦理上的正当性亦不复存在。实然人权则指法定人权与现实人权。法定人权关注法律意义上的人权，是人享有的实在法意义上的权利，是道德人权的法律化，正是因为道德人权的根本性，国家通常以宪法——这一国家根本法的形式对道德人权予以确认；现实人权关注实际状态的人权，是道德人权和法定人权在多大程度上转化为公民现实拥有的权利。

马克思对西方人权思想的社会历史唯物主义批判无疑是极具建设意义的，它让西方人不再局限于对应然领域的道德人权的争论，而是更多地关注实然领域的法定人权和现实人权。正如有学者评价的那样，"马克思的这一思想启发推动了后人对积极人权即多种福利和受益权等的提倡，促使人们关注在第一代人权即消极人权的掩盖下的实际不公平，使人看到消极人权的局限性"。① 然而，肯定马克思人权批判思想的建设意义并不意味着对西方形而上学的理性主义方法论的完全否定，反而，它在某种程度上起到了与马克思的社会历史唯物主义殊途同归的建设意义，因为在形而上学的理性主义下，应然人权与实然人权不仅是分离的更是批判的，即道德人权对法定人权与现实人权的批判。如果法定人权并未确认或全部确认道德人权，甚至违反道德人权，按照自然法学派的"恶法非法"的理论，这样的法律本身就不能称其为"法律"。道德人权对人权主体普遍性的要求促使各国纷纷将"公民在法律面前一律平等"写入宪法，并努力通过人权保障制度把公民在选举、就业、教育等领域内的平等权现实化。"二战"后，国际人权运动风起云涌，《联合国宪章》以"重申基本人权，人格尊严与价值，以及男女与大小各国平等权利之观念"开篇。《世界人权宣言》也明确肯定了人权的普遍平等性。道德人权对人权内容广泛性的要求使得以选举权、财产权为表征的第一代消极人权向以经济权、就业权、教育权等为表征的第二代积极人权的转化。联合国于1966年通过的《公民权利和政治权利国际公约》和《经济、社会、文化权利公约》是这种转化的集中体现。各国纷纷建立了违宪审查制度、行政诉讼制度、社会保障制度以保证上述人权得以实现。人权问题是一个在思想、制度、现实维度与国家、社会特点，文化传统紧密相连的问题。对于一个健全的社会来说，应然人权与实然人权应该成为彼此分离、各自独立的两大合法系统。两者各自发挥其功能，各自承认自身有局限，并允许相互批判。应然人权不能以为自己的蓝图可以立即实行，实然人权不能

---

① 黄寿松：《马克思对近代西方人权观的祛魅及其理论旨趣》，载《北京工业大学学报（社会科学版）》2005年第4期。

认定自己的现状是最佳选择。两者需要保持一定张力和互动关系，任何一方不要企图兼并或吃掉对方，合一便是灾难，分离便是理想、至善，作为人类的精神追求，其本身是无罪的，灾难和罪过在于"批判的武器"与"武器的批判"的混淆与相互替代，并将这种"错误"实践化，这才是人权祸患的思维根源。

（原载于《广州大学学报（社会科学版）》2013年第9期，有删改）

具体人权

Specific Human Rights

老年人权益的法律保障研究

吴国平[*]

摘　要▶ 在老龄化日益严重背景下,老年人养老及其权益保障问题日益凸显。我国目前在老年人权益保障方面还存在法律保障不到位,涉老法律制度不够健全,执法保障未能及时到位等问题,需要通过更新思想观念,健全涉老法律制度,强化老年人权益保障执法和专业化法律服务,加强老龄法律问题的理论研究等途径来进一步强化老年人权益的法律保障。

关键词▶ 老年人;养老;权益;法律;保障

我国是一个人口大国,也是一个典型的老年型国家。随着老年人口比例的不断提高,这一群体在日常生活中也遇到一些新问题。但由于目前我国有关老年人权益保护的法律还不够完善,老年人权益法律保护方面所存在的问题也日益凸显,应当引起国家层面的高度重视。本文在此就我国老龄化日益严重背景下老年人权益的法律保护问题做些初步的探讨,以期抛砖引玉。

一、老年人权益的主要内容

(一) 我国老年人群体的主要特点

本文所指的老年人(简称老人)是指年满60周岁的公民。就现阶段而言,我国老年人群体具有如下明显特点:第一,人口占比大。目前我国60周岁以上的老年人(即20世纪50年代出生的人)已达2.02亿,占我国总人口的15.5%,且平均每年将新增800万老年人。预计到2050年,老年人口将达到4.3亿人。这意味着我国人口平均每3人中就有一位老年人。这表明,我国已进入老年人口增长的第一个高峰期。第二,空巢老人人数不断上升。全国老龄委办公室发布的《中国老龄事业发展报告(2013)》显示,我国空巢老人的

---

[*] 吴国平,福建江夏学院发展规划处处长、法学院教授,厦门大学、福州大学和福建师范大学硕士生导师,中国法学会婚姻法学研究会常务理事,中国民法学研究会理事,研究方向为民商法学。

人数在2012年时达到0.99亿人，2013年则突破1亿人大关。在这些空巢家庭中，失独老人和未生育子女的老人人数逐渐增多。① 第三，失独家庭数量逐年有所增加。《中国老龄事业发展报告（2013）》显示，截至2012年，我国至少有100万个失独家庭，并以每年新增7.6万个的速度增长。这就意味着我国失独老人目前至少已达200万人，且每年将新增失独老人大约15万。预计到2030年，我国失独家庭将达到250万个，失独老人将达到500万之多。② 第四，失独老人问题愈加凸显。我国目前至少有200万老年人因无子女而面临巨大的养老、医疗、照护、心理等方面的困难。③

（二）我国老年人权益的主要内容

根据我国老年人权益保障法的相关规定，老年人依法享有我国公民所享有的一切权利，包括政治权利、人身自由权、宗教信仰权、社会经济权、文化教育权、受赡养扶助权、财产所有权、婚姻自由权、房屋居住权、财产继承权和诉讼权等基本权利。就老年人权益保障法的立法本意而言，老年人的权益主要涉及私法意义上体现老年人特殊要求的权益，包括人身权益和财产权益，具体侧重在以下几个方面：一为受赡养扶助权。老年人享有受子女等赡养义务人或者其他扶助人赡养扶助的权利。赡养，是指子女在物质上、经济上为父母提供必要的生活费用和条件。扶助，是指子女给予父母精神上的安慰和生活上的照料。④ 权利内容包括经济供养、生活照料、精神慰藉等。二为私有财产权。老年人享有其个人合法财产所有权，可以对自己的财产依法行使占有、使用、收益和处分的权利。包括立遗嘱依法处分其个人财产，将其个人合法财产指定给遗嘱继承人继承，或者遗赠给国家、集体组织或者法定继承人以外的人；也可以与他人签订遗赠扶养协议。当然，老年人也有权依法继承配偶、父母、子女等亲属（继承人）遗产的权利，享有接受赠与和遗赠的权利。三为医疗保障权。老年人享有在疾病预防、疾病治疗和身体康复等方面得到保障与照顾（方便）的权利。四为社会活动权。老年人享有根据自己身体健康状况而自主

---

① 参见郭士辉：《朱晓进委员：关爱失独老人》，载《人民法院报》2013年3月13日第7版。

② 参见《我国年增"失独家庭"7.6万个总数达100万个》，载新华网，http://www.chinanews.com/sh/2013/03-03/4609978.shtml，2013年3月3日。

③ 参见《我国年增"失独家庭"7.6万个总数达100万个》，载新华网，http://www.chinanews.com/sh/2013/03-03/4609978.shtml，2013年3月3日。

④ 参见吴国平、张影：《婚姻家庭法原理与实务》（第三版），中国政法大学出版社2013年版，第169页。

参与政治、经济、社会和文化生活的权利。五为自我发展权。老年人享有为自身心健康发展而继续学习的权利。六为精神文化权。老年人享有参与和享受适合老年人特点的各种群众性文化体育养生娱乐等活动的权利。[①] 七为诉讼权。当老年人的合法权益受到侵害的，被侵害的老年人或者其代理人有权依法向人民法院提起诉讼。

以上这些权利都是老年人应当享有的，也体现了老年人权益的特殊性。其中，赡养扶助、医疗保障、财产私有是老年人的生存权，社会活动、自我发展与精神文化是老年人的发展权。这些权利都得到了国家法律的承认与保障，并为依法行使和保护老年人权益提供了法律依据。本文侧重从民法的角度来探讨老年人权益保障问题。

二、老年人权益保障的需求与存在问题

自 20 世纪 70 年代初中国政府大力推行以"一胎制"为标志的计划生育政策以来，我国形成了以 4-2-1 为主体的家庭人口模式。随着时间的推移，不但这一代独生子女（俗称"独一代"）的祖辈已处于高龄化阶段，而且独生子女的父母（即"50 后""60 后"）也逐渐进入退休高峰期和老年人行列，且队伍日益庞大，养老形势十分严峻。一般而言，老年人的基本生活需求不外乎经济需求、生活需求和精神需求等三个方面。从总体上说，我国多数老年人的基本需求和权益是能够得到国家各方面保障的，但也存在一些问题与不足。

（一）老年人权益保障的需求

从实际情况来看，老年人权益保障方面的需求越来越大。首先，在精神生活层面，随着生活水平的不断提高，养老保障措施的不断完善，老年人的身体健康状况、生活质量和平均寿命都比 20 世纪有明显的改善与提高。老人们普遍更加珍惜自己的身体，更加关注养生与锻炼，更加重视精神生活的多样性，更加渴望在社会和家庭生活中得到普遍的尊重与优待，希望能够享受家庭的温暖、社会的关爱和天伦之乐，特别是能够得到子女的关怀照顾，使自己晚年的生活丰富多彩、幸福平安。在有条件的地方，不少老年人在退休之后，积极报名参加老年人大学各种培训班学习，涉及养生、保健、书法、绘画、演奏、戏剧、烹饪等各个方面，不断丰富自己的退休生活。有的还经常外出旅游和参加各种同学、同事或亲戚朋友间的聚会。其次，在物质生活层面，绝大多数老年

[①] 参见陈龙、何龙：《我国老年人权益保障路径研究》，载《江苏科技信息》2014 年第 20 期。

人的基本生活能够得到保障,除了特殊情况外,绝大多数老年人对金钱财富的追求欲望已大大下降,他们希望自己的晚年生活能够安逸舒适。在家庭中,不少老年人在身体和时间允许的情况下,积极承担生产劳动、打理家务、协助子女照顾孙子(女)、外孙子女等。同时,也有不少老年人因为年老体衰或者疾病缠身等原因,处于病痛医治甚至失能、半失能状态,需要子女等家人的照顾。因此,老年人的需求是多方面、多层次的。

(二)老年人权益保障方面存在的主要问题

如前所述,我国老年人权益保障状况总体是好的。但从现实情况看,还存在一些问题,主要体现在:

1. 养老保障机制方面还不够健全

第一,老年人养老还无法得到全面有效的保障。首先,从家庭保障来说,20世纪50年代至60年代出生的人,现在陆续进入老年阶段。这一代人恰恰是响应国家号召而实行计划生育,只生育1个子女的一代。目前这些独生子女的父母均开始进入老年阶段,而一对夫妻要同时赡养四位老人、抚养1个甚至2个孩子,负担确实很重;再加上有的独生子女并不在父母身边,或者受制于父母养老意愿、父母子女感情、子女经济能力等因素,一些老人特别是空巢老人依靠子女养老确有困难。尤其是工薪阶层。绝大多数人日常温饱是没有问题的,许多人还经常参加聚会、培训、广场舞、外出旅游等活动,但就怕年老体衰、遇到生病或者天灾人祸。高龄老人或遇到大病大灾的老人,他们面对护理等问题时往往就显得很无助。对于农村老人而言,由于我国长期以来实行城乡有别的二元制政策,农村老年人所享有的社会保障水平低于城市老年人,在身体许可的情况下,他们往往还要从事生产劳动、家务料理、帮助照料孙子女、外孙子女等力所能及的劳动。在他们年老体弱,或者丧失劳动能力,缺乏生活来源时,其养老则主要依靠子女的供养。如果子女经济条件比较差,或者不愿意赡养老人,则农村老年人的家庭养老就缺乏有效保障。精神赡养缺失,也是许多老年人面临的共同问题。其次,从社会保障来看,一方面,老年人养老权益保障的社会成本在不断加大。在未富先老的社会大背景下,尽管政府建立了社会保障基金,制定了延长退休政策,实施事业单位养老金个人缴费改革,全面放开"二孩"政策,甚至允许和鼓励社会民间资本投资举办养老机构等,但政府用于保障老年人群体权益的各种开支(包括退休金、医疗保险等)仍然不断增加,社会成本也逐渐加大。另一方面,目前政府对老年人权益保障还仅仅局限于国家民政部规定的民政救助对象,即优抚、低保、"三无"、"五保"老人等特殊老人群体,范围比较窄,没有涵盖全体老年人,特别是没有关注到失独老人、失能老人、半失能老人等群体,这些老人自身生存能力和家庭照护能力均比较弱,几乎没有依靠家庭实行养老权益保障的可能性,需要政府的公力救助。

第二,老年人权益保障需求的多元化与社会养老服务的不完善之间存在矛盾。目前,随着社会的发展进步,人们的生活观念也发生了变化,群众的生活水平和身体素质总体上有了较大的提高,但由于经济收入水平、社会公共资源配置和养老观念上的差异,不同的老年人群体和个体对物质权益保障和精神权益保障的需求差异也比较大;与此同时,老年人的物质与精神保障需求也呈个性化、多元化趋势。一些地方政府面对老年人养老权益保障的现实需求与发展趋势似乎还没有充分的应对措施,反映在其所提供的养老服务相对滞后,为老年人养老权益提供保障的能力不足,其在保障老年人权益方面的作用有弱化趋势。而具有市场化特征的社区养老、机构养老等新的养老服务方式和社会福利在实践中还亟待完善。

2. 涉老法律制度不够完善

第一,涉老法律体系不健全。虽然我国宪法等法律对老年人合法权益及其法律保护问题作了原则性规定,特别是我国老年人权益保障法、人口与计划生育法等法律中对老年人合法权益的保护均作出了一般性的规定,[①] 此外,各地立法机关也陆续颁布了老年人权益保障条例等地方性法规,并在我国《老年人权益保障法》修订后陆续对原有的条例、办法等进行了修订并重新颁布,但从总体上说,涉老法律体系还不够完善,体现在:(1)对失独老人等老年人特殊群体的权益保障规定缺失,对老年人人身权、财产权等方面的规定还不够具体,对老年人就业保障方面的规定还不够完善(包括年龄歧视、就业后的福利待遇保障措施等)。(2)我国老年人权益保障法等相关法律对执法机关及其工作人员在维护老年人权益方面的失职或者违法行为应如何界定?失职或者违法行为人应当承担什么责任?如何进行查处追责等具体问题缺乏明确规定。

第二,现行规定可操作性弱。例如,对于老年人权益保障措施如何落实,不落实或者落实不到位应如何追责等缺乏具体明确的规定。再如,我国《老年人权益保障法》第3条第3款规定,禁止歧视、侮辱、虐待或遗弃老年人,但对于如何禁止这些违法行为,违反法律规定后如何追究违法行为人或者犯罪嫌疑人的法律责任等问题没有规定,在实际操作上产生不配套的问题。

[①]《老年人权益保障法》第31条第2款规定:"老年人无劳动能力、无生活来源、无赡养人和扶养人,或者其赡养人和扶养人确无赡养能力或者扶养能力的,由地方各级人民政府依照有关规定给予供养或者救助。"

3. 欺老损老现象时有发生

在现实生活中,老年人的各种权益遭受侵害现象时有发生,一部分是发生在家庭内部,另一部分是来自家庭外部。首先,从家庭方面来看,主要涉及老人赡养、房屋及房屋拆迁补偿费等家庭财产分割、财产继承、老人婚姻自由权等方面,这方面的纠纷日渐增多。例如,有的子女向老人借钱而事后赖账不还;有的子女以共同生活为由,将户口迁入老人家中,并更改自己为户主,在房屋拆迁补偿中多分补偿费,由此产生纠纷;也有的老年人将自己的房产等财产以赡养老人为条件赠与子女后,却反遭到子女的虐待甚至遗弃;在一些再婚家庭中,由于再婚老人的财产关系比较复杂,子女也担心将来自己的继承权受到影响,因此往往会阻挠自己父母再婚,再婚老人遗产纠纷发生率比较高。同时,由于老人独居情况增多,不少高龄老人、空巢老人、失能老人和失独老人虽然吃喝不愁,但精神赡养方面的需求无法得到保障,反映在情感交流和心理慰藉等精神和心理方面的日常需求得不到满足,时常会感到孤独、失落和焦躁不安。特别是子女外出打工的农村老人,精神领域权益保障问题更加突出。其次,从家庭外部来看,主要涉及老年人养老(退休)金和养老保险等方面的问题。由于"50后""60后"工作于低工资和低消费的计划经济年代,工资收入相对比较低。在社会转型时期,他们陆续退休了。但在一些地方,有的老年人的年龄与收入呈反比,即年龄大者收入越低,其积蓄也十分有限,且不同的单位其享受社会保障的水平差异也很大,尤其是企业退休职工的退休金普遍比机关、事业单位退休干部职工少。同时,在一些地方仍然存在老年人看病难的问题,一些老人因大病而返贫。一些经济相对落后的地方,农村应保未保和供养水平较低的问题依然存在。由于一些乡镇的农村社会救济和生活保障标准偏低,根本无法满足困难老人的养老、医疗等基本生活需求。这些老人的养老主要方式还是家庭养老,基本生活需求主要还是由子女负责保障。如果子女不能认真履行义务,这些老人的生活就会陷入窘境。

4. 执法保障未能及时到位

首先,由于立法上的缺陷,导致有关部门和司法机关在工作中经常遇到无法可依的难题,使老年人权益保障无法落实到位。

其次,个别政府职能部门不依法履行职责,例如,不按时足额支付医药费、不按时或足额报销医药费,甚至不按时或足额发放退休金等,致使老人医疗或者生活受到严重影响。

最后,由于执法观念上的偏差,一些工作人员认为分家析产、老人再婚等家事属于"个人私事",不是自己职责范围内的事情,或者认为"清官难断家务事"而不愿管,导致一些家事纠纷得不到及时有效的处理。

由于上述原因，导致在实践中一些老年人的权益得不到及时有效的保护，造成矛盾激化，甚至产生老年人自杀等恶性事件发生。

三、强化老年人权益保障的法律对策建议

现代社会是一个法治社会、权利社会、多元社会，存在主体多元化、价值追求多元化、个人需求多元化的特点，法律应当适应这一社会变迁而逐渐从继续关注一般人的普遍性权利保护的同时，逐渐向关注特殊群体的特殊性权利保护延伸，以实现法律的公平正义。这也是现代社会对现代法治的基本要求。对于绝大多数老年人而言，一方面由于其年龄逐渐增大，身体机能减退，接受新知识与新信息的能力明显弱于一般社会群体，其社会参与能力和参与度也明显小于中青年人，[1] 很容易被边缘化；另一方面，其自我维权的意识和能力也逐渐减弱。因此，如何从法律角度保障老年人群体的合法权益，特别是其养老权益的法律保障问题，是一个很现实和迫切的问题。具体建议如下：

（一）健全和完善涉老法律制度

一是要进一步健全和完善老年人权益保障法律体系的相关内容。老年人权益保障法是我国保护老年人权益的"小宪法"，未来立法应当以该法为核心，逐步向外拓展和延伸。除了完善老年人权益保障法的相关内容和制定老年人权益保障法实施细则或实施条例外，要通过深入调研论证，逐步创造条件，建立具有中国特色的老年人权益保障法律体系。在借鉴德国、日本等国家立法经验基础上，结合我国国情和实际需要，分批制定《老年人福利法》《失独老人权益保障法》《老年人医疗保障法》《老年人护理保险法》《老年人终身教育促进法》《老年人弹性退休法》《禁止歧视老年人法》《老年人救助法》等一系列配套法律，形成一个内容完整、制度全面的老年人权益保障法律体系。要通过系列立法，对作为一般自然人和作为老年人所享有的人身权、财产权进行全面梳理，根据老年人权益保障的重点内容，全面规定老年人的人身和财产权益保障的内容、措施、救助途径和法律责任。首先，要针对司法实践中发生的案件，从立法上进一步明确和细化对虐待、遗弃老年人和残害、侮辱老年人等其他欺老、损老行为的法律责任和救济机制。其次，要对禁止年龄歧视、老年人就业后福利待遇保障和解雇保护等问题作出明确规定。[2] 最后，要对权益保障

---

[1] 参见陈龙、何龙:《我国老年人权益保障路径研究》，载《江苏科技信息》2014年第20期。

[2] 参见王洪婧、郭继志、胡善菊:《老年人社会权益的法律保护研究》，载《医学与法学》2015年第3期。

救济责任主体（执法机关）及其工作人员在维护和保障老年人权益方面的工作失职或者违法行为及其法律责任和查处追责机制等予以明确规定。

二是完善各地方老年人权益保障性条例和实施细则。根据各地经济社会发展的实际情况，结合当地老年人群体的结构和养老需求，尽快完善各地方老年人权益保障性条例和实施细则，特别是要突出老年人生活保障、精神赡养、社会保险、医疗保险、社会福利和社会救济方面的具体内容。同时，要建立老年人权益保障实施评估监督制度，设立相应机构负责这项工作，定期对有关单位和社会机构提供的老年人权益保障服务工作进行专项评估，并对社会公布。

三是加强对子女履行法定义务的监督。一方面，要通过立法，建立家庭成员（子女）履行赡养义务的评价和监督制度，以强化子女等法定义务人的赡养义务。要探索建立子女赡养的激励机制，建立劳动者带薪休假制度，鼓励劳动者与父母共同居住或者就近居住，并为随子女迁移的父母提供同等养老服务（包括同城医疗和社会服务等）。老人生活所在街道（乡镇）或者社区（村）要定期上门进行调查。被调查人包括老人本人、周围邻居等，并将综合评分结果向老年人（被赡养人）所在街道（乡镇）或者社区（村）和赡养人反馈，提出整改意见；也可以将结果向老年维权机构反馈，由老年维权机构出面进行维权行动。另一方面，建立赡养的激励机制，鼓励子女与父母共同居住和同城居住，在遗产继承、房屋拆迁安置、带薪休假、税收减免等方面予以优先和优惠，为随子女迁移居住父母提供同城医疗与社会服务支持。应当指出的是，由于我国长期以来实施计划生育政策所产生的少子化和人口平均寿命延长的实际情况和特点，目前在有的家庭中，60多岁子女赡养80多岁、90多岁父母的情况逐渐增多，也称为"老老赡养"现象。在这些60多岁的赡养义务人中，有一部分人由于经济拮据、身体状况不佳等原因，其本身还需要他人赡养，根本无法完全履行对已经年满80多岁、90多岁的父母的赡养义务。因此，需要政府予以救济或者扶持。笔者认为，对65周岁以上的赡养义务人的赡养义务，国家应当从法律上予以适当减轻或者免除，具体应当通过立法途径解决。

总之，要通过完善国家相关法律和地方性法规等途径，使我国老年人基本生活保障（包括精神赡养）、医疗保险、社会福利和社会救济等方面的法律法规更加全面和完整，并得到切实贯彻和执行。

（二）强化老年人权益保障执法和专业化法律服务

一是建立健全老年人维权服务网络。在区（县）、街道（乡镇）、社区（村）老年人协会等组织中建立老年人维权机构，聘请专职或兼职专业人士及时为老年人就地或就近提供法律咨询、法律事务指导、家事纠纷调解和家事诉讼代理。也可以发挥已经退休的老法官、老律师和老教授等人员的专业优势和作用，为老年人提供法律咨询与力所能及的帮助。二是建立老年人诉讼绿色通道。根据涉老诉讼纠纷案件的特点，对涉老诉讼案件的受理和审理提供优先保障。有条件的地方，应当探索设立专业性的老年法庭或者审判庭，为维护老年人的权益提供司法保障。同时，公证处、律师事务所也可以探索涉老案件的专门化、专业化服务途径（如老年人法律援助等），并主动为行动不便的老年人提供上门服务，为老年人提供优质的咨询、公证或咨询代书、见证、调解、诉讼代理等方面的服务。有条件的地方，可以在区（县）一级设立老年人法律援助中心，并在街道（乡镇）、社区（村）建立老年人法律援助工作站。三是定期不定期对老年人权益保障执法情况进行专项检查。即分别由中央政法委和地方政法委牵头，公检法司民政等部门共同参与，对各地方老年人权益保障执法情况进行检查，总结经验，协调解决存在的问题，使我国老年人权益保障法和相关法律法规能够落实落细。

（三）加强老龄法律问题的理论研究

目前，我国法学理论界对青少年法学、妇女法学的研究已经比较深入系统，但对老龄法律问题研究还不够重视，成果也不多，老龄法律研究在我国还是个有待开发的新领域。笔者有幸应邀参加了 2016 年 10 月 15 日在北京召开的首届全国老龄法律论坛并作主旨发言，深感责任重大。研究老龄法律和法学理论，推动老龄法制建设，培养专业法律人才，是事关国家发展全局，事关亿万百姓福祉和有效应对我国人口老龄化的重要措施，是时代的呼唤和历史的必然。实际上，随着老龄化时代的到来，不论是老龄化法律战略问题，还是老年人权益法律保护（包括养老法律保障等）方面，都有许多法律问题需要系统深入研究。包括对我国老年人权益保护法律法规的梳理与未来老龄法律制度和法律体系的构建，老龄法学理论体系的构建，专业法律人才的培养，老年人权益法律保障的司法运行机制完善，专业化法律服务机构的设置与服务等各个方面。中国法学会相关研究会既可以组织综合性的科研课题研究和学术会议，也可以进行专题性、系列化的学术探讨与小型研讨会。就法律实务问题而言，就涉及我国人口老龄化的法律应对战略、养老法律服务的拓展与管理、养老产业的法律规制、医养结合法律制度的构建、养老合同（协议）的履行与纠纷解决机制、民间资本进入老龄产业的法律瓶颈问题等，需要大家认真调研，潜心研究，积极向国家立法机关全国人大提出立法建议。就老龄法学学科专业建设和人才培养而言，有条件的法学院也可以积极开发老龄法学相关课程资源，组织编写相关教材和师资培训，申报和招收老龄法学研究方向的博士、硕士研究生。总之，立法界、司法实务界和专家学者们要共同关注和积极努力，以老年人权益保障法为核心和重点，科学设计和积极拓展其理论体系和具体内容，构建我国老龄法学学科体系,将其作为一门新兴学科和我国法学体系中不可或缺的组成部分,并在实践中不断丰富与完善其相关内容。同时,研究老龄法学,还应当注意与社会学、心理学、政治学、伦理学、医学、教育学、哲学和经济学等群体社会科学的相互学习与借鉴,共同推动老年学的繁荣与发展。

(原载于《广州大学学报(社会科学版)》2017年第3期,有删改)

商标权属于人权？
——从欧洲人权法院判例谈起

张惠彬[*]

摘　要▶ 欧洲人权法院的判决激起人们对于商标权与人权关系的争论。国际人权公约框架下的知识产权保护并无商标权的立足之地。与著作权法、专利法促进人类文化与科技进步相比，商标法的宗旨在于市场秩序的维护。欧洲人权法院在考量市场各方利益后，不仅将注册商标还将申请中的知名商标权益解释为财产权，使得商标权得到《欧洲人权公约》的保护。商标权与人权的争议，其实质是在商标财产化过程中对商标财产认识差异所导致。现代商标权已经完成了财产权的形塑，虽然商标权与专利权或著作权的旨趣相去甚远，并不妨碍其通过财产权的形态得到国际人权公约的保护。

关键词▶ 商标权；人权；商标财产化

一、问题的提出

近年来，知识产权与人权是否有直接的关联？均不同程度地引起了学者踊跃探讨。[①] 欧洲人权法院审理的"安海斯布斯公司诉葡萄牙政府案"（Anheuser‑busch Inc. v. Portugal）更引起各方将重点转向商标领域，[②] 该案也被誉为"商标与人权第一案"。案件描述的是安海斯布斯公司（以下简称"美国百威"）在葡萄牙申请注册"BUDWEISER"商标，葡萄牙政府基于该商标先前已被捷克 Budejovicky Busvar 公司（以下简称"捷克百威"）注册为原产地地理名称，而不予核准注册。美国百威申请撤销该地理名称的注册，撤销申请于 1995 年被核准。捷克百威基于葡萄牙与前捷克斯洛伐斯克之间的原产地地

---

[*] 张惠彬，法学博士，西南政法大学民商法学院讲师，从事知识产权法学研究。
[①] 参见吴汉东：《知识产权的私权与人权属性——以〈知识产权协议〉与〈世界人权公约〉为对象》，载《法学研究》2003 年第 3 期。
[②] Anheuser‑Busch, Inc. v. Portugal, 45 Eur. Ct. H. R. 830 (Grand Chamber 2007).

理名称保护条约,对该决定提起上诉。下级法院拒绝推翻该决定,但上诉法院推翻之,并将属于美国百威的"BUDWEISER"商标废止。

美国百威基于《欧洲人权公约第一议定书》的规定,向欧洲人权法院主张财产权被侵害。下级法院认为《欧洲人权公约第一议定书》并不适用于"申请中的商标",而仅适用于商标"最终注册之后"。在上诉中,欧洲人权法院大法庭部分地推翻下级法院之判决,认为注册商标以及商标注册申请均为第一议定书财产权条款所涵盖,认为本案应考量的问题在于,申请注册商标是否构成"合法期待",使其为"财产"。大法庭将申请注册商标的条件性质与提出申请后"所产生之各种财产上权利与利益"做平衡,并解释说明如果在具有商标优先申请权的国家中,这些权利可能已经包含进入交易,例如,权利人事先已经签署了商标许可协议,这些交易可能具有"实质的财产价值"。因此,法院判定"商标的注册申请权"受到《欧洲人权公约》的保护。

纵览上述争点,本文将探讨商标权在人权的框架之下是否有合适地位?首先,本文将检验国际人权条约中知识产权是如何被涵盖的。根据对人权条约分析认为,与著作权和专利权不同,商标权并无直接出现在条约规定中。其次,依据欧洲人权法院的见解,分析讨论《欧洲人权公约第一议定书》之"财产权条款"对于商标权的适用。根据欧洲人权法院的判决,商标权符合财产权的要素,并且揭示了商标的注册和申请都属于财产权的一环受到公约的保护。最后,本文梳理人权、财产权与商标权之间的关系,揭示出商标权本身虽然不是人权,但仍能以财产权的一种形态成为国际人权保护的一环。

二、国际人权公约中的知识产权

自20世纪中叶开始,联合国在促进国际人权事业的发展中充当了核心的角色。在其领导下,制定了一个包括国际宣言与多边条约在内的国际人权保护框架。其中,《世界人权宣言》与《经济、社会及文化权利国际公约》包含了有关知识产权的条款而被知识产权学界普遍引用。①

《世界人权宣言》第27条规定:(1)人人有权自由参加社会的文化生活,

---

① 《世界人权宣言》是联合国大会于1948年12月10日通过(联合国大会第217号决议,A/RES/217)的一份旨在维护人类基本权利的文献。由于该文件是由联合国大会通过的,《世界人权宣言》并非强制的国际公约,但是它为之后的两份具有强制性的联合国人权公约,《公民权利和政治权利国际公约》和《经济、社会及文化权利国际公约》作了铺垫。许多学者、律师和法庭判决书依然经常引述《世界人权宣言》中的一些条款来佐证自己的立场。一些国际法律师认为《世界人权宣言》是一部习惯法,但是对于这一点学界还没有共识。

享受艺术,并分享科学进步及其产生的福利。(2)人人对由于他所创作的任何科学、文学或美术作品而产生的精神的和物质的利益,有享受保护的权利。

　　上述条款的起草者是时任联合国人权部部长,加拿大人权律师约翰·汉弗莱(John Humphrey)。在草案讨论上,第(1)项因不包含"自由"一词引起代表团成员的反对,他们认为"自由"一词是很重要的,光是强调人人有参加社会文化生活的权利,而没有"自由"的话,不足以保护"自近代以来人们所受的频繁的有害逼迫"。① 第(2)项的规定则较为坎坷,对创作者精神利益的保护并未在第一次草案规定,而是在起草委员会进一步地讨论后由法国法学家勒内·卡森(Rene Cassin)修改后的版本中加入。勒内·卡森版的草稿起初是这么规定的:"所有艺术、文学、科学的作者及发明者应该在除了报酬其劳动之外,保有一种对于其作品或发现的精神权利不应消失,即便之后这样的作品或发现应该成为人类的共同财产。"② 这个规定借由"报酬其劳动"的措辞,看起来除了精神利益之外还包含物质利益。对此,有人认为约翰·汉弗莱之前的版本借由其他财产权条款也能使得知识产权得到保护,而不必专门强调物质利益。③ 更有代表团成员出于对当时苏联与美国核武竞争的担忧,认为应在该项中附加"科学发展必须服务于发展和民主的利益,以及国际和平与合作事由"。④ 不过,此附加措辞在最终版本中被否决了。某种程度上是因为要精确定义"民主"是很困难的。虽然草案的条款存在许多争议,仍在妥协中修改通过,成为目前多数国际人权条约的标准用语。

　　《经济、社会及文化权利国际公约》第15条规定:"一、本公约缔约各国承认人人有权:(甲)参加文化生活;(乙)享受科学进步及其应用所产生的利益;(丙)对其本人的任何科学、文学或艺术作品所产生的精神上和物质上的利益,享受被保护之利。二、本公约缔约各国为充分实现这一权利而采取的步骤应包括为保存、发展和传播科学和文化所必需的步骤。三、本公约缔约各国承担尊重进行科学研究和创造性活动所不可缺少的自由。四、本公约缔约各

---

① Peter K. Yu: Reconceptualizing Intellectual Property Interests in a Human Rights Framework, U. C. Davis L. Rev., 40, 2007, pp. 1039 – 1050.

② 原文是: authors of all artistic, literary, scientific works and inventors shall retain, in addition to just remuneration for their labour, a moral right on their work and/or discovery which shall not disappear, even after such a work or discovery shall have become the common property of mankind.

③ Peter K. Yu: Reconceptualizing Intellectual Property Interests in a Human Rights Framework, U. C. Davis L. Rev., 40, 2007, pp. 1039 – 1050.

④ Peter K. Yu: Reconceptualizing Intellectual Property Interests in a Human Rights Framework, U. C. Davis L. Rev., 40, 2007, pp. 1039 – 1050.

国认识到鼓励和发展科学与文化方面的国际接触和合作的好处。"

从上述条款的用语可以看到,《经济、社会及文化权利国际公约》延续了《世界人权宣言》的规定。《经济、社会及文化权利国际公约》于1966年12月16日通过,却迟至1976年1月3日才正式生效。生效后的《经济、社会及文化权利国际公约》与《世界人权宣言》有本质区别,《世界人权宣言》属于一种指南或忠告,因没有法律约束力导致当中的知识产权规定是不确定的。而从《经济、社会及文化权利国际公约》开始,人权框架下的知识产权规定对公约成员国是具有法律拘束力的。该公约成立了"经济、社会及文化权利委员会"负责解释和监控公约的履行。公约虽无裁决机制,但它定时接收和评议成员国的报告,以监督成员国履行情况。作为对公约进行官方解释的部门,委员会发布了"一般性评论"用以解释特定的公约条文或特定的人权议题。这种"一般性评论"对于成员国履行公约的行为提供了标准的范本。

检视《世界人权宣言》和《经济、社会及文化权利国际公约》,著作权和专利权很容易被纳入这个保护伞中。无论是文学、电影、音乐等作品,还是发明、实用新型、外观设计等专利都可以被解释为"参加文化生活""分享科学进步"的权利。至于商标权,则有实质上的不同。商标权并非基于科学、文学或艺术的产物,其对于人类的科学、文化进步并无实质的贡献。那么,在国际人权公约中并无合适地位的商标权能否以财产权的形态纳入人权保护的框架呢?

三、欧洲人权法院的实践

2007年,欧洲人权法院对"商标与人权第一案"——"安海斯布斯公司诉葡萄牙政府案"(Anheuser – busch Inc. v. Portugal)作出判决[①],这个判决形成一项先例:基于《欧洲人权公约第一议定书》第1条的财产权条款,除了已经注册的商标外,申请中的商标也属于财产权的一环,得到人权公约的保护。现就"安海斯布斯公司诉葡萄牙政府案"的背景、案情以及法院的判决阐述如下:

(一)案件背景

《欧洲人权公约》于1950年前后开始起草,其后在欧洲委员会的支持下为欧洲各国所签署,于1953年9月3日正式生效。目前所有欧洲委员会的成员国均为该公约的缔约国之一,且新加入的成员也将被要求批准这个公约。由于各国对财产权的理解不同,《欧洲人权公约》在初期并未对财产权保护作出

---

① Anheuser – Busch, Inc. v. Portugal, 45 Eur. Ct. H. R. 830 (Grand Chamber 2007).

规定。1952 年 3 月 20 日，《欧洲人权公约第一议定书》正式通过之后，才将财产权纳入欧洲人权保护机制。① 《欧洲人权公约第一议定书》第 1 条规定："自然人和法人有权和平享有其财产。除非出于公共利益并按法律和国际法普遍原则规定的条件，任何人不得剥夺其财产。"② 自此，财产权与公民自由和政治自由一样被当作《欧洲人权公约》保护的基本人权。当涉及为公共福利之目的而管制私有财产时，欧洲人权法院会有弹性地解释该条款，给予政府宽广空间。过去几年来，法院已将其观点转移至知识产权上，认为无形财产应像有形财产一样受到保护。③

"安海斯布斯公司诉葡萄牙政府案"的原告为美国百威，被告为葡萄牙政府，涉及的第三方为捷克百威，争议的商标为"Budweiser"（中文译名：百威）。本案争议起源于百威（Budweiser）品牌的百年之争，作为世界知名的啤酒品牌，很多人提起百威就自然联想到其来自美国。其实，"Budweiser"的德语词汇"Budweis"指的是捷克波希米亚省的一个小城镇。这个小城上居住着大量德裔的居民，自古以来盛产啤酒。1895 年，捷克百威的前身——波希米亚啤酒股份公司成立，并从 1958 年起使用"Budweiser – budvar"名称。而本案的原告美国百威成立于 1857 年，创建人为德裔人安海斯。在成立之初，为了借用捷克原产地"Budweis"的商誉，创建人将自身生产的啤酒也命名为"Budweiser"。在当时商标国际保护欠缺的情形下，造成了捷克百威与美国百威共同商标共存的局面。与捷克老大哥相比，美国百威后来居上，并试图吞并捷克百威在欧洲的市场。双方围绕"Budweiser"商标的诉讼大战断断续续打遍了欧洲。

（二）案情简介

1981 年 5 月 19 日，美国百威向葡萄牙工业产权部申请注册"Budweiser"商标。捷克百威对此提出异议，认为其已经在葡萄牙注册了"Budweiser Bier"作为原产地名称，葡萄牙工业产权部以此驳回了美国百威的申请。而后，美国百威与捷克百威进行商讨，不过最终未能达成协议。1989 年 11 月 10 日，美国百威向里斯本初审法院申请要求注销捷克百威的原产地名称注册。1995 年 3

---

① 参见刘永杰、刘德吉：《财产权与〈欧洲人权公约第一议定书〉》，载《社会科学动态》1998 年第 12 期。

② Every natural or legal person is entitled to the peaceful enjoyment of his possessions. No one shall be deprived of his possessions except in the public interest and subject to the conditions provided for by law and by the general principles of international law.

③ Megan M. Carpenter: Trademarks and Human Rights: Oil and Water – Or Chocolate and PeanutButter. Trademark Rep. 99, 2009, pp. 892 – 930.

月 8 日，里斯本初审法院支持了美国百威的申请，认为"Budweiser Bier"不具有原产地名称或货源标记应有的特征，该注册由此被注销。1995 年 6 月 20 日，在美国百威重新申请后，葡萄牙工业产权部批准了美国百威对"Budweiser"商标的注册，并于 11 月 8 日予以公告。

1996 年 2 月 8 日，捷克百威根据 1986 年的《葡萄牙共和国政府和捷克斯洛伐克社会主义共和国政府间就保护原产地名称、货源标记或其他地理或类似标记的协议》（以下简称"1986 年协议"）就葡萄牙工业产权部的决定向里斯本初审法院申诉。① 美国百威作为利益相关的第三方被邀请参加法院的诉讼程序。1998 年 7 月 18 日，法院作出裁决驳回了捷克百威的诉讼请求。法院认为唯一应该受到葡萄牙法律保护的知识产权是原产地名称"Ceskebudejovicky Budvar"，而不是商标"Budweiser"。此外，法院认为该原产地名称的使用和美国百威的商标不会产生混淆。捷克百威不服，向里斯本上诉法院上诉。1999 年 10 月 21 日，上诉法院的判决完全推翻了初审判决，并要求葡萄牙工业产权部拒绝将"Budweiser"注册为商标，认为这种注册会违反"1986 年协议"，并违反葡萄牙《工业产权法》第 189 条 1 款 j 项的规定。

美国百威对此向葡萄牙最高法院提出上诉，称里斯本上诉法院的判决违反了 TRIPS 协定，特别是该协议第 2 条和第 24 条 5 款的规定。② "1986 年协议"

---

① "1986 年协议"第 5 条规定：1. 如果本协议项下所保护的名称或称号使用在商业或工业活动中，违反了本协议有关产品的规定，（当事人）可以根据本协定寻求所有可能的司法或行政救济，以防止不正当竞争行为或不非法的使用该名称的行为；2. 本条文应适用于上述名称或称号的翻译用语。原文是：Article 5 of the 1986 Agreement provides, 1. If a name or designation protected under this Agreement is used in commercial or industrial activities in breach of the provisions of this Agreement for products. all judicial or administrative remedies available under the legislation of the Contracting State in which protection is sought to prevent unfair competition or the use of unlawful designations shall, by virtue of the Agreement, be deployed to restrain such use. 2. The provisions of this Article shall apply even when translations of the said names or designations are used.

② TRIPS 协定第 2 条规定：1. 关于本协议的第二、三和四部分，缔约方应该遵守巴黎公约（1967）第 1~12 条和第 19 条的规定。2. 本协议第一至第四部分中的任何规定都不应取消缔约方相互之间根据巴黎公约、伯尔尼公约、罗马公约和有关集成电路知识产权条约所可能承担的已有义务。第 24 条第 5 款规定：在满足下列情况的条件下，即：(a) 在一个缔约方适用下述第六部分的规定之前；或者 (b) 在地理标记在其原产国获得保护之前；已经真实地申请或注册了一个商标，或者已经真实地通过使用获得了一个商标，本节所规定的措施应不得因为该商标和一个地理标记相同或相似而影响该商标注册的合格性或有效性，或者影响使用该商标的权利。

只能保护那些捷克语和葡萄牙语间互相转换的原产地标记，而不能转换为其他的语言。"1986年协议"不能挑战TRIPS协定的适用。同时，美国百威认为"1986年协议"是由政府而非议会通过的，违反了葡萄牙宪法的规定。2001年1月23日，葡萄牙最高法院驳回了美国百威的上诉。于是，美国百威将案件提请欧洲人权法院进行申诉。

美国百威在诉讼中称，根据《欧洲人权公约第一议定书》的"财产"的定义，它拥有对其商标使用和注册的财产权利。根据国际法，这是一种自申请提出之日起应受保护的权利。美国百威不仅享有注册的优先权，而且具有在有偿或无偿的情况下授权他人使用商标的权利。在第三人违法使用该商标时，其有权获得赔偿。从本案来看，捷克百威对原产地标记的使用将会在消费者当中造成混淆，侵害美国百威的商标财产。这种行为无论在国际法上还是国内法上都是没有依据的。葡萄牙法院的上述判决错误地解释和适用了法律，其对"1986年协议"的解释违反了国际法的原则。

葡萄牙政府称，美国百威的"Budweiser"商标不属于《欧洲人权公约第一议定书》中的"财产"的范围。根据葡萄牙和欧盟的法律，商标只有注册成功之后才能称为"财产"。在注册成功之前，申请者甚至没有合法的期待利益。美国百威的注册优先权虽然在这种情况下能起到一定的作用，但不能说拥有优先权就可以成功注册。因此，葡萄牙政府的决定和法院作出的判决没有侵害到美国百威的财产权。如果有干涉的话，也仅仅是对美国百威财产权的限制，而不是侵害或剥夺。葡萄牙政府和法院的决定是基于司法主权产生的，特别是葡萄牙政府有权根据国内法决定是否给予一个商标注册。

（三）法院判决

在《欧洲人权公约第一议定书》生效后的数十年间，"财产"的定义不时会受到争论，欧洲人权法院曾经声明该权利仅适用于现有产权，而不适用于取得财产权或取得财产的希望，也曾经解释"财产"一词可以包括"请求权"（即申请人至少具有"合法预期"可获得有效享受之财产权）。[①] 后来，欧洲人权法院确定"财产"之概念不只受限于有形财产，其他组成资产的某些权

---

① "财产"可能包含未来所有权之利益。欧洲人权法院已认定未来利益。例如，既定的社会保障、养老金福利以及选择权，可以被包含于财产保护中。See Laurence R. Helfer, The New Innovation Frontier? Intellectual Property and the European Court of Human Rights, Harv. Int'l L. J. 49, 2008, pp. 1–2.

利及利益亦可被认定为财产权。①

在这个案件中，欧洲人权法院认为重点在于商标的保护在何时才能构成《欧洲人权公约第一议定书》中的"财产"。对于已经注册的商标属于财产，这一点得到法院的认同。法院对此重申，财产不限于有形财产，其他的权利或利益构成财产的也属于财产权的范围，注册的商标无疑符合《欧洲人权公约第一议定书》的规定，应该受到保护。考量的问题是，美国百威在葡萄牙只是作为商标申请人，申请中的商标是否构成一种"合理的期待利益"，使其成为财产？欧洲人权法院在首次审理中认为，《欧洲人权公约第一议定书》只适用于对已经拥有的财产的保护。"合理期待的未来财产"在确实得到或一定能得到之前不能被认为构成了既有财产。在本案中，美国百威对于商标的注册申请确实具有一种期待，可能会获得这种财产权，但这种权利并不是第一议定书所谓的"财产"，葡萄牙法院适用"1986年协议"的方式不能说构成了对原告公司权利的干涉。总的来说，第一议定书的规定在本案中不适用，葡萄牙政府和法院并没有侵犯美国百威的财产权。美国百威于是将案件上诉至欧洲人权法院的大法庭。② 大法庭认为，基于本案中商标在国际上的商誉使之具有实质上的财产利益。在许多采取商标注册取得制度的国家，美国百威在注册之前，可能已经进行了一些交易，例如，商标许可协议，这些交易可能具有实质的财产价值。③ 在衡量本案的申请注册商标之性质与提出申请后所产生之各种财产利益后，欧洲人权法院大法庭判定美国百威对于申请中的商标有一种"合理的期待利益"，这种利益被包含于《欧洲人权公约第一议定书》的"财产"范围之内，判决葡萄牙政府违反了《欧洲人权公约第一议定书》的规定。

---

① 原文是：the concept of "possessions" has an "autonomous meaning which is certainly not limited to ownership of physical goods, certain other rights and interests constituting assets can also be regarded as property rights, and thus as 'possessions,' for the purposes of the Convention. See Gasus Dosier – und Fördertechnik GmbH v. Netherlands, 306 – B Eur. Ct. H. R. (Ser. A) at 46 (1995).

② 欧洲人权法院的实际审判机构分为三类：第一类是三人委员会，由三名法官组成；第二类是法庭，一般由7名法官组成；第三类是大法庭，由17名法官组成。三人委员会有权对诉讼申请作出最终裁决，并作出驳回起诉的决定。如果三人委员会未能一致作出驳回起诉的决定，则该案将被移送至法庭审理。如果法庭审理的案件所涉及的问题十分重要，例如案件涉及对公约条款的解释或者未来的判决结果可能与从前类似案件的判决结果相左，法庭将把案件移送大法庭审理。对大法庭作出的裁决则不得提出上诉。

③ 原文是：In first to – file countries, such as the case at bar, these rights may include entering into transactions such as licensing agreements, and, particularly with regard to a famous mark such as the BUDWEISER mark, those transactions may have "substantial financial value."

四、反思:人权、财产权与商标权

人权的谱系自古至今不停演变,现代人权涵盖的范围可以说是无所不有、千变万化,从个人的生命、财产、地位、尊严,乃至于集体的公民、社会、经济与民族文化,再拓展到全球的环境、和平、发展等。人权的概念虽然如此复杂,追本溯源,权利(right)一词则是来自拉丁文"jus",其意义为某人或某个团体的当得之物或当给予之物。"jus"亦为拉丁文"正义"的字根,意思是当所有人均以人的身份获得当得之物,当人们的权利得到适当尊重时,就是正义得到实践。① 因此,人权就是关于普遍约束所有人良心的一串基本原则,它不单单是法律的诉求,也是最基本的道德价值。

财产权在近代以来被视为人权的重要组成部分,这种观念的确立有赖于启蒙思想家在理论上的贡献与启迪,也受助于许多法律的规定。启蒙运动不仅仅孕育出"天赋人权"的哲学思想,更为现代人权的制度性保障奠定了理论基础。这主要体现在"自然权利说"与"社会权利说"两方面的思想渊源。自然权利说强调,在国家未形成以前,人类生活在一种没有公共权力支配的自然状态中,这种状态之下既没有政府也没有法律。人人都有相同的自然权利(natural right),以维持自己的安全与生存。自然法不仅维持人类的共存,更确立了生存权、自由权和财产权等作为人权保障的最主要内涵。② 就社会权利说来看,卢梭认为人类在自然状态下的权利系基于本能的需要,并不是真正的权利。人类还必须彼此之间订立契约、组织社会、互相约束,才可以从自然状态下脱离。③ 在卢梭看来,社会契约得以成立的基本条件是:每个人把自己及其所有的一切权利都转让给全体社会。④ 不过,"集体在接受个人财产时绝不是剥夺个人的财产,而只是使他们得以确保自己对于财产的合法占有,使据有变成为一种真正的权利,使享有变成为所有权"。⑤ 不论是自然权利说还是社会权利说,都认为财产权是一种不可忽视的人权。影响所及,包括1789年法国的《人权宣言》、1791年美国的《权利法案》以及后续的联合国《人权宣言》《公民权利和政治权利国际公约》《经济、社会及文化权利国际公约》都

---

① 参见夏勇:《人权概念的起源:权利的历史哲学》,中国政法大学出版社1997年版,第136~141页。
② 参见陈林林:《从自然法到自然权利:历史视野中的西方人权》,载《浙江大学学报(人文社会科学版)》2003年第2期。
③ 参见[法]卢梭:《社会契约论》,何兆武译,商务印书馆1963年版,第19页。
④ 参见[法]卢梭:《社会契约论》,何兆武译,商务印书馆1963年版,第19页。
⑤ [法]卢梭:《社会契约论》,何兆武译,商务印书馆1963年版,第19页。

受到这股思潮的直接洗礼,确立了财产权作为一种基本人权。

知识产权究竟是不是财产权?这个问题的提出,似乎是学术象牙塔庸人自扰的惯性。① 无论知识产权的词源(intellectual property),还是从国内外学者的论述以及国际条约都已经确立了知识产权作为一种财产权。从词源来看,知识产权一词的英文"intellectual property"、法文"proprit intellectuale"、德文"gestiges eigentum"的表述,意旨"知识(财产)所有权"或"智慧(财产)所有权"。② 在知识产权国际条约当中,TRIPS协定是第一次明文规定知识产权的"私权"属性,即以"私权"的形式强调了知识财产私有的法律形式。③

为什么商标权与人权的争论会如此激烈,归根结底与商标权的财产特性相关。从知识产权发展史得知,当专利法、著作权法纷纷制定之时,商标法仍处于"拖沓而杂乱不堪",从未被考虑可以纳入现代知识产权法的范畴之中。商标可以作为财产?从19世纪起人们就展开激烈的争论。在当时,著作权和专利权已经完成了现代化的转型,成为一个独特的法律领域。虽然我们将商标权与著作权、专利权称为"知识产权",但从历史上看,它一开始是被放逐在知识产权家庭之外的。商标权与专利权、著作权有本质的区别,后者之所以受到法律的认可与保护,是因为它们发明了一些技术或创造了一些作品,而这样的发明或者创作对人类的科学文化事业是有贡献的。但是商标则不同,商标并非发明或创造,它只是在商业中使用的一种标记,而标记本身是没有任何价值的。正如当时的英国律师约瑟夫·史密斯(Joseph Smith)所言,"商标并未被承认具有任何法律上的有效性或者效力。在商标的对象上并没有任何成文法,没有任何定义可以说明什么是商标,也因此无法确定哪些特定标记构成一个商标,并且现有法律对于一个实际的假冒行为并未给予任何的救济,而只能反对那些欺诈性使用商标的人"。④ 美国商标法的坎坷命运也说明了,商标法并不能与专利法、著作权法同等对待。1870年,美国国会通过第一部联邦商标法,

---

① 美国学者斯蒂芬·卡特认为,目前对知识产权是否是财产权的讨论仅仅是学者们讨论的话题,其他人根本不在乎。(Every now and then, the rather discrete and insular world of scholars who care about intellectual propert rules turns its collective attention to whether intellectual property is really property at all... Nobody else seems to care.) See . Stephen L. Carter. See Stephen L. Carter. Does it Matter Whether Intellectual Property is Property? Chi. – Kent L. Rev., 68, 1992, pp. 715 – 735.

② 吴汉东:《知识产权本质的多维度解读》,载《中国法学》2006年第5期。

③ 原文是:Recognizing that intellectual property rights are private rights.

④ [澳]布拉德·谢尔曼、[英]莱昂内尔·本特利:《现代知识产权法的演进:英国历程(1760—1911)》,金海军译,北京大学出版社2006年版,第232~233页。

但该法在 1879 年被联邦最高法院判决违宪①，因为国会制定该商标法系以美国宪法的"知识产权条款"作为立法基础。联邦最高法院认为，商标权的保护基本上与奖励科学及实用技艺的发展无关，其得到普通法保护的缘由系因为经过商标权人一段期间的"使用"而产生的价值，并非突然的发明或创作。②

除了创新性外，反对商标作为财产保护的理由在于：公众利益的考量。传统上，法院以"欺诈"作为判案的基础。如果赋予商标财产地位，允许其转让或许可的话，等于让商标失去了来源指示功能，构成了对公众的欺诈。1862 年，谢菲尔德商会向英国下议院提交了一份商标法议案，主题是：将商标视为个人财产，允许商标在财产法规则下进行转让。③ 英国下议院随即设立了一个特别委员会对此进行调查，大多数的参会代表认为，如果将商标视为财产对待的话，潜在的后果就是商标具有可转让性，而这种可转让性将对社会大众构成欺诈。伦敦商人约翰·狄龙（John Dillon）的观点代表了当时人们的见解，商标意味着"一种特殊的事实，那就是商品产自某地之某个人或某个公司，（如果允许商标转让）那就等于毁了这个商标，（这种行为）无异于士兵将他的徽章进行贩卖"。④ 同时期的法官也反对将商标作为财产对待。在 1842 年的"佩利诉特鲁菲特案"（Perry v. Truefitt），⑤ 朗德里（Langdale）法官说道，"我认为，不管普通法院还是衡平法院，在处理这一类型案件中所秉持的基本原则是很好理解的。即，一个人不应以自己的商品假冒他人的商品出售。他不准以任何的方式实施这种欺骗"。

19 世纪中叶开始，在普通法院与衡平法院的管辖权冲突中，商标诉讼的判决逐渐摆脱了"欺诈"的束缚。为了扩大对商标案件的管辖权，衡平法院

---

① 这三个案件包括：United States v. Steffens, United States v. Wittemean, and United States v. Johnson, 后世称之为"the Trademark Cases"。

② 原文是：The ordinary Trademark has no necessary relation to invention or discovery. The Trademark recognized by common law is generally the growth of a considerable period of use, rather than a sudden invention。

③ 本部分对 1862 年谢菲尔德商会议案的探讨参见 Lionel Bently, "From Communication to Thing: Historical Aspects of the Conceptualisation of Trade Marks as Property" in Dinwoodie, Graeme B., and Mark D. Janis, eds. Trademark law and theory: a handbook of contemporary research. Edward Elgar Publishing: 2008, pp. 3 – 41。

④ 原文是：a mark implied a certain fact, that it is an established manufacture by a certain man or firm, at a certain place. If you alter the place or the person, that destroys the mark. I have heard of people attempting to sell their trade marks, but I should as soon think of a soldier selling his medal。

⑤ Perry v. Truefitt, 49 ER 749 (1842)。

将商标解释为一种财产。① 但这种财产权的本质是什么？1915年的"斯伯丁诉伽马戈案"（Spalding v. Gamage），帕克（Parker）法官将"商誉"概念引入，确立了商标财产本质在于商誉。② 将商标理解为一种商誉的财产，调和了"欺诈"与财产权保护的矛盾。一方面，商誉的存在依靠消费者的感知，保护商誉的同时，消费者的利益也得到了兼顾；另一方面，在市场崛起和广告业兴起的年代，法官也逐渐认可了商标具有重要的财产价值，必须对其进行保护。随后，注册制度成为对商标进行财产保护的关键，如果商标获得注册，则自发出注册证的那一刻起，它就当然成为该注册证上列明者的财产了。后来反淡化立法的出现，商标权已经成为普遍认可的排他性财产权了。如上所见，有关商标权与人权的争议，其实质是在商标财产化过程中对商标财产本体认识的差异导致。现代商标权已经完成了财产权的形塑，成为名副其实的财产权进入知识产权的大家庭。虽然商标权与专利权或著作权的旨趣相去甚远，其主要任务并非在于促进科技文化的发展，不能在国际人权公约中找到合适的位置，但是并不妨碍其通过财产权的形态得到国际人权公约的保护。

（原载于《广州大学学报（社会科学版）》2016年第1期，有删改）

---

① Robert G. Bone, Hunting Goodwill: A History of the Concept of Goodwill in Trademark Law, B. U. L. REV. 86, 2006. pp. 547–570.

② AG Spalding and Bros v. AW Gamage Ltd, (1915) 84 LJ Ch 449.

试析"一带一路"背景下国际化企业人权责任的国际司法监督体系

袁楚风[*]

摘　要▶ 尊重人权成为国际社会与国际事务的普遍标准。"一带一路"背景下，国际化企业人权责任成为当前中国政府与国际化企业面临的现实问题。超国家层面的国际司法机构与司法体系对企业人权责任实现的监督及其实现程序与程度、未来发展趋势成为研究的中心任务。国际人权保障机制、国际刑事法庭关于公司刑事责任机制与贸易协定的人权保障实施制度成为企业人权责任国际司法监督体系的主要分析对象。

关键词▶ 国际化企业；人权责任；国际司法；监督体系

一、问题的提出

2014年中国企业对外投资额第一次超过了中国引进外资额，中国首次成为资本净输出国，企业的国际化迅猛提高。与此同时，部分国家和地区针对中国海外企业和人员的抗议、抵制、绑架与袭击行为不断。从西班牙烧鞋事件到希腊、墨西哥、斯里兰卡、缅甸等多国中资项目集体受阻都凸显了改善当今中国境外企业经营环境的急迫性。因此，如何引导和促进中国国际化企业履行相关社会责任成为当前中国政府与国际化企业面临的现实问题。本文以"一带一路"倡议背景下国际化企业人权责任分析为契机，推动中国海外企业转变经营方式与理念、实现中国企业国外本土化战略，为应对中国企业国际化面临的挑战提供理论与实践支持。

国际化企业面临的国际社会环境与国际司法体系的日益复杂化与多样化成为本论文写作的时代背景。国际化企业人权责任实施现状及国际司法监督相关机制与体系分析成为本论文的中心任务。

---

[*] 袁楚风，温州大学法政学院讲师，联合培养（CSC–UCD）法学博士，主要研究方向为宪法学、行政法学与国际人权法。

企业因为侵犯人权从而构成企业人权责任，在不同国家逐步得到或者已经得到国内司法监督。因此，大企业如跨国公司在国际层面人权责任的实现必须明确化，即是否存在超国家层面的国际司法机构与司法体系直接监督企业人权责任的实现。企业人权责任的国际司法监督的直接理论依据是人权的水平效力原理与国际法体系中企业的法律地位。因此，本文的着力点在于探究企业承担人权责任实现的程序性问题及其司法监督体系问题。总体而言，国际人权保障机制、国际刑事法庭关于公司刑事责任机制与贸易协定的人权保障实施制度成为企业人权责任国际司法监督体系的主要分析对象。

二、国际人权机制与企业人权责任

"二战"以来，以确保人权责任实施的国际性机制与地区性机构得到了快速发展，国际性条约逐步得到有关国家批准。因而，从人权保障角度而言缔约国家负有直接责任。

欧洲主要存在两方面的人权保障机制：《欧洲人权公约》机制与《欧洲社会宪章》机制。国家与个人可以依据《欧洲人权公约》提起人权申诉。"我们可以从欧盟人权法庭判例法推导出：欧洲人权公约条款不仅仅是对个人免受国家权力侵犯的人权保障。"[①] 根据欧盟条约，当欧洲成员国关于人权保障申诉条款与欧盟有关条款不一致时，适用欧盟人权法庭有关规定。[②] 公司不承担法庭之外的侵犯人权之责任。"《欧洲社会宪章》的监督机制包含了报告程序。"[③] 也就是说，缔约国应当呈报宪章实施的常规性报告。1998年7月1日《欧洲社会宪章》规定集体申诉程序的附加条款生效。接受集体申诉程序附加条款的国家允许国际劳工组织、工会与非政府组织对于违反宪章行为提交指控。当然，指控只能针对当事政府，不直接针对企业。

《美洲人权公约》第44条规定："任何人或一群人，或经美洲国家组织一个或几个成员国合法承认的任何非政府的实体，均可向委员会递交内容包括谴责或控诉某一缔约国破坏本公约的请愿书。"因而，目前而言泛美体系人权保障机制同样没有提出针对法人组织的申诉程序。

非洲人权保障体系也没有法人组织因为违反人权而承担直接责任的法律机

[①] Corporate Human Rights Obligations: In Search of Accountability, Nicola M. C. P. Jagers (Oxford University Press 2002) 48 – 71.

[②] See art. 34 of Protocol No. 11 of the Convention for the Protection of Human Rights and Fundamental Freedoms.

[③] Art. 4 of the European Social Charter, European Treaty Series – No. 163, 3. V. 1996.

制。尽管 1981 年第十八届非盟国家元首与政府组织会议通过了《非洲人权与民族权宪章》。严格来说，司法或准司法机关仍然不足，相关人权保障机构只有人权与民族权非盟委员会。这个委员会拥有广泛与一般性的授权，包括解释宪章与调查。委员会所得到的授权只是延伸到对成员国行为的监督。①

对于联合国人权监督机构而言，联合国人权保障条约监督主体只是在国家行为的评估方面得到授权。依据国家应当提交实施联合国人权条约所采取措施的报告义务规定，本文认为所有联合国人权条约规定了报告程序。任择议定书附加了允许个人提交申诉条款。②《公民权利和政治权利国际公约任择议定书》第 1 条规定，成为本议定书缔约国的公约缔约国承认委员会有权接受并审查该国管辖下的个人声称为该缔约国侵害公约所载任何权利的受害者的来文。也就是说，目前而言，公司还没有成为联合国人权委员会的被告。当然并不意味着企业没有人权责任。国家必须确保其司法范围内的人权得到保障，应当采取措施调整企业行为。此外，个人可以通过对国家违反人权义务的申诉程序间接审查企业侵犯人权行为。

21 世纪以来，随着跨国公司对国际经济影响的增强，联合国成立了专门机构负责制定文件，规范企业行为。2003 年，增进和保护人权小组委员会通过了《跨国公司和其他工商企业在人权方面的责任准则》草案，被称为世界上最全面和最权威的公司准则。由于相关方对该草案的有关内容分歧，2011 年联合国人权理事会通过了《工商企业与人权：实施联合国"保护、尊重和补救"框架指导原则》。最后，《指导原则》成为规范企业活动、企业尊重人权，以及国家促进企业尊重人权的重要国际文件。

随着公众对企业侵犯人权现象关注的增强，世界各国有可能在将来就有关问题起草并通过确定企业承担人权义务的相关国际人权保障条款及其有关机制，从而确保企业人权责任的履行。

---

① 《非洲人权与民族权宪章》第 47 条规定，如果本宪章某一缔约国有充分理由确信另一缔约国违背了本宪章的规定，得书面提请该缔约国就此事引起注意。此书信同时亦应报送非洲统一组织秘书长和委员会主席。受请国应于收到此项来文 3 个月内，向来文查询的国家提出书面解释或声明，以阐明此事。其中包括尽可能适当地载明有关已经适用和可以适用的程序法规可资援用的救济办法等方面的资料。

② 《经济、社会及文化权利国际公约》第 16 条第（一）项规定，本公约缔约各国承担依照本公约这一部分提出关于在遵行本公约所承认的权利方面所采取的措施和所取得的进展的报告。

三、国际刑事法庭与公司刑事责任

国际层面而言，国家实体直接责任在国际刑法领域得到确认，同样个人可以受到国际刑事法庭的刑事追究。本文探讨的是法人实体是否同样可以被国际刑事法庭追究刑事责任，这对于企业人权责任的国际司法监督具有重要意义。

国际刑事法庭对个人违反国际法而追究其责任制度的创设起源于保障个人免受国家权力侵害，这是人权保障体系的革命性发展。20世纪见证了多个与人权保护相关的国际法庭与法院的创立。① "二战"后美国、英国和苏联通过了《莫斯科宣言》，同盟国对在其领土范围内犯罪的战犯进行审判，对犯罪地点没有地理限制的主要战犯由同盟国政府共同决定进行审判。1945年四个主要同盟国在伦敦签订了《控诉和惩处欧洲轴心国主要战犯的协定》，协议的附件是《欧洲国际军事法庭宪章》。同盟国根据这些协议组成了纽伦堡军事法庭。同盟国根据《波茨坦公告》《远东盟军最高统帅部特别公告》所公布的《远东国际军事法庭宪章》成立了远东国际军事法庭。纽伦堡与远东国际军事法庭成立的意义在于：确立了个人应当为战争罪行承担责任的原则。之后纽伦堡原则得到后来国际刑事法庭的接受。这样，理论上有违反国际法的犯罪行为的个人应当承担责任，并受到惩罚。

需要明确的问题是，企业在国际刑事法庭的角色与地位。下面是关于企业刑事责任的不同观点："公司高级管理者的个人刑事责任，公司应当对其以自己名义实施的行为承担刑事责任，已经成为许多国家国内法案例。"② 然而，一些研究人员认为企业刑事责任的概念存在问题，理由是法人不具有意识，难以接受刑事责任，因而企业不能成为刑罚当事人。但如果我们将刑事责任看作一种功能性行为，则企业本身的刑事责任可以由罚金、征用或解散等构成。国际刑法的刑事责任归责不同于国内刑法归责，后者是由于个人行为的具体犯罪事实而受到处罚，前者刑事责任的产生是由于集体背景下体系性、组织性行为引起。因而国际层面的企业刑事责任的归责存在不同程度的难度，特别是相关证据的收集。

（一）纽伦堡与远东军事法庭

企业没有成为纽伦堡军事法庭的审判对象。纽伦堡军事法庭的权限仅延伸到自然人。纽伦堡军事法庭的裁判书认为："……所显示是个人因为违反国际

---

① 国际刑事法庭与法院不是20世纪的独特现象，最早可以追溯到1474年的勃艮第州长的审判。

② Corporations and Criminal Responsibility, C Wells, Clarendon Press, Oxford, 1994.

法能够受到处置。违反国际法的犯罪应当是个人而不是抽象的实体,也只有能够承担违反国际法条款责任的个人才能够实现处罚的实施。"① 尽管法人没有受到纽伦堡军事法庭的审判,但纽伦堡军事法庭审理了关于法律实体的有关事务。纽伦堡军事法庭运用自由裁判权得出的结论是,"组织可以构成犯罪"。②

《欧洲国际军事法庭宪章》第 10 条规定,如某一集团或组织被法庭宣布为犯罪组织,任选签字国的国家主管部门均有权将从属于某一组织的人员交其国家法庭、军事法庭或占领区法庭提出诉讼。由此可见,该条阐述了集团或组织构成犯罪及与之相联系的犯罪成员。这样可以审判集团或组织的内部成员。因此,纽伦堡军事法庭的检察官事实上开始对企业法人的调查,而选择个人作为被告是为了确保法人辩护。

《远东国际军事法庭宪章》基本上以《欧洲国际军事法庭宪章》为范本。在纽伦堡军事法庭,个人与组织都进入了审判。然而,东京审判没有关于组织犯罪的条款。

(二)《禁止并惩治种族隔离罪行国际公约》

将法人犯罪活动置于国际刑事法庭司法范围内的国际协定是《禁止并惩治种族隔离罪行国际公约》。只有在这一公约框架内,国际刑事法庭对违反种族隔离的组织、机构与个人犯罪的认定才成为可能。

19 世纪 90 年代《国际刑事法庭依法审理种族隔离的条例》草案制定,但该草案仍然没有通过得到实施。即使《禁止并惩治种族隔离罪行国际公约》也没有在南非某些具体案例中得到实施。南非相关形势及相关国家情况显示,《禁止并惩治种族隔离罪行国际公约》还没有成为现实中的法源。③

(三)前南斯拉夫国际刑事法庭

1993 年 5 月 23 日,联合国安理会根据 827 号决议成立了前南斯拉夫国际刑事法庭。前南斯拉夫国际刑事法庭没有起诉法人的规定。《联合国前南斯拉夫问题国际刑事法庭规约》第 6 条规定,国际法庭根据本规约的规定,对自然人有管辖权。显然依据该规约,前南斯拉夫国际刑事法庭没有采用纽伦堡军事法庭关于属人管辖框架的规定。

---

① Nuremberg Judgment, law Reports of Trials of War Criminals, Vol. xxII, p. 44.
② Art. 9 IMT Charter 82 UNTS 280, signed 8 August 1945, London.
③ Steven R Ratner and Jason S. Abrams, Accountability for Human Rights Astrocities in International law. Beyond the Nuremberg Legacy, Clarendon Press, Oxford, 1997, p. 116.

（四）卢旺达国际刑事法庭

1994年11月8日，联合国安理会根据955（1994）号决议设立了卢旺达国际刑事法庭，目的是依法追究卢旺达地区因为种族灭绝和其他严重违反人道法罪行的责任人。

在卢旺达地区的种族灭绝惨案中，部分企业扮演了不光彩角色。例如，有咖啡公司为种族灭绝行为实施者保管武器与装备。此外，建筑公司与收声机电台也卷入了种族灭绝犯罪。① 但根据《卢旺达国际刑事法庭》属人和属地管辖权规则，卢旺达法庭有权起诉任何自然人在卢旺达领土上所犯罪行以及卢旺达公民在其邻国所犯罪行。此外，《卢旺达法庭规约》第8条规定，卢旺达法庭与各国国内法院可以行使管辖权，都可以起诉和惩罚法庭管辖权范围内的犯罪，但国际法庭的管辖权优于国内法院的管辖权。根据《卢旺达法庭规约》第5条，只有自然人成为卢旺达法庭司法管辖对象。

（五）国际刑事法庭

建立常设性国际刑事法庭的构想产生于1948年。联国国大会要求国际法委员会（International Law Commission）研究为国际法院（International Court of Justice）设立刑事室的合意性。② 1994年联合国大会决定起草《国际刑事法院规约草案》，为正式建立国际刑事法庭做准备，1995年建立了筹备委员会。1998年联合国外交全权代表会议签署了建立国际刑事法庭的《国际刑事法院罗马规约》。

根据《罗马规约》只有自然人能够接受国际刑事法院的审判。然而，关于国际刑事法庭的司法范围是否应当包括法人，相关问题在《罗马规约》磋商期间得到讨论。法国代表的提案是国际刑事法院的司法范围应当包括对法人的管辖。最初的提案是以纽伦堡审判先例为范本，认为：由自然人实施但代表某群体或由某群体同意的犯罪，国际刑事法庭可以宣布该群体是犯罪组织。国际法庭的宣告将责成有关政府（国家）采取相应措施。该提议得到充分论证，形成了法语版本，并在罗马会议上得到讨论。③

提议引发了筹备委员会内部争议，各方对于国际刑事法庭的司法管辖是否

---

① Clapham, The Question of Jurisdiction Under International Criminal Law Over Legal Persons: Lessons from the Rome Conference on an International Criminal Court, in: Liability of Multi-national Corporational under International Law, Menno T. Kamminga and Saman Zia – Zarifi (eds), 2000, p. 148.

② UN Doc. A/Res/260B (III), 9 December 1948.

③ UN Doc. A/Conf. 183/c. 1/WGGP/L. 5/Rev. 2, 3 July 1998.

应当包括法人问题存在严重的分歧。许多代表表示了强烈反对。主要存在以下几方面的障碍：第一方面的问题是，谁能代表国际刑事法庭司法管辖范围内司法程序中的企业法人，在不影响第三方权利情况下企业资产如何分配；第二方面的困难是，国家害怕可能针对本国政府的起诉及由此引起的不得不小心翼翼面对国际刑事法庭为自己或本国公司而作出辩护行为；第三方面的困难是，企业刑事责任在许多国家的刑法系统中没有得到确认。因此，最终的《罗马规约》版本没有把企业法人作为国际刑事法庭的司法管辖范围。

尽管没有实现国际刑事法庭对法人的司法管辖协议，但现行的《罗马规约》对企业官员的行为仍然存在定罪的可能性。此外，国际刑事法庭的部分《罗马规约》是开放性的，也就是说，在将来的某个时间企业法人仍然可能进入国际刑事法庭管辖范围。1994年的草案规约阐明监禁与罚款可适用于判决有罪的个人。① 1998年规约规定适用于某项犯罪的刑罚包括：有期徒刑、无期徒刑；罚金、没收直接或间接通过该犯罪行为得到的收益、财产。这可以认为国际刑事法庭的处罚不止于监禁。这为将来某个时期刑事法庭的司法管辖包括法人预留了空间。

目前而言，还没有企业因为违反人权责任而直接承担法律义务的国际机制，但国际刑法的发展显示，企业法人没有直接成为司法管辖或审判对象并不意味着企业法人将来不会成为国际刑法的司法管辖对象。

四、贸易协定的人权保障实施制度与企业人权责任

以促进贸易与经济合作为目的的国际组织一般创立了被认为比较高效的争端解决机制。争端解决机制具有政治、法律等多重属性。这一部分的目的是通过对这些机制功能的分析，从人权保障角度探讨争端解决机制能否在调节企业行为方面充当重要角色。换言之，企业人权责任与贸易协定相结合能否更为有效地促进企业人权责任的实现。本部分主要分析世界贸易组织与北美自由贸易协定对企业人权责任所产生的影响。

（一）世界贸易组织

成立于1994年的世界贸易组织继承了关税贸易总协定（GATT），是一个处理国家间贸易规则的全球性国际组织，它的主要职能是"保障贸易流动尽可能地顺利、具有可预见性和自由"，总体目标是"协助货物和服务的制造商、出口商、进口商开展业务"。世界贸易组织没有提及人权，它强调在其一

---

① UN Doc. A/49/10, Art. 47.

系列协定中所设定的政治和控制规则"就人权而言是中立"的。但是,"根据《联合国宪章》第 57 条和第 63 条规定,联合国接受世界贸易组织作为联合国的一个专门机构,并因此使它不得不接受人权主流政策的约束,这将是朝这个方向(人权保障)努力的第一步"。① 因此,尽管世贸组织仅作为贸易机构,仍然尊重作为目前唯一得到普遍认可的价值目标,也即尊重和保障人权。

商品贸易、贸易服务与知识产权构成了世界贸易组织之国际协议三基石。这些国际协议三个核心原则是:一是"最惠国待遇",要求国家给予所有贸易伙伴同等对待;二是"国民待遇",要求国家对进口产品不低于本国相似产品待遇;三是"定量限制",如禁止配额、进口禁令和出口禁令。这些原则的主要目的是确保国家之间贸易竞争机会的公平。

世界贸易组织创立了有效的贸易争端解决机制。WTO 争端解决机制的性质是一种集各种政治方法、法律方法于一体的综合性争端解决体制,具有外交和司法两种属性。如果一个国家认为另一个国家违反了 WTO 规则,它就会求助于 WTO 贸易争端解决机构(panel)。如双方磋商无效,专家小组(a panel)将会作出报告。一方可以依据法律条款上诉。说到底,贸易争端解决体系是国家之间的体系。国家将争议提交争端解决机构,目的是保护本国公司的商业利益。

世界贸易组织这种强有力的贸易争端解决机制在促进企业人权责任方面到底发挥多大效能?在达成争端解决决定过程中,WTO 上诉机构要求考虑所有国际法相关规则。然而,基于人权保障的考虑,贸易争端解决机制远没有发挥应有的作用。事实上,世界贸易组织及其争端解决机构常常认为有害于人权保障。例如,健康权要求政府确保本国公民获得药品的权利,而世界贸易组织有关知识产权保护的协定对于有关国家实现健康权保障存在不利后果。而真实的原因是世界贸易组织协定关于"最惠国待遇"原则与"国民待遇"原则对于人权保障目标存在内在的冲突。

经济、社会和文化权利委员会已经注意到 WTO 政策对人权保障的冲击,在对世贸组织的第三届部长级会议的声明中指出,人权标准在国际经济政策规划与制定过程中应当发挥作用。因此,不断发展的国际贸易体制所带来的有益于人们发展的成果应当公平共享,对弱势群体而言尤为重要。经济、社会和文化权利委员会强调与世贸组织共同推动经济、社会与文化权利保障的意愿。②

---

① [奥]曼弗雷德·诺瓦克:《国际人权制度导论》,北京大学出版社 2010 年版,第 146~147 页。

② UN Doc. E/C. 12/1999/9, 26 November 1999, para. 8.

总而言之，世界贸易组织规则与人权体系保障存在潜在的冲突。贸易争端解决机制存在有害于人权保障的可能。通过上述分析，我们可以得知，在理论上存在一个国家为了保护本国公司的商业利益而起诉另外一个国家，其目的主要是改变或废止已经实施于促进国家人权义务但又视为贸易限制的措施或制度。世界贸易争端解决机制具有高度有效性，因为如果决议没有得到遵守将导致贸易制裁的可能。这种有效机制没有对企业人权责任落实产生应有作用是因为：世界贸易争端解决机制是一种国家之间的体系，人权没有被考虑到这个体系。事实上，世界贸易组织的非歧视原则在贸易争端过程中的实施削弱了国家实现他们人权义务的能力。此外，目前的现实是人权体系与世界贸易组织体系的发展相互独立与隔离。

（二）北美自由贸易协定

《北美自由贸易协定》（NAFTA）是一项美国、加拿大和墨西哥三国之间的区域性贸易协定。《北美自由贸易协定》同样提供了一个有效的争端解决机制。然而，这一体系并没有提供促进企业实施人权责任的有效机制，部分原因是由于公众压力。《北美自由贸易协定》设立了两个申诉机制，这也就是所谓的《北美劳动合作协议》（NAALC）与《北美环境合作协议》（NAAEC）两个附件，目的是保护劳动权与环境，对个人而言，只是间接审查了企业行为。

《北美劳工合作协议》（NAALC）被认为主要是为了协调贸易目标与社会价值。在《北美劳工合作协议》争端解决体制下，可以因为国家不执行劳动法提起申诉，但不允许针对企业的直接申诉。然而，《北美劳工合作协议》对违反协议的真实制裁，被称为保护工人权利"最具广泛性、国际性与可执行性的机制"。① 《北美自由贸易协定》与劳工、环境两个附件于1994年生效。事实上补充性规定属于《北美自由贸易协定》的一部分，因而需要整体性适用。但《北美自由贸易协定》强调的是国家标准的适用，没有国际性或被认可的参照，这样导致了协议的弱化，主要原因之一是墨西哥政府担心统一标准削弱主权。这样，《北美自由贸易协定》只是要求成员国执行本地劳动标准。

从矫正企业违反人权责任的直接视角而言，《北美自由贸易协定》并没有提供这种可能性。只不过《北美自由贸易协定》附件对于成员国政府有关企业违反劳工权利行为的不充分反应提起申诉提供了可能。尽管《北美自由贸

---

① This was said by Leal Brainard during an interdisciplinary discussion held at Harvard law School in 1997 on the topic of Business and Human Rights. The transcript of this meeting can be found at www: law. harvard. edu programs/HRP/publication/bussessionl. html.

易协定》因为缺乏强实施条款而受到批评，但有关附件所规定的申诉机制对企业行为的间接审查无疑是进步的。

目前而言，尚不存在矫正企业违反人权责任的国际机制，企业人权责任的国际司法监督体系仍然难以发挥直接的作用。然而，无论在理论方面还是实践需要，国际社会关于企业违反人权责任的矫正都存在客观需要，企业人权责任的国际司法监督体系的建构和完善存在必要性。因此，国家可以对企业人权责任的标准起草特别规定，特别是企业的环境责任方面。

尊重人权成为国际社会与国际事务的普遍标准。中国国际化企业作为世界"企业公民"应当承担起关于劳工、环境等方面人权保障的社会责任的准则；核心内容是政府有义务推动企业履行责任，企业有责任保障中国海外劳工、东道国劳工等有关人员人权。国际化进程中的中国企业履行人权责任，是中国企业国际化战略从"走出去"到"融进去"本土化的必由之路。

（原载于《广州大学学报（社会科学版）》2016年第11期，有删改）

云服务供应商著作权侵权责任探讨

罗　静[*]　熊丽娜[**]

摘　要▶ 云计算背景下的著作权侵权纠纷究其本质在于著作权人、云计算服务供应商与广大用户之间的利益博弈，而这种利益平衡新格局建构的关键点就在于云服务供应商著作权侵权责任的界定。云服务供应商的侵权行为可分为直接侵权与间接侵权。在传统的"服务器标准"失灵的前提下，云服务供应商的直接侵权责任承担应在对临时复制是否免责进行判断的基础上结合三种不同的云服务供应模式进行综合判定；在界定云服务供应商的间接侵权责任承担时，则应结合对YouTube案与MP3Tunes案的分析重点关注红旗标准、避风港规则以及技术中立原则的适用问题。

关键词▶ 云服务供应商；直接侵权；间接侵权；红旗标准；避风港原则

一、问题的提出

自Google首席执行官埃里克·施密特（Eric Schmidt）在2006年搜索引擎大会（SESSanJose2006）首次提出"云计算"（Cloud Computing）概念以来，诸多学者与机构从各个角度对云计算进行定义，至今仍无定论。笔者认为，云计算是指信息的共享与存储，即用户将数据信息上传至自己或者他人控制的远程服务器上，然后再通过互联网或其他链接方式去获取需要的数据信息，从而实现信息共享与存储。这意味着只要其中一个人进行了信息存储，则任何一个经过允许进入的用户都可以进行访问。云计算实现了技术与商业两个层面上的价值：技术层面上，云计算就相当于一个巨大的资源共享池，首先对可配置的计算机资源进行整合，然后根据每个用户的不同需求，再通过一个统一的平台实现资源的调节配置；商业层面上，云计算服务作为一种新的商业模式，可以为用户提供可随时随地获取、按需使用、按使用付费的多样化服务，这种商业

---

[*] 罗静，湖南大学法学院副教授，法学博士，从事知识产权法方向研究。
[**] 熊丽娜，湖南大学法学院硕士研究生。

模式使资源快速配置与管理效率的最大化提升成为现实。

近年来，云服务用户数量呈爆发式增长，许多网站都在运用云计算系统，它们的云服务器是公开的，允许任何一个人通过互联网连接访问网站存储的信息，而符合用户各类需求的云技术应用也逐渐被开发出来，比如数字音乐订阅服务、百度云盘、云电子邮件服务、在线视频分享网站等。"在电子邮件方面，雅虎和谷歌创建了它们允许用户在自己的服务器创建个人账户的基础设施。消费者可以存储个人的电子邮件至服务器上而不需要占用个人计算机的空间。"① 云计算的出现极大地降低了互联网的使用成本，轻松实现了资源高效快速的共享，为我们技术驱动的社会提供巨大的未来利益。但是随着我们社会的持续增长，我们将会更加依赖电脑来完成每天的例行工作，云服务器的使用将更加普及并成为必需，而网络版权问题也随之产生。

相对于传统网络技术，云计算技术对著作权侵权的影响主要体现为两方面：一方面，侵权人难以确定，著作权人证明侵权难。传统网络环境下，用户首先将作品复制或者存储在个人电脑硬盘、软盘以及移动存储设备上，即公众对作品的使用必须以实际占有为前提。侵权发生后，作品的创作主体以及侵权主体都可以通过服务器确定；云计算环境下，所有的信息资源都存储在服务端，无论时间与地点，用户只需向服务供应商付费申请服务，通过联网的任何设备即可按需获取资源。这意味着侵权发生后，用户并不直接与版权人建立关联，版权人难以追究上传者或者下载者的责任，直接侵权索赔虽然简单，但证明侵权存在极其困难。"技术的革新使得消费者毫不费力地对版权人的专有权利进行了侵犯，但是版权持有人对每个消费者提起诉讼并不现实，所以只能向云计算服务供应商起诉。"② 另一方面，权利界限模糊，著作权人专有权利丧失，大规模侵权泛滥。比如数字音乐订阅服务，用户按月收费购买这项服务之后就可以无限制的访问音乐，但是一旦终止订阅，则服务也立即停止，这就意味着用户花了钱只是租用了服务而不是拥有这些数字音乐的所有权。对于数字音乐的著作权人而言，如何实现其所拥有的版权最大价值才是首要考虑的问题，为了维护自己日渐失控的专有权利，越来越多的权利人对云服务供应商提起了著作权侵权诉讼。"当广为分享的服务或产品被用于侵犯著作权时，（权利人）通过起诉直接侵权人来保护其权利很难实行，唯一可行的替代办法是，

---

① Christina Chow. Capitol Records, Inc.: Holding No Public Performance Violations For Deleting Duplicative Files Off Cloud Servers And The Positive Future Implications Regarding Consumer Efficiency ［J］. Journal of Intellectual Property Law, 2012（fall）, 123 – 146.

② 梁志文：《数字著作权论》，知识产权出版社2007年版，第304页。

依帮助侵权或替代侵权理论对复制设备的提供者主张第三方责任的承担。"①综上可知，云计算技术的产生与发展使得信息的利用与传播方式发生了重大变革，而著作权人、云服务供应商以及终端使用者之间的利益天平也开始倾斜，关注重心开始从终端用户向云服务提供商转移。

"不同种类的网络服务供应商在不同的情形下的著作权侵权责任归责原则有着较大的不同，原因在于其所处商业模式不一样，所要承担的义务会不完全一样。"②随着与互联网相关的著作权侵权案件的涌入，出现了两种不用类别的侵权即直接侵权和间接侵权。所以，笔者从云服务商的直接侵权与间接侵权责任角度着手，结合云服务商的三种服务模式，对云服务商的侵权责任认定问题进行阐述。

二、云服务商著作权直接侵权责任之认定

云服务供应商本质上虽然是网络服务供应商，但是因为其不同于传统网络服务供应商的新的属性，所以在研究云服务供应商直接侵权责任之前必须考虑两个问题：第一，传统网络服务供应商的"服务器标准"是否仍然适用？第二，云计算技术中的"临时复制"如何定性？这样，才能够为研究云服务供应商的直接侵权责任奠定扎实的基础。

（一）"服务器标准"的失灵

传统的网络服务供应商的直接侵权责任标准适用"服务器标准"。按照该标准，"作品所上传的服务器必须是向社会公众开放的服务器，才具备对信息网络传播权构成直接侵权的可能性"。③然而，云计算技术的最大优势就在于它对所有数据进行了拆分，然后将分散的数据信息动态存储于不同的云端服务器。如此，上传作品至公共服务器的行为不可避免地被定义为必需的、日常的网络运营行为。可见，随着网络技术的改革，适用云计算服务供应商的直接侵权责任认定的"服务器标准"开始失灵。

（二）临时复制免责

由美国上诉院John M. Walker法官于2008年审理的cablevision案件④对于云服务供应商直接侵权认定而言是一个具有里程碑意义的案例。案件的第一个

---

① 梁志文：《数字著作权论》，知识产权出版社2007年版，第304页。
② 王迁：《网络环境中的著作权保护研究》，法律出版社2011年版，第220页。
③ 王迁：《网络环境中版权直接侵权的认定》，载《东方法学》2009年第2期。
④ Cartoon Network LP, LLLP v. CSC Holdings, Inc., 536 F. 3d 121 (2d Cir. 2008).

争议焦点就在于"被告云服务器中产生的节目流缓冲数据能否被认定为'复制'?"①《美国数字版权法》(DMCA)②第101条③对"复制"的定义进行了明确规定。版权法意义上的复制是指作品从一个储存介质转移到另一个储存介质的过程,但是原件与复制件都必须基于一个固定的有形的物质载体的前提下才能予以呈现并被感知,并且该复制物的出现应具有持续性而不止于转瞬即逝。笔者认为,复制行为的构成可分为两个要素,即体现要素与持续时间要素。体现要素要求复制作品必须固定于一个现有的已知的物质载体,以允许它被感知与再现或者以其他方式传达,无论它是直接还是间接的机器或者设备;持续时间要素要求它的出现必须保持从而体现一段比短暂的时间持续更长的时间。该案中,被告收集各个电视节目的数据流之后将其分割为两股流,一股像以前一样立即传送给客户;另一股流入宽带媒体路由器(BMR),重新格式化后被发送到云端服务器的主缓冲区,当客户请求播放特定节目时,则节目数据流将从主缓冲区移动到一个次级缓冲区,然后再分配到客户的硬盘。总之,新的数据流不断地进入主缓冲区,每隔1/10秒,驻留在主缓冲区中的任何时刻各频道的节目数据就会被覆盖即自动删除与替换,而在BMR缓冲区中的数据流在任何时候保存的时间都不大于1.2秒。根据DMCA第101条规定,法院认为,被告云服务器缓冲区中的节目信息数据流虽然是对版权作品一定程度上的"体现",但是由于缓冲数据存在的时间太过短暂,所以并不能被认定为固定于缓冲区中且不符合持续时间的要求。总之Cablevision公司并未直接侵犯原告的专有复制权。可见,云计算技术条件下,在云服务器的网络传输中缓冲的发生不可避免,但与传统意义上形成书面、纸质的持续性复制不同,云计算技术下的临时复制发生于云服务器,并无有形载体即使用者的个人计算机中,且瞬间消失。所以,云服务器中基于缓冲而形成的信息并不能被认定为著作权法意义上的复制。但是学界对此仍争议不断,王迁认为:"如果临时复制构成著作权法意义上的复制,将会使得人们在网上浏览文件,收发邮件,观看数字化作品等都必须获得著作权人的授权,其结果就将著作权延伸成为一种新的数字化使用权,而这种使用权是与著作权保护的一贯原则相冲突的,因为著作权保护并不限制消费性行为或信息的接收。"④对此,笔者认为,临时复制在云计算

---

① Cartoon Network LP, LLLP v. CSC Holdings, Inc., 536 F. 3d 121, 127 (2d Cir. 2008).
② Digital Millenium Copyright Act,《数字千年版权法案》,美国于1998年颁布。
③ U. S. C. A. §101.
④ 李雨峰、张惠彬:《云计算环境下的著作权司法保护》,载《人民司法》2012年第12期。

技术背景下已经成为其必不可少的一部分，并且带有技术性即并没有独立地创造出经济利益，不宜认定为著作权法上的复制。此外，用户在网上使用云软件服务时，它作为计算机内部处理数据信息过程中的一个中间环节，它的存在并不能被用户所意识到。如果司法实践中将临时复制行为判定为著作权法意义上的复制，这将会导致新兴的云计算技术覆顶之灾。

（三）不同类型云服务供应商直接侵权责任的认定

直接侵权是指未经过著作权人许可，又无法定免责事由，擅自利用作品的行为，与主观过错无关。云服务供应商未经权利人许可，擅自将权利人作品上传至公众网络中进行大范围传播，若无免责事由，则应被认定为构成直接侵权。

第一，对于"平台即服务"和"基础设施即服务"。云服务供应商只是提供一些硬件设备诸如服务器、终端设备与平台，诸如视频音频上传下载平台、论坛贴吧、邮件服务等。其中，平台即服务的特点在于云服务供应商并不提供数据与信息，一旦有作品产生，都是由用户上传并进行传播，云服务供应商只需负责审查监管，不涉及直接侵权，但是当他们为侵权用户实施了辅助行为则可能构成间接侵权；

第二，对于"软件即服务"。云服务供应商为用户提供软件服务，用户可以通过联网或者下载网络客户端进行访问云端的信息资源。所以，当云服务器中存储的数据和信息未经版权人许可，即被用户通过软件访问并传播或者下载时，云服务商将构成直接侵权。但是由于临时复制在我国并不被版权法所承认，所以导致了云服务供应商的法律适用困难。笔者认为，如果只以传统知识产权保护制度为支撑，特别是临时复制问题在法律上并没有明确规定，那么知识产权保护制度将成为云计算技术进一步前进的绊脚石，对创新科技的发展产生不利影响。应在平衡好版权人、服务供应商与使用者的利益基础上，进一步完善法律是关键。

三、云服务商著作权间接侵权责任之认定

在云计算技术背景下，当服务内容之侵权作品基本上是由上传者或用户所为，云服务供应商提供的只是一种技术中介服务，则更多地被界定为间接侵权人，仅承担间接侵权责任。间接侵权的构成需具备两个要件，即主观上存在过错与客观侵权行为的实施。

（一）间接侵权之过错认定（红旗标准的适用）

判定云服务商是否构成间接侵权应以其是否过错明显为标准，即云服务供

应商应对特定作品的侵权行为达到"明知或应知"的标准。红旗标准是避风港原则的例外，也是对服务供应商过错认定的一个重要标准，即网络服务供应商是否存在主观过错应以"红旗"所达到的鲜艳程度为标准，当侵权的行为与事实是显而易见时，网络服务供应商对此已实际知晓却未采取任何措施，则网络服务供应商将失去通过避风港原则获取保护的资格，即避风港原则不容忍公然不尊重版权的人。You Tube案①是解决云计算技术爆炸性增长与版权法冲突的重要案例。该案中，原告主张"网站中存在大量的侵权视频与链接，而被告对此存在侵权行为的事实与情况知道却未采措施予以制止，应认定为符合红旗标准，被告应承担帮助侵权的责任"。② 上诉法院驳回了原告的请求，上诉法院认为，原告的说法曲解了红旗标准的含义。通过红旗标准认定云服务供应商构成侵权应达到供应商对可识别的侵权行为明知的程度，且必须以特定的具体的侵权行为为认知的对象，因为供应商只有认识到特定的明显的侵权行为才能采取措施控制侵权行为的进一步传播。所以，虽然在被告的网站中存在大量的侵权视频，但这些侵权视频并未放置于网站的显著位置，被告对于侵权原告版权的内容只有一般性的知道而非明知，被告不构成帮助侵权。同样，在百代诉MP3tunes案③中原告即以百代为首的14家公司主张被告在Sideload网站上为用户所编排的各种音乐榜单上的音乐文件都是从已经构成侵权的第三方网站下载下来的，根据红旗标准，被告应承担侵权责任。法院最终否决了原告该项主张，因为法院认为应严格适用"红旗标准"，参照You Tube案的审判标准，必须对特定的且可以确定的侵权行为达到实际知道的标准，④ 所以本案被告仅仅是一般性知道并不符合红旗标准，因此不构成侵权。笔者认为，红旗标准的适用除了应对显而易见的侵权行为具有主观上明确的认知外还应具备客观合理标准，即当推断以一个合理的理性人为标准都能够意识到特定的侵权行为持续发生时，则不应该考虑网络服务供应商的主观意图与动机。

（二）间接侵权之避风港原则

避风港规则又称为安全港原则，是界定网络服务供应商是否构成侵权责任的承担的重要规则，同时也是为网络服务供应商提出侵权抗辩以寻求法律保护的重要规则。该规则最早规定于美国《数字千年版权法案》（DMCA）第512

---

① Viacom International, Inc. v. You Tube, Inc., 676 F. 3d 19, 30（2nd Cir 2012）.
② Viacom International, Inc. v. You Tube, Inc., 676 F. 3d 19, 30（2nd Cir 2012）.
③ Capitol Records, Inc. v. MP3tunes, LLC, 07 Civ. 9731 (S. D. N. Y. Aug. 22, 2011).
④ 刘姣、肖冬梅：《云音乐存储服务提供商的版权责任——以"百代诉MP3tunes案"为视角》，载《科技与法律》2013年第5期。

条,"旨在界定网络服务供应商在他们自己创建的网络平台上传输可能侵权的信息时所要面临的侵权责任"。① 同时,通过在某些特定条件下限制互联网服务供应商的责任来为受版权保护的作品提供保护,以在版权保护与网络发展之间寻求平衡。我国的《信息网络传播权保护条例》和《侵权责任法》都引入了避风港原则,即《侵权责任法》第36条规定:"(1)网络用户、网络服务提供者利用网络侵害他人民事权益的,应当承担侵权责任;(2)网络用户利用网络服务实施侵权行为的,被侵权人有权通知网络服务提供者采取删除、屏蔽、断开链接等必要措施。网络服务提供者接到通知后未及时采取必要措施的,对损害的扩大部分与该网络用户承担连带责任;(3)网络服务提供者知道网络用户利用其网络服务侵害他人民事权益,未采取必要措施的,与该网络用户承担连带责任。"② 据此,网络服务供应商在网络侵权案件中的法律地位可以明确。但是由于云计算环境的特殊性,与传统网络环境不能相容的适用问题越来越多,避风港原则开始失去了保护作用。在百代诉 MP3Tunes 案中就对此进行了深刻的讨论。

被告 MP3Tunes 网站以云计算技术为依托为用户提供数字音乐的搜索、播放与存储服务。首先,新用户可以通过注册账户获得免费的虚拟存储中心,并下载音乐,之后就可以随时随地通过任何联网的设备即可播放已下载的音乐。其次,MP3Tunes 网站还创建了一个可供用户搜索音乐的"Sideload 网站",用户可以直接在该网站上搜索音乐进行播放,并且通过免费的下载插件将音乐下载至个人的用户中心。原告认为被告宣传"Sideload 网站"是"互联网上的免费音乐"的来源,鼓励用户通过该网站链接到明显侵权的第三方网站非法复制 MP3 文件,这显然构成了鼓励侵权的行为;且在被告用户虚拟云端的47首歌侵犯了其著作权,被告应承担侵权责任,而被告则提出了避风港原则进行抗辩。本案的争议焦点在于避风港原则是否适用?原告首先提出证明被告对明确的侵权事实故意视而不见即明知而不为的论据:"(1)被告未提供大唱片公司的授权证明;(2)通过'Sideload 网站'链接并下载数字音乐文件的第三方网站都是明显侵权的网站来源;(3)只删除了侵权链接,但是对储存在用户中心的侵权内容未进行删除。"③ 对此,法院认为,安全港原则不应以服务供应商对用户实施监管或花费大量的成本去主动寻找是否存在明确的侵权事实为条件,对于音乐的来源网站是否合法以及储存在用户中心的音乐文件是否侵权,

---

① S. REP, No. 105—190 at 2(1998).
② 现行《民法典》第1194条、第1195条。——编者注
③ Capitol Records, Inc. v. MP3tunes, LLC, 07 Civ. 9931, 2 (D. C. N. Y. Jan. 29, 2014).

被告无审查的义务,也不可能对所有的用户进行监管以及上传的所有的音乐文件进行审查,所以被告不可能明确地认知到用户下载的音乐文件是否侵权,并未违反明知而不为;原告又主张被告在接到正式移除通知未对已储存侵权音乐文件的用户采取措施,则违反了通知删除规则,不应受到避风港原则的保护。被告以原告只通知被告删除侵权链接为由进行抗辩。法院认为,认定被告违反通知立即删除规则的前提是被告有权利和能力监督侵权行为,而本案中被告网站上存有侵权文件的来源记录与储存记录,结合原告的移除通知,使被告锁定侵权用户并制止侵权成为可能,且不需耗费巨大的发现成本。因此,法院判定被告应删除这些储存于用户个人中心的侵权复制件。

避风港原则核心在于"明知"即侵权,非"明知"可豁免,本质上是为网络服务商的责任承担提供责任限制,而不是无条件免责。在云计算服务中,云服务商为用户提供的服务种类是多样化的,不仅仅是信息存储空间服务与网络搜索服务,还有提供分类检索与排行榜以及建立起门户网站等服务。可知,云端信息资源的数量与范围极其广泛,因此存储信息是否属于版权保护的作品无法被逐一识别,是否侵权更无法被云服务供应商逐一审查。除了明知规则之外云服务供应商还必须遵守通知立即删除规则。但是在云计算环境下,通知立即删除规则受到了严峻的挑战,因为该规则的有效实施是以版权持有人能够监控用户的公共行为为前提的。由于云计算技术的开放性、隐秘性、复杂性等特点,权利人若要对每个侵权行为都进行一一确认则需要耗费巨大的且不合理的发现成本,而且随着使用云服务的用户群体越来越普遍,权利人寻找侵权内容的难度只会越来越大,这显然是不现实的。"而云服务供应商在搜索定位侵权信息方面是具有优势的,在他们自己的系统应用中,他们可以利用技术手段对用户的任何行为实现控制与记录,还可以通过设置访问或者限制访问的条款来实现内容上的控制。"① 所以笔者建议,我们避风港规则应根据社会环境的变化与发展进行相应的调整,以防止任何试图通过云计算技术绕过版权法而获得额外的法律保护的行为,比如应规定云服务供应商具有通过网络技术来实现侵权作品的追踪与定位的义务。

此外,笔者认为,对于云计算服务供应商是否构成间接侵权不能仅仅依赖于避风港规则的适用,还应综合考虑以下因素:第一,作品的传播是基于用户即使用者的上传与分享而云服务供应商只提供技术支持,还是基于云服务供应商对版权作品的上传与分享,且在上传的过程中是否对作品内容进行了修改;

---

① George Jiang. Rain Or Shine: Fair And Other Non – Infringing Uses In The Context Of Cloud Computing [J]. Journal of Legislation, 2010: 395 – 422.

第二，云服务供应商是依赖其本身的技术服务还是作品的传播直接获取经济利益，即侵权行为与收获任何经济利益之间是否存在因果关系，且获利的数额大小也应该考量。

(三) 间接侵权之"技术中立"有限免责

"技术中立"源于美国联邦最高法院在 Sony 案①的判决中提出的"实质性非侵权用途标准"，最早来源于美国专利法上的"通用商品原则"，却被法官们创造性地将其运用于判断产品的制造商和销售商是否构成"帮助侵权"的判断标准。原文表述为"销售一种同时具有合法和非法用途的商品，可免负侵权责任"。② 我国著作权法上的"技术中立"原则是建立在利益平衡理念基础上的，其根本目的在于维持著作权保护与技术创新、著作权人利益与公众利益之间的平衡。"云计算技术产生的目的并不在于控制用户行为，而在于联合世界各地计算机进行高效的信息处理和共享。"③ 技术没有善恶之分，云服务商在提供云技术服务时并没有也不可能预料与控制该服务的来源是否合法，所以笔者认为"技术中立"是可以适用云服务供应商的原则的。但是，"技术中立"的产生并不意味着对信息传播者的一味庇护，在司法认定云服务供应商的法律责任承担时，应根据侵权行为构成要件、著作权法责任认定标准、具体行为方式、技术特点等因素综合判定，这样技术中立才具有应用性。

四、结语

"利益平衡原则系著作权法之基本精神的体现，其背后体现了法律试图在各种相互竞争的利益之间进行协调的愿望。"④ 立法者试图通过网络著作权立法促进网络环境下各著作权利益主体之间的协调，从而保障艺术与科学技术的研究进展、电子商务产业的发展，同时激励作品的创作与传播，最终实现文化和科学事业的繁荣。版权保护法更适用于具有物质载体的时代，现在更多版权作品都无形地隐藏在电脑、移动设备与无形的云端，随着技术的不断进步与开发，曾经看似简单的权利变得混乱复杂、界限模糊，而主要争议就在于这个新的技术领域是否构成侵权。版权法在意图保护版权的同时促进数字化进程，尽管仍然有许多的问题还未解决，还没有答案。对于云计算技术给版权法带来的

---

① Universal City Studios, Inc, . v. Sony Corporation of America. 659 F2d 963 (1981).
② 张今：《版权法上"技术中立"的反思与评析》，载《知识产权》2008 年第 1 期。
③ 杨昱：《云计算技术条件下网络服务商的版权侵权责任研究》，华中科技大学 2013 年硕士学位论文。
④ 冯晓青：《知识产权法利益平衡理论》，中国政法大学出版社 2006 年版，第 22 页。

挑战，立法者应根据利益平衡原则来构建云时代新的版权制度，促进权利人、云服务供应商与使用者之间的合作，实现技术发展与版权法的结合，而不是让新兴的技术成为盗版者的获利工具，正如 ReDigi 的首席执行官所说："企图否认权利人对自己的数字财产具有内在合法所有权，只会进一步延续盗版"，① 如此才能实现共赢的局面而非自相残杀。

（原载于《广州大学学报（社会科学版）》2016 年第 11 期，有删改）

---

① John T. Soma, Michael K. Kugler. Why Rent When You Can Own? How ReDigi, Apple, and Amazon Will Use the Cloud and the Digital First Sale Doctrine to Resell Music, E-Books, Games, and Movies [J]. North Carolina Journal of Law & Technology, 2014 (3): 427-461.

人权保障机制

Human Rights Protection Mechanism

人类命运共同体理念的"先验"诠释*
——《残疾人权利公约》与中国实践

谷盛开**

摘　要▶ 人类命运共同体理念在人权主体等层面为残疾人权利特别保护提供了新的理论支点。《残疾人权利公约》在缔约宗旨和原则、缔约逻辑和技术、缔约主体的实际参与等方面均有创新，在国际人权法领域独树一帜，是对人类命运共同体理念的"先验"诠释，也是对国际人权法伦理精神价值的强固。中国残疾人事业发展与人类命运共同体理念价值元素正向互动，为国际残疾人事业提供了"中国经验"。

关键词▶ 人类命运共同体；《残疾人权利公约》；国际人权法

中国提出的构建人类命运共同体重大理念，在古今中外优秀文化思想文化的交流互鉴中孕育滋养，在全球日益拓展深化的利益互动中勃然萌发，是中国呈现给世界和平与发展的思想方略。特别是这一理念相继被载入联合国人权理事会决议等国际议程，①成为引领国际人权话语体系的重要议题，在重要历史契机为人权理论、人权观念的发展提供了新的视角和思路。

人类命运共同体的理念涵盖政治、经济、文化、生态建设、安全、气候变化等各个领域，为从各个具体领域全面推进全球治理奠定了重要理论基础。人类命运共同体理念在人权主体上强调人类整体。因此，促进和保护人权"一

---

* 本文系由 Marianne Schulze, Understanding The UN Convention On The Rights Of Persons With Disabilities（A Handbook on the Human Rights of Persons with Disabilities）（第 3 版）中文版译后记改写而成。

** 谷盛开，中国人权研究会调研员，法学博士。

① 2017 年 3 月 1 日，中国代表 140 个国家在联合国人权理事会第 34 次会议上发表题为《促进和保护人权，共建人类命运共同体》的联合声明，受到各方认同和支持。联合国人权理事会第 34 次会议通过的关于"经济、社会、文化权利"和"粮食权"两个决议，均提出"构建人类命运共同体"。

个都不能少"。从人权保护特别主体角度说,不仅包括妇女、儿童、老年人以及"民族、宗教和语言上的少数人群体及其成员"①,而且残疾人也是一个特别重要的组成部分。②对残疾人权利的特别保护,不仅是在国际法治层面对残疾人所经历的"长期的、历史性的"社会歧视的有效迎应,也是对人类命运共同体理念和人权伦理精神价值的强固。

一、《残疾人权利公约》:人类命运共同体理念价值元素的自洽与"先验"

全球人权治理,构建人类命运共同体,需要人权价值共识、规则共识和行为共识,应该努力推动全球人权治理制度化、规范化、程序化。就残疾人权利保护而言,从国际人权事业的发展历程看,自联合国建立伊始,就一直在努力寻求提高残疾人的地位。联合国对残疾福利和权利的关注,即基于其宗旨之一,即倡导"全人类"的人权、基本自由和平等。正如《联合国宪章》《世界人权宣言》及其他相关人权规范所确认,残疾人和非残疾人一样拥有在平等的基础上行使他们的公民、政治与经济、社会、文化权利。

联合国专门机构对改善残疾人的状况作出了积极努力:联合国教科文组织倡导提供专门教育;世界卫生组织在健康和预防方面协调提供技术支持;联合国儿童基金会支持残疾儿童的项目,并在与非政府组织国际康复会的合作中提供技术援助;国际劳工组织推动残疾人进入劳动市场,并通过国际劳动标准和技术合作活动提高了经济的融合;等等。

1983年11月22日,联合国大会宣布,通过多部门、多学科的方法实施《关于残疾人的世界行动纲领》(以下简称《纲领》)。该《纲领》开创了一种新理念,寻求认同"残疾"只是残疾人与其环境的关系,并致力于完全排除由社会造成的不能使残疾人充分参与社会的所有障碍。从广义上说,《纲领》的实施将使长期战略融入各个国家的社会经济发展政策中,包括预防残疾的技术发展与使用,及通过立法消除障碍设施、社会安全、教育、就业等差别待遇。随着国际人权合作的进步,对残疾人权利保护采取一种全球"整体性战略",不仅成为一种主观需要,也具备了客观可能,而且本身即是人类命运共

---

① 在国际法上,对"少数人"的定义讨论涉及客观、主观要素等多方面争议。参见周勇:《少数人权利的法理》第一章"定义少数人",社会科学文献出版社2002年版,第3~16页。

② 根据世界卫生组织的数据,世界上约有6.5亿人患有各种各样的残疾,约占世界总人口的10%。包括残疾人的直系亲属,受残疾影响的人数即超过10亿。由于残疾导致贫困,造成教育和健康机会的丧失,使得残疾人及其家人受到排斥与歧视,并使问题愈加突出。

同体理念"共建共赢"整体观的具体体现。

从法律层面对残疾人权利进行保护，区域机制先于全球性机制。值得提出的是，领先一步的不是欧洲，而是美洲。早在1988年，《〈美洲人权公约〉附加议定书》即在"残疾人保护"标题下宣布："基于身心缺陷而致能力受到影响的所有人都有权获得特别关注，以帮助其实现自身人格最大可能之发展。"该议定书第18条又列举了特别计划和培训，并要求在城市发展规划中将残疾人纳入考虑因素。1999年，美洲国家组织（OAS）通过了第一个专门针对残疾人权利保护的区域性人权公约《美洲消除对残疾人一切形式歧视公约》。此后欧洲、非洲相继跟进，《欧洲联盟基本权利宪章》在第28条，《非洲人权和民族权宪章》在第18条，也分别专门规定了残疾人有（获得）"特别措施的权利"。

构建人类命运共同体的美好追求，离不开国际法治建设。在国际人权法层面，应该进一步形成以联合国为主体的多种形式多个平台的人权对话协商机制、人权经验共享机制和人权政策协调机制。关于起草一项专门性的"残疾人权利国际公约"，建立全球性机制的呼吁先已有之，但直接动议是由墨西哥提出的。2001年，在南非德班召开的主题为反对种族主义、种族歧视、仇外心理和有关不容忍行为世界会议期间，墨西哥代表团提议订立一项保护残疾人权利的国际公约。时任墨西哥总统文森特·福克斯（Vincente Fox）在第56届联合国大会开幕式上重申这项建议。根据2001年12月19日通过的联合国大会第56/168号决议，设立了一个特设委员会，"以便根据社会发展、人权和不歧视领域工作所采用的'整体办法'，并考虑到人权委员会和社会发展委员会的各项建议，审议关于保护和促进残疾人权利和尊严的全面和综合国际公约的建议"。自此，制定《残疾人权利公约》（以下简称《公约》）正式纳入联合国人权工作的议程。

在《公约》起草过程中，提出了国际人权公约类型划分的概念：（1）整体权利模式，如《儿童权利公约》，采用这种类型，残疾人权利公约范围可以更广，其整体性和全面性类似《儿童权利公约》；（2）非歧视模式，这种模式基于《消除对妇女一切形式歧视公约》和《消除一切形式种族歧视国际公约》，此类公约不要求制定包含残疾人具体条件和需求的新权利，而是要保证残疾人能够行使其基本人权；（3）混合模式，将非歧视和平等原则，与根据残疾人的具体情况对现有权利的单独保证结合起来。

通过对上述三种模式的实质性和程序性方面可选方案的讨论，各方均认同，在法理学和实践中各种人权——公民、政治与经济、社会、文化权利之间的不可分割性、相互依赖性和相互关联性，彼此都同等重要。已有人权公约和监督机制是拟制《残疾人权利公约》的必要借鉴。鉴于已有人权机制均各有侧重，拟订有关残疾人权利的公约必须将重点放在残疾人问题上，处理特定人权问题——残疾人权利。同时强调，采取混合模式，有利于将残疾人问题纳入一般人权机制的主流，对处理残疾人特定需求方面具有必要性，并需将所有利益相关者纳入公约拟订及监督进程，以使公约得到广泛支持和切实履行。

《公约》磋商谈判历时5年。2004年5月24日至6月4日，在该特设委员会第三次会议上，依照联合国大会58/246号决议，开始就工作组提交的草案文本进行协商。经过各方积极努力，于2006年12月13日第61届联合国大会正式获得通过。2007年3月30日，《公约》开放签署仪式在纽约联合国总部举行。81个国家及区域一体化组织出席并签署了该《公约》。根据《公约》规定，经签署国批准，并在第20份批准书或加入书交存联合国秘书长后第30天生效。2008年4月3日23点30分（美国纽约时间上午11点30分），作为批准该《公约》的第20个国家，厄瓜多尔派出的政府代表在联合国总部递交了该国批准加入该《公约》的正式法律文件。2008年5月3日，公约正式生效。

人类命运共同体理念是适应国际形势发展，以丰富的历史、哲学、文化底蕴与东方政治智慧总结历史教训和实践经验，从国际事务全球治理视野所作的重要理论概括。《残疾人权利公约》诞生虽然先于这一理念的提出，但在思想渊源上与此脉络连贯，在一定意义上说也是这一理念的"先验"实践，是其伦理和实践价值在国际人权法，特别是在残疾人群体权利保护这一特别层面的具体化，对国际人权体系的完善具有里程碑意义。

二、《残疾人权利公约》是人类命运共同体理念在全球人权治理中的特别诠释

"在经济全球化时代，为满足国际社会的共同利益、共同价值和共同行动需要而形成的国际法律制度成为当代国际法体系的新生力量"，"促进人类迈向命运共同体的重要力量"。① 构建人类命运共同体，需要在人权层面将国际社会的共同追求和共享理念具体化、稳定化，为形成共同价值提供支持，构建各国赖以依存的制度体系。作为联合国通过的第一部旨在保障残疾人权益、促进残疾人事业发展的国际公约，《残疾人权利公约》总结了国际残疾人事务多年来的实践、理念和方法，对国际残疾人事业发展具有重要启示和引领作用，是人类命运共同体重大理念在国际人权"特别法"层面的实践诠释。

---

① 肖永平：《促进人类迈向命运共同体的重要力量》，载《人民日报》2017年6月9日第7版。

人类命运共同体理念强调共同利益与共同价值、共同安全与共同发展、共同义务与共建共赢。构建共同体，应对共同危机和问题的前提之一，就是承认差异的必然性，尊重不同文明和文化的多样性和珍贵性。①基于此，本《公约》以法律文件的形式特别提出"多样性"[序言第（九）款]"多重性"等对人权具有特别意义的表述，倡导"关注因种族、肤色、性别、语言、宗教、政治或其他见解、民族本源、族裔、土著身份或社会出身、财产、出身、年龄或其他身份而受到多重或加重形式歧视的残疾人所面临的困难处境"[序言第（十六）款]，并指出，"尊重差异，接受残疾人是人的多样性的和人类的一部分"[第三条第（四）款]，这些在核心人权文书中均属首创。

　　《公约》订立之前，无论在国际层面还是国家层面，残疾人在享有其民事、经济、政治、社会和文化权利时均面临障碍，未能得到足够重视。可以说，《公约》在一定意义上提高了人权"标准"。《公约》从国际人权事业发展的愿景出发，秉承人类命运共同体价值元素，为实现共同利益，应对共同危机，在残疾人权利保护层面提出了解决问题的新思路和新方案。以往人权公约虽然也涉及残疾人的权利问题，但显然呈分散的状态，本《公约》则专门针对残疾人权利的保护，在哲学基础理念和实践层面形成一种整体性战略，标志着残疾人权利保护的新纪元的开始，在人权思想史上填补了重大空白。

　　从残疾问题的社会根源角度，《公约》将残疾视为社会自生的问题，而不是一个人所固有的：每个人都可能会经历健康受损的磨难，遭受某种残疾。②残疾只是对残障人士与他们存在接触障碍的外部环境之间的状态的一种描述。正如人类命运共同体理念在人权主体上强调人类整体，在人权内容上强调共同发展，《公约》认同，残疾是一种普遍性的人类体验，而不仅是少数人的问题，需要以"整体视野"对待，并在第1条开明宗义："促进、保护和确保所有残疾人都能充分和公平地享有一切人权，并促进对残疾人固有尊严的尊重。"

　　从法律权能角度，《公约》的制定和实施标志着对待残疾人的态度和方法的转变。一般性人权保护机制对残疾人权利的有效保障显得欠缺。在《公约》机制下，残疾人作为人权保护对象的主体地位发生了质的变化，并不再被作为受害者或少数人看待，而是作为具有确定权利的法律主体和权利的持有人。普通健全人享有的权

---

　　① 2005年10月3日至21日在巴黎举行的联合国教科文组织大会通过了《保护和促进文化表现形式多样性公约》。

　　② 世卫组织的数据表明，全球的残疾人数仍在不断增多。人口增长、医疗进步和世界人口老龄化都是造成残疾人人数增多的原因。在人口预期寿命超过70岁的国家/地区，个人生命期内与残疾相伴的时间平均约为8年（占生命期的11.5%）。

利，他们一样拥有。他们有权能对自身的权利提出主张，决定自己的生活。

从权利实现角度，残疾人在行使自己作为公民的人权时"能力不足"源于社会本身。机会平等对残疾人具有关键重要性。残疾人权利保护的实质在于如何在人权框架内，在非歧视和平等原则的基础上将残疾人的权利从应然变为实然。反对歧视残疾、合理宽容，则需要通过具体指征和对应措施加以保证。基于这种理念，《公约》用社会与人权关系这样一种模式取代了原来的"医学模式"下的残疾概念，确认残疾人是积极的社会成员，而不是作为慈善的目标。《公约》超越残疾人融入周围物质环境的问题，把对残疾人权利保护的着重点转移到平等享有权利，消除残疾人在参与社会活动、社会机会、健康、教育、就业和个人发展等方面所存在的法律与社会障碍上。

从国际条约法和人权法综合视角看，《公约》还具有一些鲜明特点：

其一，公约为残疾人权利确定了人权原则和具体内容。人类命运共同体理念有助于扩大各国利益的"最大公约数"、落实国际行为主体的共同责任，推动面向未来的法律文化和法治理念的塑造。[①]《公约》是第一部系统性保护残疾人权利的国际法律文书，以国际法形式对残疾人权利加以界定，涵盖残疾人生命、家庭、教育、健康、就业、人身安全、获得司法保护、参与政治和公共生活等各方面权利，丰富和扩展了国际人权法律规范。无论是否实际加入公约，世界各国都需要这样一份"菜单"指引。《公约》为各国解决残疾人问题在国内法律和政策上提供了权威的国际参照。

其二，《公约》既是权利保护法，又是事业促进法。这是中国基于发展残疾人事业的经验提出的观点。虽然公约确立了一种"标准"，但公约宗旨与目的的达成，一方面受到经济、社会等方面客观条件的制约，另一方面在主观上依赖于缔约国的善意履行。为了避免履约"折扣"，在不违背公约宗旨和目的的前提下，缔约国可以对《公约》明示保留，保障"说到做到"。无论如何，权利保障与事业发展相辅相成。只有通过残疾人事业的发展，才能促进和实现残疾人的权利，体现人权的真实性和普遍性，所以中国强调生存权与发展权的观点在《公约》中也得到了反映。这也是《公约》全面性和完整性的一个具体体现。

[①] 改变对残疾人的态度，这是实现公约目标的必要条件。本《公约》与其他人权公约规定性区别之处表明，要实现公约中规定的权利，需要从根本上转变态度，培养塑造残疾人平等赋权的社会理念。《公约》指出："残疾产生于有缺陷的人与社会中存在的态度上和环境上的障碍之间的关系，这些障碍妨碍了残疾人士全面有效地参与社会活动。"为此，从1982年起，联合国将每年12月3日被确立为"国际残疾人日"，旨在促进人们对残疾问题的理解，鼓励人们维护残疾人的尊严，保障其权利和幸福，并促进和增强残疾人融入政治生活、社会生活、经济生活和文化生活等。

其三,《公约》建立了国际合作框架、监督机制和评估指南。《公约》通过残疾人权利保护这一特殊国际法域,体现了人类命运共同体理念引领下的全球人权治理与国际法治的价值。根据《公约》有关条款规定,各国政府应为残疾人事业互相合作,与联合国和非政府组织共同努力。对于批准公约任择议定书的国家,个人或团体就公约实施不充分提出的申诉,在用尽国内救济的情况下,专家机构可以发挥进一步的作用。尽管国际法不能像国内法那样依靠国家强制力来保障其实施,但它与权力、利益、观念、伦理、道德、文化等因素一起,为国际行为主体提供遵循的规范和标准,引导国际行为规范化。

其四,对宗旨和目的的处理,强化了《公约》的普遍性基础。《公约》在第1条对"目的"作了非定义式的表述,并在第46条重申不能对条约的目的和宗旨加以排除,突出了公约的宗旨和目的,最大限度约束缔约国正式限制公约的适用,实现公约的普遍性的造法意图。

其五,《公约》以特别方式突出了一般性原则的基础作用。特别是对"平等原则""非歧视原则"等,① 通过列举性规定使这些原则延伸到公约所有条款,如同大树的根基将各个枝干茎蔓连接起来,对于公约起到了统帅作用,可以说是理解公约精神的"魂"。这种列举一般原则的处理方式,也是本《公约》区别于其他核心人权条约的一个重要特色。

其六,《公约》对区域法律实体的地位和作用作了规定。一般来说,只有"国家"才能成为公约的缔约方。基于第44条的规定,欧盟已经签署了本《公约》,成为条约缔约方(欧盟有关指令明确禁止对残疾进行歧视)。《公约》对"地区一体化组织"的定位,对于促进《公约》宗旨和目的的国际合作,充分实施《公约》具有积极意义。

其七,《公约》制定吸收了民间社会的积极力量。从结果看,基于残疾人作为权利主体,《公约》倡导建立国家独立机构来负责公约的实施与监督,并吸纳残疾人和残疾人组织代表参加,"当家做主",推动残疾人事务发展。从过程看,许多残疾人组织实际全面参与了文本起草和协商,并结合他们社会经历提出了案文修正意见,对公约的达成起到了重要的作用。这也反映出,国际条约在制定过程中对非政府组织、民间团体的"软实力"和"赋能"作用某种程度的认可。②

---

① 关于"非歧视原则",参见 A. F. Bayefsky," The Principle of Equality or Non – discrimination in International Law",[1990] (11) HRLJ 1。

② 有学者将这种"软实力"归纳为全球视野、专业能力、草根意识等几个方面。参见黄志雄主编:《国际法视角下的非政府组织:趋势、影响与回应》,中国政法大学出版社2012年版,第3页。

总之，与之前的国际法律文件相比，《公约》在条约创制上，从残疾人的定义，到相关权利条款的解释，再到公约谈判过程中的参与主体，以及公约条文的具体化与可操作性等多个方面，体现了对残疾人权利和需要的特殊关切，①体现了条约创制的创新和进步。《公约》作为国际人权约法体系的重要组成部分，与其他文书一起在各个领域和层面构建具体规则，引导国际行为主体的行为规范化，促进不同人权文化顺畅交流，推动国际社会共建共享，迈向人类命运共同体，可谓异曲同工。②

三、中国残疾人事业发展与人类命运共同体理念价值元素正向互动

中国残疾人事业立足本国实际，以人为本，契合人类命运共同体理念的价值元素，成为展示我国改革开放、经济社会发展和人权保障成就的一道靓丽风景。中国是世界上最早倡议并积极推动和支持联合国制定有关残疾人权利保护国际公约的国家之一，在参与《公约》谈判过程中提出的一系列建议和主张，实际上也是人类命运共同体理念和思想丰富内涵的实际反映，儒家"仁爱"和多元主义的价值取向、伦理主义型的传统法律文化、"美轮美奂的终极境界"③、国家综合国力的增强和国际地位的提高、国家治理体系和治理能力现代化的进程等，都是这一理念的有机元素和理论与实践支撑。加入公约以来，中国将有效履约作为共同目标，将经济社会发展作为根本途径，将国际合作作为重要手段，为国际残疾人事业提供"中国经验"，推动国际残疾人事业健康发展。

一是积极采取立法、行政等各种措施，认真履行公约各项义务。2008年4月24日，通过了新修订的《中华人民共和国残疾人保障法》④，并第一次引入"禁止基于残疾的歧视"概念，突出"以残疾人权利为本"的理念，对原有法律规范进行了充实和完善，其中很多条款都是公约内容的具体化，实现了与《公约》的进一步衔接。随着以《中华人民共和国残疾人保障法》为核心的残疾人法律法规的不断完善，基本构建起比较完备的残疾人事业法律法规政策体系，已经形成了党委领导、政府负责、社会参与、残疾人组织充分发挥作用的

---

① 例如，第49条规定，"应当以无障碍模式提供本公约文本"。
② 中国的"一带一路"倡议是用人类命运共同体理念促进发展权的极好例证。这个倡议将有力地促进欧亚非经济一体化，推动中亚、西亚、南亚和东非地区的经济发展，提升发展权享有水平。
③ 高岚君：《国际法的价值论》，武汉大学出版社2006年版，第215~216页。
④ 据各国议会联盟调查，只有三分之一的国家/地区制定了反歧视和其他专门针对残疾人的法律。

残疾人事业领导体制和工作机制,初步建立了残疾人社会保障体系和服务体系,初步构建起保障残疾人生命健康权、生存权和发展权的制度框架,为残疾人事业长期持续健康发展奠定了坚实基础。①

二是大力推进残疾人各项事业,残疾人权利保障水平显著提升。经过多年的努力,中国已经探索出一条中国特色残疾人事业发展道路。随着《残疾人教育条例》《残疾人就业条例》《残疾预防和残疾人康复条例》和《无障碍建设条例》等专项法规以及《国家残疾预防行动计划》的先后颁布实施,8500万名残疾人生存发展状况显著改善,平等参与条件更加充分,社会地位不断提高。很多残疾人当选为各级人民代表大会的代表、担任政协委员,积极参政议政。政府帮助残疾人创造更多的就业机会,让残疾人真正融入社会,提升获得感。国务院出台《"十三五"加快残疾人小康进程规划纲要》②,许多残疾人及其家庭进一步摆脱贫困,幸福指数显著提高。

三是大力推动《公约》传播,平等、融合、共享的价值观渐成社会共识。国家设立全国助残日,并另围绕国际残疾人日、国际盲人节、国际聋人节等,通过大众媒体、专题研讨和座谈会等方式,宣传与倡导《公约》理念,提升残疾人权益保护意识。③各级政府残工委发挥牵头作用,广泛动员全社会力量,大力弘扬人道主义思想,倡导友爱、互助、融合、共享的理念。各级残联按照平等、参与、共享的目标要求,全心全意为残疾人服务,促进残疾人全面发展。广大残疾人紧跟时代步伐,积极进取,奋力拼搏,不断超越自我,谱写精彩人生华章,诠释着生命的真谛和价值,成为民族精神和时代精神的生动写照,全社会扶残助残的氛围更加浓厚。

四是积极参与国际人权事务,努力推动国际残疾人事业发展。中国积极支持和参与人权各个领域的国际交流与合作,参与制定《残疾人机会均等标准规则》,积极参与"联合国残疾人十年"(1983—1992年)行动,倡导并促成两个"亚太残疾人十年"行动,认真执行联合国《关于残疾人的世界行动纲领》。从20世纪90年代起,中国就曾在多个国际场合呼吁制定《公约》。2000年3月,世界盲人联盟、世界聋人联合会、融合国际、残疾人国际等五大残疾人组织以及各大洲10多个国家的残疾人事务负责人应邀在北京召

---

① 张高丽:《在实现中国梦的伟大实践中创造残疾人更加幸福美好的新生活——在中国残疾人联合会第六次全国代表大会上的祝词》,2013年9月17日。

② 2015年,全国建立困难残疾人生活补贴和重度残疾人护理补贴制度,惠及2000多万名残疾人。

③ 2008年北京残奥会期间,以政府名义在残奥村矗起了《残疾人权利公约》纪念墙。

开"世界残疾人非政府组织领导人会议",通过了《北京宣言》,对联合国启动《公约》制定进程起到了积极的推动作用。随后,中国参与了《公约》谈判的全过程,发挥了建设性作用。2007年3月,中国首批签署《公约》。①2010年8月,按照《公约》有关条款规定,中国首次向联合国残疾人权利委员会递交履约报告。2016年,中国残联主席张海迪就任康复国际主席。②为促进世界各国残疾人获得平等、融合、幸福生活的机会,促进世界残疾人事务的均衡发展、帮助发展中国家残疾人更好地生存与发展,中国还提出成立世界残疾人组织(World Disability Organization)积极倡议。③中国残联等先后获得"联合国和平使者奖""联合国残疾人十年特别奖""联合国—中国二十五年合作杰出贡献奖"等④,体现了国际社会对中国为保障残疾人人权所做出的巨大努力和取得的成就,以及"深入参与全球治理体系变革"的责任和担当高度认可。

人权事业是中国特色社会主义事业的重要组成部分。充分保障残疾人权利、全面增进残疾人福祉、提高残疾人发展能力、促进残疾人平等参与,是社会主义制度的本质要求,是社会公平正义和文明进步的重要标志。党的十八大提出"健全残疾人社会保障和服务体系,切实保障残疾人权益"。推动全球人权治理是当代中国治国理政新理念新思想新战略的一个重要体现。我国已进入全面建成小康社会决定性阶段,残疾人事业已站在新起点上。随着国家治理体系和治理能力现代化的进程,随着国内立法与社会保障制度的进一步完善,中国残疾人事业必将取得更大进步,并为国际人权事业发展作出更大贡献。

(原载于《广州大学学报(社会科学版)》2017年第9期,有删改)

---

① 中国常驻联合国代表、特命全权大使王光亚代表中国签字。中国残疾人联合会常务副理事长吕世明出席签字仪式,并在高级别对话中代表中国发言。2008年6月,全国人大常委会批准《公约》,同年9月《公约》对我国正式生效。

② 中国残联于1988年加入康复国际,成为其国家会员。张海迪是第一位担任国际非政府组织领导人的中国女性。

③ 参见2016年7月7日张海迪在纪念联合国《残疾人权利公约》通过10周年大会上的致辞。

④ 2003年,中国残联主席邓朴方荣获"联合国人权奖",成为历史上首个获得此奖的残疾人,也是第一个获此荣誉的中国人。该奖根据1966年联合国大会通过的第2217号决议设立,1968年首次颁发。

价值平衡：基于公民宪法性权利保护视域下的非法证据排除

彭俊磊[*]

摘　要► 随着刑事诉讼法的修改实施，尊重和保障人权得以凸显，其中非法证据排除规则即为最突出的体现，其目的旨在保证侦查取证手段的开展以公民宪法性权利不受侵犯为前提，从而实现限制权力恣意、保障人权的最优价值平衡。因此，非法证据排除应基于公民宪法权利保护的视角重新审视，进一步明确界定其内涵、判断标准及价值目标，并在此基础之上完善相关配套措施与程序构架，从而为这一舶来品探寻出一条符合我国当前国情的"本土化"发展路径。

关键词► 公民宪法性权利；非法证据排除规则；价值平衡；人权保护

随着我国法治建设的不断发展和完善，人权保护问题近些年来已经成为法学理论界与实务部门所共同指向的焦点。2004年"国家尊重和保障人权"写入宪法，2012年"尊重和保障人权"写入刑事诉讼法，人权保护问题得到了空前重视，这也体现了我国法治建设的不断发展和完善。在此背景下，非法证据排除规则在立法层面正在不断地完善和细化，但在司法实践中却遭遇了施行难的瓶颈，人民法院中真正适用非法证据排除规则进行判决的案例为数不多。这也说明作为"舶来品"的非法证据排除规则虽然已经得到了普遍认可，但其在我国的"本土化"发展路径还需要一段历程。

一、公民宪法性权利保护视域下的再定位

（一）国家权力与公民权利的价值平衡

非法证据排除规则作为一项重要的证据规则，在刑事诉讼中占据着重要地位，对于实现打击犯罪与保护人权的双重价值目标具有极为重要的意义。因而

---

[*] 彭俊磊，山东大学硕博连续研究生，从事刑法、刑事诉讼法研究。

其在建立和适用过程中，实际上面临着一种权衡和选择：一方面是证据的证明价值；另一方面是取证手段的违法程度。[①] 这实际上也是国家权力与公民个人权利的平衡，是防止国家权利恣意、保护公民合法权利不受侵犯的最优路径选择。这样一种权衡与选择，也正是作为具有"小宪法""人权法"之称的刑事诉讼法需要面对和解决的一个核心问题。刑事诉讼不同于平等主体之间的普通民事诉讼活动，其必然包含了国家权力与私人权利的交锋，所以我们需要通过规则的设计，对国家权力作出合理限制，加强对于公民个人合法权利的保护，以尽量使得二者达到一种均衡。

在刑事诉讼法的制定和修改中，尤其是在当今人权保护逐渐受到重视的背景之下，权利救济机制的确立显得更加重要，这里的救济不是"锦上添花"，而是在原本已经失衡的天平上，在个人权利的一端"加码"使其"归于平衡"，非法证据排除规则的确立与完善就是实现权力与权利价值平衡的一个重要"砝码"。当然我们在"加码"的过程中，并不能单纯地从天平的一端或者另一端单视角去审视，这样也很难做到真正的平衡，所以我们更应该将其置之于规定了国家与人民基本关系的宪法视角之下，从一个更为宏观也更为基础的视角进行审视。

依笔者看来，法律的产生其在根本上就是由于矛盾的存在，是作为一种协调不同利益群体之间的矛盾冲突的必然结果，这也就决定了它不可能纯粹地服务于单个受益者，而是一种客观而又有柔性的平衡机制。这表现在刑事案件中就是国家打击犯罪与保护人权的对立统一关系该如何协调，打击犯罪固然重要，然正如我国著名人权法学者李步云所言，罪犯也是公民，除了被剥夺的权利以外，其他合法的权利必须予以保障，包括人身不能任意伤害、财产不能任意剥夺、人格不能肆意侮辱等。这实际上就是一个利益平衡的最优选择，而非法证据排除规则的确立恰恰就是这样一种平衡机制的具体规则设计。

（二）打破平衡的"非法"

恰如上文所述，从整个法律的宏观视角，到刑事诉讼的价值权衡，再到具体的非法证据排除规则的设计，其目标指向都是实现不同利益之间的平衡状态。从这样的一个视角下，我们再次审视非法证据排除规则的"非法性"，也就变得更为清晰明了。在笔者看来，这里的"非法"是指国家公权力的强势已经打破了原本应该的平衡状态，使得公民的宪法性权利受到侵害。

实际上，在英美证据法中，非法证据排除规则被视为一项为维护特定法律

---

① 参见汪建成：《中国需要什么样的非法证据排除规则》，载《环球法律评论》2006年第5期。

价值而创设的证据规则,这里所谓的特定法律价值,即现代社会珍视的"公民宪法基本权利"。① 也就是说,非法证据排除规则所保护的权利内容应该大体与宪法的有关规定息息相关,是公民合法个人权利在宪法中的体现。非法证据排除规则的根本意图就在于限制以警察权力为代表的国家权力的滥用,进而取得保障公民宪法权利的效果。这也就进一步引导出,非法取证手段所侵犯的大多是公民的宪法性权利,我们所说的非法证据排除规则中的"非法"主要是指侵犯公民宪法性权利的取证行为。

在我国,对于"非法"的理解在学界还存在有不同的解读。大致上可以分为广义的理解与狭义的理解。持广义理解的学者认为,"非法"包括证据收集主体、收集方法、收集程序以及证据表现形式的违法,其往往与证据的合法性联系在一起;持狭义理解的学者认为,违反公民宪法权利或基本权利所获取的证据视为"非法"证据,其非法性落脚在非法取证手段层面。恰如万毅教授所言:"非法证据系取证程序重大违法,且以侵犯公民宪法性基本权利的方式获取的证据","非法证据与瑕疵证据有所不同,瑕疵证据虽然亦系违反法定程序而取得,但却并非重大违法,尤其是并未侵犯公民的宪法性基本人权。"② 笔者对于"非法"的观点持狭义理解,这也与英美证据法上的规定相一致,即将非法证据与宪法权利或基本权利保障结合起来。

从非法证据排除规则国际化发展的趋势来看,虽然当前对于"非法"证据尚未形成一个统一的观点,但有一点可以肯定的是:凡是确立起非法证据排除规则的国家,对于侵犯公民宪法性权利所获取的证据都被视为非法证据。那么当前讨论的焦点就集中在了"非法"证据的范围是否应该进行扩张。从目前我国的具体司法环境来看,非法证据排除规则所涵盖的"非法"证据并不是狭义的理解,它将一部分"瑕疵证据"也囊括其中,并在保护人权的呼声之下出现了对于非法证据的泛化式理解,而这种对于"非法证据"范围的不当扩展实际上未必就能起到人权保障的效果,相反有可能导致这一规则在司法实践中存在虚置化风险。其中,侦查讯问策略的运用与非法证据排除规则的模糊冲突就是一个具体而实在的缩影。③

---

① 郭烁:《从宪法权利保护的视角看非法证据排除规则》,载《青海社会科学》2013年第3期。
② 万毅:《论瑕疵证据——以"两个〈证据规定〉"为分析对象》,载《法商研究》2011年第5期。
③ 参见彭俊磊、董倩雯:《非法证据排除规则视野下的侦查讯问策略》,载《山东警察学院学报》2015年第6期。

(三) 回归平衡的指向

失衡的天平需要有指向的回归。在价值平衡的指向方面，有学者提出了"单维度的价值定位原则"与"多维度的价值定位原则"。① 笔者赞同"多维度的价值定位原则"（将排除规则的目的和价值取向定位为既保护犯罪嫌疑人和被告人的合法权利，也保护证人、被害人和社会公众的合法权利，这一原则意味着排除规则应该采用可选择性的相对排除主义，即对直接严重侵犯犯罪嫌疑人、被告人、证人和被害人等的人格权、人身自由、隐私权、资讯权和财产权等而获取的证据予以排除，其他所有证据由法官与合议庭审查裁定，决定取舍），根据"是否侵犯到公民宪法性权利、打破了打击犯罪与保护人权的价值平衡"的标准进行裁量，采取相对主义的排除规则。针对当前国家公权力膨胀的司法背景，排除规则的最终价值指向是通过对于公民宪法性权利的有效保障，使得在刑事诉讼过程中国家公权力与公民个人权利实现力量的相对均衡，从而实现打击犯罪与人权保障的双重目标。这在根本上是一个宪法性的问题，是宪法目标价值的实现在刑事诉讼过程中的具体体现，它在赋予国家权力的同时，也确定了与之相对应的公民权利，而这也正是法治的根本价值。

公民宪法性权利不受侵犯。我国宪法第二章确立了公民的基本宪法权利，承诺"国家尊重和保障人权"，规定公民的人身自由、人格尊严、住宅、通信自由和通信秘密不受侵犯，禁止非法拘禁、非法搜查、非法侵入住宅和非法侵犯通信自由和通信秘密，这是一切公民法律权利的宪法根源。当然我们需要明确的是：在刑事诉讼活动中，公民的宪法性权利保护并不仅仅指犯罪嫌疑人、被告人的合法权利，当然也包括了被害人、证人以及整体社会利益。也正是基于这样一种多方利益权衡的考量，笔者认为，对于非法证据的排除应当赋予法院裁量权，根据取证手段是否侵犯到了犯罪嫌疑人、被告人、证人和被害人等的宪法性权利进行权衡考量，决定是否应当予以排除。

非法证据排除规则，作为这样一种指向回归平衡的制度设计，其内在就是一种对于价值利益的认知与选择，因此必然需要经过人的主观认定才得以实现。所以笔者认为，对于非法证据进行非法言词证据与非法实物证据的区分，在证据归类与适用上具有一定意义，但是对于二者的排除采取不同的方法并非必要。当前，通说认为对于非法言词证据应当绝对排除，对于非法实物证据进行裁量排除。实际上，即使是对于非法言词证据的排除，也是在考虑了取证手

---

① 汪进元：《非法证据排除规则的宪法思考——兼评我国刑事诉讼法的修改》，载《北方法学》2012年第1期。

段的违法性、对公民自由抑或尊严造成伤害、可能严重影响证据客观真实的基础之上作出的一种判断与认定,本质上依旧是一种裁量排除。

这样一来,我们对于非法证据排除规则的很多问题也就迎刃而解。非法证据排除规则作为刑事诉讼中的一种价值平衡机制,其适用的前提是出现了不同利益之间的矛盾冲突,当出现这种不协调时,作为客观公正的审判者应当居中进行权衡与裁量,以使得"打击犯罪"与"保障人权"尽可能地回归到一个理想的平衡状态。这样的一种"回归"无法通过机械的排除模式进行,必须经由审判机关的自由裁量。因此,决定证据排除与否的机关只能是审判机关,提出动议的一方即为"失衡"的犯罪嫌疑人、被告人一方,排除的适用依据以"是否采用了侵害公民宪法性权利的手段收集证据,破坏了打击犯罪与人权保障的价值平衡"为标准,最终由法院通过对于案件事实的权衡与认定作出自由裁量。

二、非法证据排除规则在中国的"本土化"发展路径

放眼国际视野,非法证据排除规则从其诞生到现在已经走过了100多年的发展历程。而我国对于这一重要规则的研究与发展,从其实际意义上而言还是一个不足二十年的过程。伴随着当前国际化趋势的潮流,我们在与国际接轨的同时,既要成功借鉴具备普适性的成功经验,又要结合我国的实际国情进行"本土化"的创新与发展,从而内化为自身的本土资源。这一"本土化"过程不可能一蹴而就,其指导性目标应该是逐步寻求保障人权与保护社会这两大价值的最优平衡,既要反对不顾我国实际的全面"法律移植",也要反对畏首畏尾,裹足不前。[1]

(一)立足实际国情,付诸司法实践

1. 规范取证行为,严禁刑讯逼供

近年来一个个悲惨的冤假错案见诸新闻,给我们带来一次又一次的心灵震撼与惋惜,冤假错案的产生与刑讯逼供有着密不可分的联系。其实,对于刑讯这样一种取证手段,早在18世纪著名意大利法学家贝卡利亚就已经给出了准确的见解:"刑讯使无辜者处于比罪犯更坏的境地,尽管二者都受到折磨,前者却是进退维谷:他或者承认犯罪,接受惩罚,或者在屈受刑讯后,被宣布无罪;但罪犯的情况则对自己有利,当他强忍痛苦而最终被无罪释放时,他就把较重的刑罚改变成较轻的刑罚。所以无辜者只有倒霉,罪犯则能占便宜。"[2]

---

[1] 参见赵广来:《非法证据排除规则的本土化》,载《大连大学学报》2014年第1期。
[2] [意]贝卡利亚:《论犯罪与刑罚》,中国大百科全书出版社1993年版,第33页。

由此我们可以判断，刑讯逼供不但严重侵犯到了犯罪嫌疑人的人身自由、身体健康等宪法性权利，其对于打击犯罪也未起到积极意义。

目前，我国虽然明文禁止刑讯逼供，但是类似的事情还是偶有发生。这启示我们，"严禁刑讯逼供"不应当仅仅作为一个宣示性的禁止条款，还需要其他奖惩机制、配套措施的补充和配合。

2. 严格司法控制，保护公民宪法性权利

公民的宪法性权利体现在人身自由、人格尊严、住宅、通信自由和通信秘密等方面。这些权利受到公权力的侵犯往往与侦查机关的侦查取证手段、策略紧密相关。尤其是对于一些技术性侦查、秘密性侦查，其自身属性就决定了极有可能会涉及对于公民住宅隐私、通信秘密、人格尊严等方面的侵犯。为此，法律应当对这些可能损害到公民宪法性权利的侦查手段或方法进行最为严格的限制，接受外部的监督与制约，防止权力恣意。然而，当前的刑事诉讼法作出了一些改进，接下来尤其要加强对于此类特殊侦查手段的严格司法控制。

3. 确立沉默权，明确自白任意性规则

《刑事诉讼法》第50条①规定了"不得强迫自证其罪"，但同时在第118条规定了犯罪嫌疑人要"如实供述"，显然这并不符合自白任意性规则的要求，沉默权制度在我国还未真正确立。然而，这两项制度对于阻碍警察非法取证行为至关重要，是非法证据排除规则真正实现其目的价值所必须搭配的规则体系。

因此，笔者认为我们应当进一步加强对于自白任意性规则与沉默权制度的确立与完善，对非法证据排除规则的适用进行必要补充。使得犯罪嫌疑人在面对侦查讯问时有权保持沉默，真正出于自己的意愿进行表述，而不是基于身体或者精神的痛苦、压迫、威胁等作出被迫的供述。否则，犯罪嫌疑人或被告人所作的供述不具可采性，不能在庭审中作为证据使用。此外，我们在司法实践中应当对于"坦白从宽、抗拒从严"等类似的传统刑事政策进行重新审视，在赋予被审讯人享受沉默权的同时，也就意味着其获得了一种权利，我们就不应该在这样一种权利的行使过后又作出一种不利后果的惩罚，否则又会将这一规则制度变为一种虚置的宣示性条款。

（二）明确审判中心主义，完善体系化建设

1. 排除的模式

法院根据权利人提出的动议，依法对证据收集的合法性进行法庭调查，在调查过程中，控方应当对证据收集的合法性加以证明。从非法证据排除的国际

---

① 现行《刑事诉讼法》第52条。

化发展来看，对待非法证据采取自动排除的模式还是裁量排除的模式，不同国家也有不同的做法。根据《刑事诉讼法》第 54 条①的规定可以概括出，我国目前采用的是针对言词证据自动排除，针对实物证据裁量排除。恰如笔者在"回归平衡的指向"部分所论述的那样，对于言词证据与实物证据非法证据的排除并无区分适用排除模式的必要，其在根本上都是一种价值的权衡与选择，都是裁量排除的过程。

2. 排除标准

在对于"非法证据"裁量的过程中，我国目前适用的范围是"采用刑讯逼供等非法收集的犯罪嫌疑人、被告人供述和采用暴力、威胁等非法方法收集的证人证言、被害人陈述"以及"收集物证、书证不符合法定程序，可能严重影响司法公正的，不能补正也不能作出合理解释的证据。"在笔者看来，这实际上都是以一个根本性的标准为参照，即侦查机关的非法取证行为侵犯到了公民宪法性权利，打破了刑事诉讼对于"打击犯罪"与"人权保障"双重目标的价值平衡。

3. 排除的救济

法谚有云，"无救济则无权利"。所以，当被告人在审判过程中对于类似刑讯逼供等严重侵害其自身宪法性权利的取证行为无法进行非法证据排除时，应保证其具有专门的救济渠道进行上诉，从而对于非法证据排除规则实现一种诉权制约。笔者赞成将非法证据排除程序视作一种独立且优先于实体审理的程序，并对此设立专门的救济途径，该救济权的行使应具有阻断实体审理的效力，以免案件实体审理工作因前项程序结果的变更而陷入无用功的境地，同时也应规定救济的期限以督促被救济方知晓处理结果后尽快决定是否诉诸救济，以免耽误诉讼的正常进行。②

（三）构建"二元式"结构，确保目的价值的实现

1. 实体性裁判与程序性裁判

非法证据排除规则作为一项"舶来品"，其"本土化"的过程当然也需要对其适用的土壤进行适当合理的改造，以使其更好地发挥出该规则设计的价值。其中对于"二元式"诉讼架构的搭建，就是一项重要的改造，在审判阶段将实体性裁判与程序性裁判加以区分。在先前进行的程序性裁判中，对证据的"非法性"进行认定，一旦被认定为非法证据，则不允许其进入实体性裁

---

① 现行《刑事诉讼法》第 56 条。——笔者注
② 参见叶青：《非法证据合法排除的程序思考》，载《东方法学》2013 年第 3 期。

判，保证实体审判的法官不会受到该证据的不利影响，从而保证审判的公正，进而实现公民宪法性权利有效保障的目的。

所谓程序性裁判，这里主要指在非法证据排除程序的启动过程中，作为辩护方的一种诉权，即当辩护方提出了非法证据排除的动议之后，程序性裁判的法官应当受理进行程序性裁判，通过组织相应的调查与听证，对控方的取证行为的合法性展开审理与认定，而不能在未启动非法证据排除调查程序的情况下直接驳回辩护方的非法证据排除申请。① 与此同时，为了防止法官在程序性裁判的审理过程中滥用自由裁量权的行为发生，我们还应赋予权利人对于程序性裁判享有上诉权，从而形成一种诉权制约。

2. 定罪裁判与量刑裁判

在通过程序性裁判之后，证据得以名正言顺地进入实体审判的审理当中。作为置后且独立于程序性裁判的实体审理，实体裁判法官应与程序性裁判法官相区别。实际上，不论是在英美法系的当事人主义诉讼模式下，还是在大陆法系职权主义的诉讼模式下，非法证据排除规则的关键都是保证"非法证据"排除在实体审判的法官视野之外，以防止其对客观公正的裁判产生影响。

通过了程序性裁判对于"非法证据"的筛选，实体审理的法官就可以根据提交上来的证据进行定罪与否、量刑多少的裁判。在实体性裁判的过程中还应当将定罪裁判与量刑裁判相区分。实现这种程序分离，有利于保证被告方更充分地进行辩护、有利于公诉方延伸公诉权、有利于被害人参与量刑、有利于形成对量刑法官自由裁判的制约、有利于量刑法官获得更为全面的信息公正裁判。② 在这样一种程序性裁判与实体性裁判相区分、定罪裁判与量刑裁判相分离的"二元"诉讼结构下，更有利于非法证据排除规则的价值的实现，让"打击犯罪"与"人权保障"的双重价值目标得以更好地在审判中充分实现，从而也使该制度设计在我国的司法土壤下焕发更为蓬勃的生命力。

（原载于《广州大学学报（社会科学版）》2017年第1期，有删改）

---

① 参见王超：《非法证据排除规则的虚置化隐忧与优化改革》，载《法学杂志》2013年第12期。

② 参见陈瑞华：《定罪与量刑的程序分离——中国刑事审判制度改革的另一种思路》，载《法学》2008年第6期。

论国际人权法的产生和历史分期

郭曰君[*]

摘 要 ▶ 无论是"二阶段论"还是"三阶段论",学者们大都回避国际人权法的产生问题。国际人权法的产生,必须同时符合三项标准:其一,以国际人权条约的形式确定缔约国应当遵守的人权标准;其二,依法建立专门负责监督该人权条约实施的国际机构;其三,建立法定的监督程序。以此为标准,国际劳工组织的劳工保护制度和国际联盟的少数人保护制度标志着国际人权法的产生,尽管它们存在一些缺陷。国际人权法的历史发展过程分为三个阶段:萌芽阶段、产生和初步发展阶段、全面发展阶段。

关键词 ▶ 国际人权法;产生;历史分期;两阶段论;三阶段论

中外学者对国际人权法何时产生莫衷一是,这导致了对国际人权法历史发展分期的不同观点。本文在梳理各种国际人权法历史发展分期的不同观点之后,提出判断国际人权法产生的标准,并以此为依据分析国际人权法到底产生于何时,进而提出自己的历史分期观点。

一、问题的提出

国内外国际法学界普遍认为,"直到第二次世界大战以前,人权问题基本上是被当做纯属国内管辖事项来对待的。人权问题广泛引起国际社会关注,并全面地进入国际法领域是第二次世界大战以来的事情。尽管如此,历史上在一些特定的领域,如保护少数者、禁止奴隶制度、国际劳工保护以及人道主义法等有限的领域内,在国际法的发展过程中不同程度地涉及人权保护问题"。[①] 多数国际法学者认为国际人权法是第二次世界大战之后的产物,将"二战"

---

[*] 郭曰君,法学博士,华东理工大学法学院教授,从事人权法研究。

[①] 王铁崖:《国际法》,法律出版社1995年版,第140页。

之前与人权保护有关的国际法称为国际人权法或人权国际保护的"历史先例"①（historical precedents）、"传统国际法中国际人权保护制度的萌芽"②、国际法上人权保护的"历史形态"③或"传统国际法的某些原则和制度中……当代国际人权法的痕迹"④。

因此，在多数国际法或国际人权法的著作或教材中，一般都是以"二战"为界限，将国际人权法的历史发展划分为国际人权法的历史先例、国际人权法的产生和发展两个阶段。笔者将其称为国际人权法历史发展"两阶段论"。持"两阶段论"者显然认为："国际人权法是第二次世界大战以后发展起来的一个较新的也是特殊的国际法分支，它的产生和发展可归因于第二次世界大战期间德、意、日法西斯对人权的极大侵害。"⑤

但是，也有部分学者将国际人权法的历史发展划分为三个阶段，笔者将其称为国际人权法历史发展"三阶段论"。约翰·汉弗莱在其著作《国际人权法》中将国际人权法的历史发展分三部分论述：在第三章"历史回顾"中论述的内容皆为第一次世界大战之前的历史先例，在第四章"国际联盟和国际劳工组织"中论述的内容为这两个国际组织在两次世界大战之间的人权保护制度，第六章之后各章为该书的重心，论述"二战"之后的国际人权法。⑥ 白桂梅等合著的《国际法上的人权》中，作者在论述"二战"前的国际法上人权保护问题的历史发展时，将其划分为两个阶段：第一次世界大战之前与两次世界大战之间；⑦ 莫纪宏等合著的《人权法的新发展》一书中，作者将国际人权法的历史发展分为"第一次世界大战之前国际法对特定人权问题的调整"

---

① ［美］托马斯·伯根索尔、戴娜·谢尔顿、戴维·斯图尔特：《国际人权法精要》，黎作恒译，法律出版社 2010 年版，第 1 页；［奥］曼弗雷德·诺瓦克《国际人权制度导论》，柳华文译，北京大学出版社 2010 年版，第 16 页；白桂梅、龚刃韧、李鸣等：《国际法上的人权》，北京大学出版社 1996 年版，第 2 页。

② 张爱宁：《国际人权法专论》，法律出版社 2006 年版，第 61 页。

③ ［美］托马斯·伯根索尔、戴娜·谢尔顿、戴维·斯图尔特：《国际人权法精要》，黎作恒译，法律出版社 2010 年版，第 140 页。

④ 徐显明：《国际人权法》，法律出版社 2004 年版，第 22 页。

⑤ 徐显明：《国际人权法》，法律出版社 2004 年版，第 29 页。

⑥ 参见［加］约翰·汉弗莱：《国际人权法》，庞森、王民、向佳谷译，世界知识出版社 1992 年版。

⑦ 参见白桂梅、龚刃韧、李鸣等：《国际法上的人权》，北京大学出版社 1996 年版，第 2 页、第 21 页。

"国际联盟的成立"和"作为国际法独立分支的国际人权法"三个发展阶段。① 戴瑞君则将人权国际保护的源起与发展明确地分为三个阶段:"20世纪之前人权国际保护的萌芽""第一次世界大战之后人权国际保护的有限发展"和"第二次世界大战之后人权国际保护的全面发展"。②

无论是"两阶段论",还是"三阶段论",国内外绝大多数学者在论述国际人权法的发展历史时,都竭力回避国际人权法的产生问题。例如,戴瑞君将两次世界大战之间称为"人权国际保护的有限发展阶段","有限发展"的表述隐含了国际人权法产生于第一次世界大战之后,但作者回避使用"国际人权法产生"这样的表述。即使少数例外者使用了"国际人权法产生"这样的概念,但在其具体论述中,却也都语焉不详。例如,徐显明主编的《国际人权法》中认为,"国际人权法是第二次世界大战以后发展起来的一个较新的也是特殊的国际法分支,它的产生和发展可归因于第二次世界大战期间德、意、日法西斯对人权的极大侵犯",③ 但并没有阐明判断国际人权法产生的标准是什么。

进而言之,如何理解本文开篇所引用的那段话中的两个词"基本上""全面地"?"基本上"意味着有例外,这些例外就是所谓的国际人权法的"历史先例"。问题在于,这些历史先例的法律化、制度化程度是不同的,是否可以等量齐观?一些更晚的"历史先例"的法律化制度化是否已经达到了构成国际人权法的程度,而不再仅仅是萌芽?如果"二战"之前国际人权法尚未产生,没有初步或有限发展,何来"二战"之后的"全面地"发展?

因此,无论在国际人权法的历史分期上采用"两阶段论"还是"三阶段论",都无法绕开国际人权法的产生问题。如果不能提出判断国际人权法的产生的合理标准,并以此标准确定国际人权法产生的时间节点,无论是"两阶段论"还是"三阶段论",都只能要么回避国际人权法的产生问题,要么语焉不详,其所进行的历史分期都难免陷入武断和无法自圆其说的困境。因此,国际人权法的历史分期的关键问题在于确定国际人权法的产生的时间节点。

二、国际人权法的产生

欲判断国际人权法于何时产生,则必须建立一套合理的判断标准,这就要

---

① 参见莫纪宏、王祯军、戴瑞君、王毅:《人权法的新发展》,中国社会科学出版社2008年版,第1~13页。
② 参见戴瑞君:《国际人权条约的国内适用研究:全球视野》,社会科学文献出版社2013年版,第13~18页。
③ 徐显明:《国际人权法》,法律出版社2004年版,第29页。

求我们必须搞清楚国际人权法与传统国际法的区别何在，或者说国际人权法有何特殊性。

其一，人权是否纯属国内管辖事项。第一次世界大战之前，"国际法曾被传统地定义为专门规范民族国家之间关系的法律。这便意味着：只有国家才是国际法的主体，拥有国际法中的权利和义务。……至于各国对个人所承担的任何国际义务，它们被认为是各国对这些个人所属的国籍国所应承担的义务。……从这些关于国际法本质的传统理论中，人们当时只能得出以下结论：一国对待其国民的方式不受国际法管辖因为他国的权利均不受这一方式的影响。所涉及的整个争议事项被认为是专属各国国内法的管辖事项，因而不允许其他国家代表遭受其母国侵害的国民进行调解或调停。"① 也就是说，在传统国际法看来，人权纯属一国国内管辖事项，这是一项不可动摇的原则，早期的人道主义干涉、人道主义法、禁止奴隶贸易等有关人权的国际法属于例外情形。

"人权的国际保护制度是通过国际人权法正式表述的。人权的国际保护是指国家依照国际法，通过缔结国际条约，承允对实现人权和基本自由的某些方面进行合作和保证，对侵犯人权的行为加以防止与惩治。国际人权法是关于保证受国际保护的个人和团体的权利和基本自由不受政府侵犯以及促进这些权利和基本自由发展的法律。"② 因此，在国际人权法的范围内，人权已经不仅是国内管辖的事项，而且成为国际管辖事项。一国成为某项生效的人权公约的缔约国，意味着该国将部分主权让渡给国际人权机构，当缔约国违反该人权公约侵犯其领土内和受其管辖的个人的权利和基本自由，就构成了对国际人权法的违反，有关国际机构有权依法予以制止和惩治，而不构成对该国内政的干涉或对该国主权的侵犯。

其二，个人是否具有国际法主体资格。即使在上述例外情形中，传统国际法并不为个人创设权利，而只是使各缔约国负有义务，以国内法产生这些权利，换言之，个人只不过是国家保护的对象，不是国际法上的适格主体，不能依据国际法主张自己的权利。

"而作为国际法的特殊分支，国际人权法虽然也是国家间的法律，但国际人权法的目的在于保护和实现个人权利而非国家利益。因此，国际人权法除了规定缔约国之间的权利和义务外，还包含了每一缔约国与其领土内和受其管辖

---

① ［美］托马斯·伯根索尔、戴娜·谢尔顿、戴维·斯图尔特：《国际人权法精要》，黎作恒译，法律出版社2010年版，第2页。

② 徐显明：《国际人权法》，法律出版社2004年版，第30页。

的个人之间的权利义务关系。在这一关系中，个人享有权利，国家承担义务。"① 这意味着，在国际人权法中，个人或非政府组织具有国际法律关系主体资格，成为国际法的适格主体。特别是，个人来文程序和团体来文程序的建立，使个人或非政府组织有权向相关国际人权机构指控缔约国违反国际人权条约，成为基本可以与国家平起平坐的一方当事人。在个人来文程序中，受害者自己或委托其他个人或非政府组织以自己的名义向有关国际人权组织提起来文，指控当事国侵犯其人权，并要求有关国际组织予以审查和处理，从而使遭受侵犯的权利获得救济。据此，我们可以认为国际人权公约规定个人享有的基本权利和自由，不仅仅使缔约国负有在国内促进和保护人权的义务，使个人在国内法上享有权利和自由，而且使个人在国际法上享有这些权利和自由，并在国际法上享有获得权利救济的权利，从而成为国际法的主体。

其三，国际条约作为法律渊源的重要性程度。国际条约和国际习惯被公认为是国际法的两大主要渊源。"在一般意义上讲，作为国际法的渊源，条约与国际习惯相比，是处于次要地位的。这不仅因为条约不具有普遍性，而且因为，首先，条约的效力是来自国际习惯，即'约定必须遵守'这项原则的，同时，条约的形式基本也是以国际习惯为依据的。……其次，条约是要以国际习惯法为背景加以解释和适用的。"② "二战"之后，国际法的编纂取得了巨大成就，"几乎每一项人类活动都在某种程度上成为条约的对象。因此，条约作为国际法的渊源更引人注意，从重视习惯转而重视条约"。③ 即使如此，国际习惯仍然是公认的国际法的主要渊源之一。与此不同，国际人权公约是国际人权法的首要渊源。在国际人权法发展的初期，国际人权条约甚至几乎是唯一的渊源，虽然经过几十年的发展，人权国际惯例已成为国际人权法的重要渊源，但因其自身的局限性，其重要性程度仍远远低于国际人权条约。条约之所以成为国际人权法的最重要的法律渊源，"主要是因为在第二次世界大战之后，对人权进行国际保护显示出极端必要性时，在这方面既存的条约或习惯法规则极少，因此，国际人权体系的创建者在规划这一体系时，'他们欲使国际人权法主要是，可能甚至专门的是，协议法'。美国国际法学家亨金也称：'〔国际〕人权法大部分是由条约建立的——《联合国宪章》以及国际人权公约和盟约，而没有任何习惯的基础或背景。'1977年，国际法委员会断言国际人权法几乎完全是协议法性质：'并非盲目地不考虑在此问题上一些习惯国际规则的存在，也并非

---

① 徐显明：《国际人权法》，法律出版社2004年版，第31页。
② 王铁崖：《国际法引论》，北京大学出版社1998年版，第63页。
③ 王铁崖：《国际法引论》，北京大学出版社1998年版，第56页。

排除这样的规则数量增长的可能性——甚至是极大可能性,但我们必须总结说,在今天,国家在对待其本国公民之方面的国际义务几乎完全是协议性质的。'"① 经过 60 多年的发展,特别是通过国际法院等国际人权机构的实践,国际人权法领域已经发展出一些国际习惯法,例如,至少《世界人权宣言》的部分条款已上升为习惯法规则或强行性规范。"可以相当有把握地说,在当代国际法中,存在某些有关人权的习惯国际法规则;即是说,和在国际法的其他领域一样,习惯也是国际人权法的重要渊源。"② 但是,由于习惯国际人权法具有以下明显缺点,其重要性程度仍远低于国际人权公约:第一,"由习惯国际人权法调整和保护的人权的范围要小于人权条约规定的人权内容,从到目前的国际实践来看,获得习惯国际法地位的只限于一些最基本的人权,其数量是有限的"。第二,"除了种族灭绝,种族隔离,奴隶制和奴隶贸易以及政策性的大规模酷刑等被世界各国政府和学者普遍认为违反了习惯国际法以外,对于还有哪些人权可能获得了习惯国际法地位,国家和学者尚没有达成共识"。第三,"仅仅主张习惯国际人权法的之必要或声称其存在并不能自动地达到显明其作为国际人权法之渊源存在的效果"。③

鉴于法的一般特征和国际人权法的上述特征,笔者认为,判断国际人权法的产生的标准包括三项:其一,以国际人权条约的形式确定缔约国应当遵守的人权标准;其二,依法建立专门负责监督该人权条约实施的国际机构;其三,建立法定的监督程序。这三项标准缺一不可。以此为标准,我们可以对通常所谓的国际人权保护的先例予以检验。

第一次世界大战之前的少数者的保护制度。历史上最早的带有国际性的人权问题,与保护少数者的宗教自由有关。1606 年匈牙利国王和特兰西瓦尼亚君主缔结的《维也纳条约》规定了新教徒宗教礼拜自由的条款,此后又有一系列的双边或多边条约规定少数者权利保护问题,内容也由宗教礼拜自由发展到某些公民和政治权利的平等,构成了人权保护的国际标准,符合或基本符合国际人权法产生的第一项标准,但这些条约既未规定建立负责监督该条约实施的国际机构,也没有法定的监督程序,"都显出一个共同缺陷,即缺乏一个核实条约规定是否被遵守的监督机制"。④ 因此,不构成国际人权法。

为救济受到侵害的少数者,当时主要有两种措施:一是对侨居国外的本国

---

① 孙世彦:《论习惯国际人权法的重要性》,载《法制与社会发展》2000 年第 2 期。
② 孙世彦:《论习惯国际人权法的重要性》,载《法制与社会发展》2000 年第 2 期。
③ 孙世彦:《论习惯国际人权法的重要性》,载《法制与社会发展》2000 年第 2 期。
④ 白桂梅、龚刃韧、李鸣等:《国际法上的人权》,北京大学出版社 1996 年版,第 4 页。

少数者公民实行外交保护；二是对他国侵害其本国少数者公民的行为进行人道主义干涉。

早期的人道主义干涉的实践只是偶尔而为，无法构成国际习惯法，虽然有关国家曾为联合进行人道主义干涉缔结过一些条约，但这些条约不能构成国际人权标准；没有建立起负责人道主义干涉的国际机构；没有可供遵循的法定程序。

外交保护。"外交保护权是属于受害者国籍国的权利，而不是受害者个人的权利。"① 而且外交保护不具备国际人权法产生的任何一项条件。

第一次世界大战之前的禁止奴隶制和奴隶贸易的实践和制度。从1815年至1890年，为禁止奴隶制和奴隶贸易，有关国家先后签署了《关于取缔贩卖黑奴的宣言》（1815年）、《关于取缔非洲奴隶贸易的条约》（1841年）、《柏林会议关于非洲的总议定书》（1885年），特别是《布鲁塞尔关于贩卖非洲奴隶问题的总议定书》（简称《布鲁塞尔总议定书》）（1890年）。这些文件构成了禁止奴隶贸易的人权标准。为协调反对贩卖奴隶的活动，根据《布鲁塞尔总议定书》的规定，还设立了两个国际机构：设在桑给巴尔的国际海事办公室和设在布鲁塞尔的国际局。但这两个机构并没有获得监督该《总议定书》的实施的授权，该《总议定书》更未设置有效的监督程序。

"二战"之前的国际人道主义法。1864年《改善战地武装不对伤者境遇的日内瓦公约》以及随后的一系列建立了相应的人权标准，国际红十字（红新月）会是负责监督实施这些公约的专门国际机构，但令人遗憾的是，这些公约没有规定监督程序。

总而言之，上述四项国际人权法的先例均不符合国际人权法产生的标准。

国际联盟在保护少数者方面的制度和实践。巴黎和会上缔结了一系列保护少数者的国际条约或包含保护少数者内容的国际条约，这些国际文件构成了保护少数者的人权标准。"值得注意的是，在上述条约等文件中，需要保护的对象——少数者并不被作为群体或集合体，而是作为个人看待。"② 根据这些国际文件规定，对少数者的国际保障主要表现在以下三点："第一，有关国家承允关于保护少数者的规定为国际利益之义务，并被置于国际联盟担保之下。此种规定如未得到国际联盟行政院多数之同意，不得变更。第二，国际联盟行政院委员国对于此种义务中的任何义务有违反或违反之危险，得提请行政院注意，而行政院得采取办法明示训令在此情势中为其视为适宜且有效者。第三，

---

① 白桂梅、龚刃韧、李鸣等：《国际法上的人权》，北京大学出版社1996年版，第5页。
② 白桂梅、龚刃韧、李鸣等：《国际法上的人权》，北京大学出版社1996年版，第24页。

有关条约或条约条款之法律或事实各问题，有关国家和缔约国之间或与行政院委员会国之间意见不同时，应当按照《国际联盟盟约》第 14 条视为属于国际性质的争议。如经他方请求，应交付国际常设法院解决。"[1] 此后，国际联盟在实践中还形成了对少数者实施保障的一套制度及其程序。国际联盟对少数者的保障主要通过两种制度：一个是建立请愿制度；另一个是在行政院建立少数者委员会的制度。概括地说，国际联盟对少数者实施保障的主要程序是：首先由国际联盟秘书长审查请愿是否可以接受，一旦决定可以接受，便将请愿书送交有关国家寻求意见，然后交行政院委员国。在行政院，对请愿的审查首先通过少数者委员会进行。在审查结论中，少数者委员会或者可以驳回请愿，或者可以通过和有关国家政府之间的谈判寻求解决方案，或者可以请求将该问题列入行政院的议事日程。一旦有关请愿的问题被列入行政院的议事日程，行政院便以通常的程序进行审查。对少数者的保障，国际联盟通过建议一项处理由少数者指控他们的权利受到侵犯而提出申诉的制度来行使这种职权。[2] 由此可见，国际联盟为保护少数者权利而建立的国际法制度同时符合国际人权法产生的三项标准。

国际劳工组织在保护劳工权利方面的制度和实践。国际劳工组织的建立是巴黎和会的重要成就之一，《国际劳工组织章程》是《凡尔赛和约》体系的组成部分。虽然国际劳工组织是国际联盟的一部分，但其活动范围是与国际联盟分开的，具有高度的自治性，而且，国际劳工组织的总的发展也是与国际联盟相分离的。根据《国际劳工组织章程》规定，该组织的宗旨是，从正义和人道主义出发，改善劳动现状。具体包括限制工作时间、防止失业、担保足以维持相当生计的工资、保护工人的疾病及其工伤、保护儿童和青年男女、规定年老及残疾之养老金、保障外籍工人利益、承认自由结社的权利、组织职业和专门教育。国际劳工组织成为专门负责劳工权利保护的国际组织。截至第二次世界大战之前的 1939 年，国际劳工组织大会一共通过了 67 项国际公约和 66 个建议书，公约的批准国 38 个，批准总数达 948 个。这些公约主要涵盖以下几方面的内容：第一，结社自由和禁止强迫劳动；第二，劳动权利；第三，劳动条件和生存条件；第四，禁止童工和保护青年工人权利；第五，保护女工。这些公约构成了劳工方面的人权标准。为监督上述国际公约的实施，根据《国际劳工组织章程》的规定，建立了国家报告程序、团体申诉程序以及国家间

---

[1] 白桂梅、龚刃韧、李鸣等：《国际法上的人权》，北京大学出版社 1996 年版，第 24 页。
[2] 参见白桂梅、龚刃韧、李鸣等：《国际法上的人权》，北京大学出版社 1996 年版，第 21~33 页。

指控程序三种监督程序。① 为了有效审查会员国报告,1927年,国际劳工组织成立了两个常设委员会:一个是在理事会之下成立的"适用公约及建议书的专家委员会";另一个是在大会之下成立的"适用公约及建议书委员会"。前者由具有个人资格和独立立场的个人组成,后者则由分别来自政府、工人以及雇主的三方代表组成。国际劳工组织正是通过这两个委员会,审查会员国所提交的报告并监督这些国家对公约的实施状况。由此可见,国际劳工组织为劳工权利而建立的国际法制度完全具备国际人权法产生的三项条件。

因此,国际联盟有关保护少数者权利的国际法以及国际劳工组织有关保护劳工权利的国际法都已经完全具备国际人权法产生的三项条件,已经不再是国际人权保护的先例,而是意味着国际人权法的产生。

三、国际人权法的历史分期

据此,我们可以将国际人权法的历史发展过程分为三个阶段:国际人权法的萌芽阶段、国际人权法的产生和初步发展阶段、国际人权法的全面发展阶段。

(一)第一次世界大战之前国际人权法的萌芽阶段

如前所述,第一次世界大战之前的少数者的保护制度、早期的人道主义干涉、外交保护、第一次世界大战之前的禁止奴隶制和奴隶贸易的实践与制度不符合国际人权法产生的三项标准,我们完全同意国内外国际法学界的通说:它们仅仅构成人权国际保护的先例。在这一时期,人权纯属一国国内管辖事项是一项不可动摇的原则,这些人权国际保护的先例仅仅属于例外情形。

进而言之,在近代国际关系史上,外交保护往往被滥用,成为某些大国干涉和支配弱小国家的借口。人道主义干涉似乎更接近人权的国际保护。历史上,正是对本国宗教或人种等方面的少数者的迫害和压迫行为,引起了某些西方大国以人道为理由的干涉。但通过对"一战"之前的人道主义干涉历史的考察,它们都是西方列强对土耳其以及东欧国家的单方面干涉行为,并且有学者考察后发现,19世纪和20世纪初的各国实践中,几乎从来没有发生过真正的人道主义干涉,每次干涉主要是基于政治和干涉国自身利益的动机。传统国际法学说关于人道主义干涉的合法性问题始终存在争论,明显地分为两种对立的立场。尽管如此,人道主义干涉仍然不失为国际人权法的萌芽形态,因为

---

① 郭曰君:《国际人权救济机制和援助制度研究》,中国政法大学出版社2015年版,第132~136页、第185~192页。

"人道主义干涉原则首次提出了这样一个主张,即国家依据国际法所享有的对待他们自己国民的自由是受到某些限制的"。①

尽管关于人道主义干涉的合法性的争论在当代仍在持续,但某些区域的国家实践已经对这项原则给予支持。例如,《非洲联盟组织法》(2000年7月11日通过,2001年5月26日生效)明确承认非洲联盟有权依据其首脑会议的决定,就"战争罪、灭绝种族罪和危害人类罪等严重情况"对其成员国进行干涉。②此外,有学者认为,"冷战"结束以来,联合国安理会根据《联合国宪章》的授权,就一些国家发生的涉及"和平之威胁、和平之破坏或侵略行为"的情形通过决定,授权采取维和武装击退侵略者的措施,设立多个特设国际法庭以惩处对在那些地区实施危害人类罪、灭绝种族罪和战争罪负有责任的人员,都可以被认为是对大规模侵犯人权进行集体人道主义干涉的当代形式。③

需要特别指出的是,上述当代人道主义干涉与其先例有着重大区别:(1)这些人道主义干涉的制度设计和实践有着较为坚实的国际法基础——《联合国宪章》和《非洲联盟组织法》等;(2)有负责作出人道主义干涉的国际机构,如非洲联盟首脑会议、联合国安理会,根据这些机构的决定而建立的联合国维和部队、多国联军、特设国际法庭;(3)有法定的监督程序或工作程序。因此,它们已发展成为当代国际人权法的组成部分。

(二)两次世界大战之间的国际人权法的产生和初步发展阶段

如上所述,国际联盟的建立及其有关保护少数者权利的国际法、国际劳工组织的建立及其有关保护劳工权利的国际法标志着国际人权法的产生,并在第二次世界大战爆发之前,得到了初步发展。

特别值得提及的是,1930年国际劳工组织通过第29号公约——《强迫劳动公约》。这是国际劳工组织在禁止奴隶制方面所做的一项重要工作,是废除奴隶制国际运动的一个重要环节。第一次世界大战后,禁止奴隶制和奴隶贸易的实践和制度取得了进一步发展。《国际联盟盟约》和关于国际联盟职权的协议中写入了废除奴隶制的规定。1924年,为收集情况,国际联盟成立了"奴隶制问题临时专家委员会";1932年又成立了"奴隶制问题专家咨询委员会"。为申请加入国际联盟,埃塞俄比亚承诺在某一固定期限内废除奴隶制和奴隶贸

---

① [美]托马斯·伯根索尔、戴娜·谢尔顿、戴维·斯图尔特:《国际人权法精要》,黎作恒译,法律出版社2010年版,第3页。

② 参见《非洲联盟组织法》第4条第(h)项。

③ 参见[美]托马斯·伯根索尔、戴娜·谢尔顿、戴维·斯图尔特:《国际人权法精要》,黎作恒译,法律出版社2010年版,第3~4页。

易,并立刻采取措施以实现这一目标,且承认这不单纯是一国内政,国际联盟有权予以干涉。在此条件下,国际联盟才接纳埃塞俄比亚为其成员。1926年,国际联盟通过了《禁奴公约》并开放供各国签字。但公约没有任何实施或执行条款,仅要求各缔约国就各自未执行公约而订立的法律和规定相互通告并通知国际联盟秘书长。1948年《世界人权宣言》(第4条)、1966年《公民和政治权利国际公约》(第8条)均规定禁止一切形式的奴隶制和奴隶贸易。更重要的是,1956年联合国召开外交会议通过了《废除奴隶制、努力贩卖及类似奴隶制之制度与习俗补充公约》,公约不仅涉及奴隶制和奴隶贸易,而且还涉及与奴隶制相类似的习俗,如债务奴役、农奴制、买卖新娘、转让和继承妻子以及为剥削而收养儿童。

不可否认,这一时期的国际人权法存在一些明显缺陷:其一,并未明确使用"人权"概念。其二,仅仅涉及部分人的部分权利。国际联盟有关保护少数者权利的国际法仅仅适用于少数者而不是所有人,所保护的权利仅仅限于生命权、人身自由、宗教自由等权利和基本自由,而非全部人权。国际劳工组织在1939年之前虽然通过了67项公约,但这些公约仅仅适用于劳工权利的保护,而且,在内容方面,只有两个是关于基本权利和自由的公约,即《1921年(农业)结社权利公约》(第11号公约)和《1930年强迫劳动公约》(第29号公约)。其三,由于其先天缺陷,国际联盟从其成立之日起就一直未能有效履行其职权,国际联盟关于保护少数者的国际法未能有效发挥作用,第二次世界大战的爆发更导致国际联盟名存实亡。国际劳工组织的报告制度虽然是一种强行性程序,但其强制性不足,发挥作用有限。团体申诉程序和国家间指控程序在"二战"之前从未被启动过,虽具有法律效力,但不具有实效。

即使如此,正如我们不会因为一个婴幼儿、少年不具备一个成年人的全部特征而否定他是一个人一样,我们也不能因处于发展初期的国际人权法存在种种缺陷而否认它们已经具备国际人权法的基本要件。甚至,正如我们不会因为一个人夭折而否认他曾经作为一个人而存在过,我们也不能因为国际联盟在"二战"爆发后名存实亡而否认它曾在国际人权法领域所取得的开创性成就。

(三)"二战"之后的国际人权法的全面发展阶段

联合国的建立,标志着国际人权法进入全面发展阶段。《联合国宪章》为国际人权法的全面发展奠定了概念和法律上的基础。《联合国宪章》明确地使用了"人权"(human rights)的概念。根据《联合国宪章》的规定,"不分种族、性别、语言或宗教,增进并激励对于全体人类之人权及基本自由之尊重"为联合国的三项宗旨之一。为实现这一宗旨,联合国应促进"全体人类之人权或基本自由之普遍尊重与遵守",各会员国担允采取共同及个别行动与联合国合作,以达成上述宗旨。联合国大会和经济及社会理事会在保障人权方面负有重要责任,联合国大会应就"不分种族、性别、语言或宗教,助成全体人类之人权及基本自由之实现"发动研究,并做成建议;经济及社会理事会"为增进全体人类之人权及基本自由之尊重及维护起见,得做成建议案"。宪章还授权经济及社会理事会"设立经济与社会部门及以提倡人权为目的各种委员会"。联合国人权委员会和联合国妇女地位委员会等人权机构就是据此设立的。此外,宪章还规定联合国托管制度的目的之一为"不分种族、性别、语言、或宗教,提倡全体人类之人权和基本自由的尊重,并激发世界人民相互维系之意识"。

形成联合国人权法体系、联合国专门机构人权法体系以及区域人权法体系三个层次的国际人权法体系。以联合国九大核心人权公约为主干的国际人权条约体系规定了较为全面系统的国际人权标准体系。国际劳工组织、联合国教科文组织等联合国专门机构的相关人权公约构成了各自领域的人权法体系。欧洲理事会、美洲国家组织、非洲联盟(及其前身非洲统一组织)等区域性国际组织的一系列国际人权公约构成了区域性人权法体系。这三个层次的国际人权法体系具有一定的重合性和互补性。

宪章机构与条约机构分工合作,形成较为完备的人权国际保护机构体系。联合国人权委员会曾经是联合国系统内最为重要的专门负责人权问题的宪章机构。2006年之后,人权理事会取代人权委员会的地位,是当今联合国系统内最为重要的专门负责人权问题的宪章机构。此外,联合国大会、安理会、经济及社会理事会、联合国秘书处等联合国机构都在人权方面享有各自的职权职责。联合国人权事务高级专员及其办公室是联合国秘书处的组成部分,在人权方面负有重要职责,是联合国行政系统中最为重要的负责人权事务的机构、联合国九大核心人权公约都设有相应的条约机构负责其实施监督。[①] 国际劳工组织、联合国教科文组织、欧洲理事会、美洲国际组织、非洲联盟都有相应的宪章机构和条约机构,形成各自的人权国际保护机构体系。

普遍定期审查机制、缔约国报告程序、来文程序、国家间来文程序、调查

---

① 经济、社会及文化权利委员会,并非根据《经济、社会及文化权利国际公约》而设立的,而是根据经济及社会理事会的决议设立,并非严格意义上的条约机构,但联合国人权高专办事处的官网上将它列为条约机构。《经济、社会及文化权利国际公约任择议定书》赋予经济、社会及文化权利委员会对来文、国家间来文和调查的管辖权,随着该任择议定书于2013年5月5日生效,经济、社会及文化权利委员会已经成为一个严格意义上的条约机构。

程序等构成监督联合国会员国、缔约国履行尊重和保障人权义务的程序体系。联合国人权理事会的主要监督程序包括普遍定期审查机制、特别机制、申诉机制。缔约国报告程序是国际人权条约普遍采取的强行性程序，来文程序（包括个人来文程序和团体来文程序）、国家间来文程序和调查程序等国际人权司法程序或准司法程序通过人权公约条款或任择议定书的形式，越来越广泛地被国际人权条约所采用。①

总而言之，第二次世界大战之后，国际人权法在国际人权标准、人权机构和监督程序三个方面得到全面发展，国际人权法成为国际法中发展最为迅速的三大领域之一。

（原载于《广州大学学报（社会科学版）》2017年第5期，有删改）

---

① 参见郭日君：《国际人权救济机制和援助制度研究》，中国政法大学出版社2015年版。

两大法系背景下宪法程序性比较及其启示
——以宪法权利保障程序为例

谭 波*

摘 要▶ 两大法系背景下的宪法权利保障对比可以成为观察宪法程序性的重要视角。程序理念的融入对国家立宪与修宪有着先入与持续的影响，宪法程序对人身权利的关注更使其联系和表现于刑事诉讼化的程序之中且内容具体，司法救济渠道的入宪更使宪法权利获得了程序性的补强。在上述诸方面的缺失可以成为我国宪法程序性攻坚和改观的重点与难点所在，效果可期。

关键词▶ 法系；宪法；程序性；启示

从世界法制史的纵面来看，两大法系（英美法系和大陆法系）在宪法权利保障方面经过几百年的演进，已经逐渐展露出其相应宪法规范的程序特色。按照法系来划定，英美法系在程序色彩方面可能要更浓于大陆法系，侧重判例法传统的做法本身就意味着相对更为细致的程序路径。

一、英美法系宪法权利保障程序列示

（一）美国

世界上首部成文宪法——美国宪法在出台之初本没有宪法权利方面的规定，但随之而来的实践历练让其尽快弥补了自身的不足，1791年正式获批施行的美国前十条宪法修正案（《权利法案》）就彰显了其程序的特色，也就是说，其中不单单是对实体权利的设定，更有对实现实体权利的程序保障。[①] 比较典型的如美国宪法修正案第五条，"任何人不得因同一犯罪行为而两次遭受

---

* 谭波，河南工业大学法学院副教授，法学博士，硕士生导师，中国社会科学院法学研究所博士后研究人员，主要研究宪法学与行政法学。

① [美] 迈克尔·C. 道夫：《宪法故事》（第二版），李志强、年效波译，中国人民大学出版社2012年版，第333页。

生命或身体的危害；不得在任何刑事案件中被迫自证其罪；不经正当法律程序，不得被剥夺生命、自由或财产"。① 这一思想也影响了美国宪法的后续程序精神，1868 年批准生效的美国宪法修正案第十四条规定，"无论何州未经正当法律程序均不得剥夺任何人的生命、自由或财产"。② 程序思路比较典型的还有宪法修正案的第六条和第七条。

表 1　美国宪法修正案第六条和第七条宪法程序权利列示

美国宪法修正案第六条	在一切刑事诉讼中，被告享有下列权利：由犯罪行为发生地的州和地区的公正陪审团予以迅速而公开的审判，该地区应事先已由法律确定；得知被控告的性质和理由；同原告证人对质；以强制程序取得对其有利的证人；取得律师帮助为其辩护。③
美国宪法修正案第七条	在普通法的诉讼中，其争执价值超过 20 元，由陪审团审判的权利应受到保护。由陪审团裁决的事实，合众国的任何法院除非按照普通法规则，不得重新审查。④

（二）英国

英国最早颁布于 1215 年的《自由大宪章》已经初现了程序的端倪，于 1297 年最后一次修订的《自由大宪章》则有一些程序传统保留至今。⑤ 比如该文件中的第 29 条关于"监禁、违背法律、司法的行政管理"，"任何自由人均不得被带走或被关押，或被非法剥夺不动产所有权、自由、自由的关税，或被剥夺法律保护，或被放逐，或遭受其他任何方式的伤害；……"在 1998 年颁布的不成文宪法组成部分之《人权法》中，第 10～12 条清晰地表达了权利的救济程序，并且与人权公约有着密不可分的程序关联。

---

① 美国宪法修正案第五条。
② 美国宪法修正案第十四条。
③ 美国宪法修正案第六条。
④ 美国宪法修正案第七条。
⑤ 《自由大宪章》条文至现今已修改多次，特别是 20 世纪以来通过多部《法律修改法》《法律（废除）法》等废止了大部分条文。

表2 英国人权法对权利救济程序之规定

第12条	(1) 如果法院正在考虑是否允许救济，倘若允许该救济可能影响公约自由表达权的行使，则适用本条。(2) 如果救济申请的针对人（被告）既未出庭也无人为其代理，则不得准许救济，除非法院确信：(a) 申请人已用尽所有办法通知被告；(b) 有充分理由说明不通知被告的原因。(3) 不得允许这样的救济旨在限制审理前的公之于众，除非法院确信申请人能够证明不应准许公之于众的理由。(4) 法院须特别尊重公约的表达自由权利的重要性，在此处诉讼涉及被告主张的材料，或涉及法院认为属于新闻、文学或艺术的材料。(5) 本条中"法院"包括法庭；"救济"包括任何补救办法或命令（除刑事诉讼外）。①

（三）印度

印度宪法第三编"基本权"中，涉及程序的条文包括：第22条"特定案件中免受逮捕和羁押的保障"中，有一些关于侵犯自由时限制人身自由的必要程序，也仅仅是带到治安官面前，没有具体程序来进行限制。第22条第3款是上述程序不适用的一些例外情况。在"特定法律的维持"这一部分中，第31-2条和第31-3条解决的是法律和条例冲突时的解决方法；第32、33、34条规定了权利受到侵害时的救济程序。

表3 印度宪法中事关权利的冲突解决机制与宪法救济机制

条文序数	具体内容
第31-2条	如果其不损害第31-1条的一般性规定，不得以附件九所列举的法律和条例及其规定与本编的规定不一致或者剥夺或者侵害任何其所赋予的权利而认为其无效或者使其无效，即使法院或者裁判所作出相反的裁决、令状或者判决；在其为有权的立法机关废止或者修改前，其继续有效。

---

① 《英国人权法》第12条。

续表

条文序数	具体内容
第 32 条 为实施本编赋予的权利救济	（1）保障向最高法院就实施本编所赋予的权利提起适当诉讼的权利。（2）最高法院有权发布对于实施本编所赋予的权利而言适当的指令、命令，或者包括人身保护令、执行令、禁止令、质询令及调卷令在内的令状。（3）在不影响第 1 款和第 2 款赋予最高法院的权利的前提下，议会得以法律授权任何其他法院在各该院管辖的地域范围内行使应由最高法院依据第 2 款行使的全部或者部分权利。（4）除本宪法另有规定外，不得终止本条保障的权利。

二、大陆法系宪法权利保障程序列示

（一）俄罗斯

俄罗斯宪法在权利保障的程序规定方面与我国宪法的第二章相近，但在保护人身自由的相关条文中，《俄罗斯联邦宪法》第 22 条第 2 款规定："只有根据法院的裁决，才能实施拘留、监禁和羁押。在法院作出裁定之前，任何人都不得被羁押 48 个小时以上。"[①] 在私有财产权保护的程序方面，《俄罗斯联邦宪法》第 35 条第 3 款规定："非依据法院的判决，任何人都不得被剥夺其财产。只有为了国家的需要，并且在预先作出等价补偿的条件下，才能对私有财产进行征收。"[②] 另外，该章第 46 条第 2 款、第 3 款是权利受到侵害的救济程序，第 2 款规定："对于国家权力机关、地方自治机关、社会联合组织和公职人员的决定与行为（作为或不作为），均可以向法院提出控告。"[③] 第 3 款规定："在国内现有的法律保护手段都已穷尽的情况下，每个人都有权依据俄罗斯联邦签署的国际条约向保护人权和自由的国际机构提出控告。"[④]

（二）德国

德国宪法对基本权利的保障是比较重视的，宪法典开篇首章即是。整体风格是，几乎每规定一项权利，都呈现相对应的配套保障程序，但其中程序的要

[①] 《俄罗斯联邦宪法》第 22 条第 2 款。
[②] 《俄罗斯联邦宪法》第 35 条第 3 款。
[③] 《俄罗斯联邦宪法》第 46 条第 2 款。
[④] 《俄罗斯联邦宪法》第 46 条第 3 款。

素或程序性或显或泛。从第 2 条"人身权"起，就展现了这一特点。

表 4　德国宪法中的权利保障程序列示

条文序数	具体内容
第 13 条第 2 款	只有在法官发布命令后，才可按照法定形式对住宅进行搜查，对于延误有危险的，也可根据法律规定由其他机构发布搜查令且搜查只得以法律规定的形式进行。①
第 13 条第 3 款	如依据有关事宜怀疑某人犯有法律规定的某项特别严重的罪行，且以其他手段对案情进行调查格外困难或无望，可依据法官的命令对犯罪嫌疑人可能停留的住宅采用技术手段进行紧急监控以侦查案情。监控措施应有期限。有关监控命令由 3 名法官组成的审判组织作出。延误有危险时，监控命令亦可由 1 名法官作出。②
第 14 条第 3 款	只有为实现公共福祉才可允许剥夺财产权。对财产权的剥夺只能通过和依据规定了财产补偿方式和程度的法律进行。确定补偿时要公正权衡社会利益和相关人利益。对于补偿额有争议的，可向普通法院提起诉讼。
第 19 条第 4 款	无论任何人的权利受到公权力的侵害，均可提起诉讼。如无其他主管法院，可向普通法院提起诉讼。③

（三）法国

法国的宪法比较特殊。序言中明确提出，"法兰西人民郑重宣告恪遵 1789 年人权宣言中明确规定并在 1946 年宪法序言中确认与补充的人权和国家主权原则，以及 2004 年环境宪章中所规定的权利和义务"。④ 也就是说，在法国 1958 年现行宪法的正文中，找不到权利的实体内容是正常的。但是就权利保障的程序而言，第十一章之一"权利保护人"（le Défenseur des Droits）却是明显的。任何人认为其权利因公共服务运作或国家行政机关、地方公共团体、公共机构及其他所有承担公共服务职责或组织法授予其权力的机关而受到侵犯，皆可依照组织法规定的条件向权利保护人提请保护。权利保护人也可以自行提出请求。权利保护人的职权与介入方式以及行使特定职权的条件均由法

---

① 《德意志联邦共和国基本法》第 13 条第 2 款。
② 《德意志联邦共和国基本法》第 13 条第 3 款。
③ 《德意志联邦共和国基本法》第 19 条第 4 款。
④ 《法兰西共和国宪法》序言第一段。

定，同时，权利保护人的任命程序与任职资格以及职权行使的方式均在宪法中得以确认。值得一提的是，对于政府成员的刑事责任，宪法还在专章作了规定，由共和国法院（la Cour de Justice de la République）进行审判，其中提到了调查委员会和驻最高法院总检察长的程序职权环节。

（四）日本

日本宪法的文字相对简省，但在宪法权利的维护上却并未简单了事，尤其是在对国家及公共团体不法行为的求偿权、财产权、人身自由的限制以及错误限制的赔偿请求权等，均作了相对细致的程序规定。

表5　日本宪法权利保障程序列示

条文序数	具体内容
第17条	任何人在由于公务员的不法行为而受到损害时，均可根据法律的规定，向国家或公共团体提出赔偿的要求。①
第29条第3款	私有财产在正当的补偿下，可收归公用。
第33条	不经法律规定的程序，不得剥夺任何人的生命或自由，或科以其他刑罚。②
第34条	如不直接讲明理由并立即给予委托辩护人的权利，对任何人不得加以拘留或拘禁。同时，如无正当理由，对任何人不得加以拘禁，如本人提出要求，必须立刻将此项理由在有本人及其辩护人出席的公开法庭上予以宣告。③
第35条第1款	对任何人的住所、文件以及持有物不得侵入、搜查或扣留。此项权利，除第三十三条的规定外，如无依据正当的理由签发并明示搜查场所及扣留物品的命令书，一概不得侵犯。④
第35条第2款	搜查与扣留，应依据主管司法官署单独签发的令状实施。⑤
第40条	任何人在拘留或拘禁后被判无罪时，得依法律规定向国家请求赔偿。⑥

① 《日本国宪法》第17条。
② 《日本国宪法》第33条。
③ 《日本国宪法》第34条。
④ 《日本国宪法》第35条第1款。
⑤ 《日本国宪法》第35条第2款。
⑥ 《日本国宪法》第40条。

（五）韩国

韩国宪法第二章为"国民的权利和义务"，其中涉及保障人权的程序，较为丰富，涉及多元。

表6　韩国宪法权利保障程序列示

条文序数	具体内容
第12条	（1）国民享有人身自由。未经法律许可，任何国民都不受逮捕、拘禁、搜查、扣押或审讯；未按照法律和合法程序，不受处罚、保安处分或强制劳役……（3）逮捕、拘禁、搜查或扣押应按正当程序，根据检察官的申请，提供法官签发的令状。但现行犯和犯有相当于3年以上长期徒刑的犯罪并在逃或有毁灭证据可能的，可在事后申请令状。（4）国民有在受到逮捕或拘禁时迅速得到辩护人帮助的权利。但刑事被告人不能自行选任辩护人时，国家依法指定辩护人。①
第16条	国民的住宅自由不受侵害。对住宅进行没收或搜查时，须提出依检察官申请由法官签发的令状。②
第23条第3款	（3）根据公共需要而实施的财产权征用、使用或限制及补偿由法律规定，应支付合理的补偿。③
第29条	（1）因公务员履行职务时的不法行为而受到损害的国民可根据法律规定向国家或公共团体要求正当补偿。此时，并不免除公务员本身的责任。（2）军人、军务员、警察公务员及其他法律规定者因战争、训练等同履行职务相关的活动而受到损害时，除法律规定的补偿外，不得向国家或公共团体要求因公务员履行职务时的不法行为而导致的赔偿。④

三、两大法系背景下的程序保障对比

以上是对当前两大法系的典型五国（即英、美、法、德、日）以及亚洲

---

① 《大韩民国宪法》第12条。
② 《大韩民国宪法》第16条。
③ 《大韩民国宪法》第23条第3款。
④ 《大韩民国宪法》第29条。

典型近邻国家的宪法权利保障程序分析，从上述比较来看，不同法系对宪法权利的程序保障均有注重，尤其是人身自由、住宅权与财产权的程序保障以及相应的国家赔偿和在征用情况下获取公正补偿的权利方面，已经成为各国宪法典的共性。具体分析，又会发现以下一些趋势与深层结论：

（一）程序理念及其对立宪修宪的融入

英美法系与大陆法系的文化背景之中，前者相对具体，与其更多采用判例精神的做法不无联系，英国作为现代宪政之母国，在宪法规范的程序精神方面也可谓是首屈一指。虽然是不成文宪法国家，但在关键问题上，英国宪法对各类权利的程序保障并不逊于成文宪法的其他国家。美国宪法文本规范的程序思想引入实际上是西方法治国家与社会建构的一个缩影，比如，美国宪法本身在修正时需要法定数目的州批准就是一种契约（程序）精神的展示，之前美国宪法的"五月花号"盟约的成形以及各州让渡主权的联邦模式均沾染了程序的浓重色彩，程序实践的反复与强化带动了宪法程序立法思想的发展，而在宪法文本之外，一些围绕宪法程序思想展开的研究与总结更是渐入佳境，比如，正当法律程序（Due process of law）在西方经历了思想上和实践上的发展，从程序性的正当程序（procedural）到实质性的正当程序（substantive），逐层深入。印度宪法应是英美法系文化在亚洲的典型。作为世界上最长的宪法，其程序保障理念也和英美法系的其他国家一样，贯彻始终。特别值得一提的是，印度宪法在事关程序权利的问题上还设置了冲突的解决机制。大陆法系国家在此方面也具备很强的法律理性，宪法权利保障方面有"穷尽国内宪法救济"原则，肯定了宪法权利国际救济的原则。

（二）刑事程序宪法化与宪法内容具体化

在上述很多宪法中不失具体的程序制度架构，足见其程序设置之重。用现代的程序理念来审视，会发现很多具体的刑事诉讼程序内容宪法化，而宪法内容就相应细致化，这实际上代表了一种早期对程序权利或人身权利的重视，而这种权利在人权观念发展的初期最受推崇，这与刑事诉讼法律部门本身的"小宪法"地位也是应然相称。①有些国家在人身自由的保障方面已经具体入微，比如韩国在此方面已经走在前列，甚至在宪法中还采用了刑事程序理论中的"毒树之果"理论，即"当确认被告人的口供是出于刑讯、暴力、胁迫、拘禁下的不当手段的长期化或以欺骗等方法获得而非自愿供述的；或正式审判

---

① ［荷］亨克·范·马尔赛文、格尔·范·德·唐：《成文宪法——通过计算机进行的比较研究》，陈云生译，北京大学出版社2007年版，第122～123页。

中,仅依据被告人不利己的口供为惟一证据时,不得将其作为有罪证据或据此科以处罚"。俄罗斯宪法关于拘押时间的限制规定只在我国的刑事诉讼法中才可找到。德国宪法中比较典型的是公民的住宅权和财产权的限制程序,作为基本权利中最为重要的人身权延伸的住宅权和财产权,由于其存在的实体性,在具体宪法保障程序设定时确需严格操作,特别是对于防范公权力的侵犯,宪法更是不遗余力地加以细致限定,足见其立宪重点。

(三)司法制度与救济对宪法实施的前提性与辅助

程序本身就与法律执行或司法相连,尤其是司法,在很长时间内都被作为程序的代名词。司法本身为宪法内容的一部分,但司法制度及其相应文化的发达对宪法有着反作用的影响。如英美法系之令状救济在印度宪法之体现、陪审团程序之设定;美国宪法修正案中甚至涉及的司法诉讼受理标准的数额化,更具特色。甚至形成宪法程序中的"无司法程序而不行宪"之通例,而在不少大陆法系国家中,与英美法系国家相比,其中也不乏"法官发布命令"的司法程序过程与先置。日本宪法中亦有关于司法官单独签发令状的前提下才可实施搜查与拘留的规定,韩国也在宪法中设计了令状之制度流程。另有相对典型的就是与上述俄罗斯宪法较为相近的司法控告路径。在权利保障方面,俄罗斯宪法文本显示出这样两个特点:一是注重司法程序的保障,在宪法中充分肯认了司法程序对于宪法权利限制的前提地位;二是对于国家权力机关或准国家权力机关及其公职人员的侵权,宪法囊括的范围相对较广,提出了对行为的司法控告路径。

四、两大法系背景下的宪法程序保障比较对我国之启示

程序强宪虽然不是我国当下宪法的现状所现,但宪法实施已经明显为其所限,而一旦能够把握稳准,程序路径将极有可能成为我国宪法实施特别是宪法解释以及合宪性审查的捷径,易收事半功倍之效。我国有学者将国外的宪法权利保障程序机制分为三类,即美国式的宪法修正案规定式、德国的列举式与概括式相结合的体制以及俄罗斯的附随实体性规定的宪法权利保障模式。[①] 程序本身可预期的效果性也会促成明显效果之形成,形成相应的程序机制与文化,有利于杜绝更多制度外人为因素或政治因素的干扰。

(一)深化宪法程序理念与程序主体建构

相比具体的宪法程序权利保障,程序理念的建构属于顶层设计,相对更为

---

① 参见刘旺洪:《公民基本权利宪法保障程序论略》,载《江苏社会科学》2006年第5期。

迫切。我国已经先后签署了《经济、社会与文化权利国际公约》以及《公民权利与政治权利国际公约》并先后几次提交履约报告。2004 年进行了"人权入宪"的修宪尝试，2012 年修改了刑事诉讼法并把"尊重和保障人权"的主体思想写入其中，成为与"惩罚犯罪"不可或缺的价值目标，如果说权利是一种具体而有形的利益，那么人权就更倾向于一种思路和文化。我国虽已在宪法中明确了基本权利的种类，但具体权利的保障依然停留在刑事诉讼法等部门法层面，宪法程序设置依然维持了原来的架构，"留给公民宪法权利行使的程序余地就更显少之又少"。[1] 理念强则制度强，理念强则程序制度入宪有希望并会不断加快。

因此，一方面，我们应该从务实的角度做起，查漏补缺，推进《公民权利与政治权利国际公约》的批准，使其中程序权利的内容必然进一步与宪法对接或者转换，强化程序责任的设置，增加宪法责任的形式和追究机制。另一方面，从务虚的角度，我们应该在"程序正义"理念角度下功夫，这是早在20 世纪 90 年代就有学者反复提及的要点。[2] 确定弹性的原则条款及其必要时的补充适用力，成为将来的违宪审查机构直接保护公民权的有力武器。[3] 这样才能虚实结合，而实现以实体程序制度与程序责任机制倒逼程序理念建构的目的。[4] 同时，在我国，程序理念的扩展还表现在对程序主体的确认与扩展上，在党的十八届四中全会已经确定了党的领导与依宪执政的关系之后，党作为宪法主体尤其是程序主体的地位应该予以明确，特别是在启动修宪程序之时，党的领导地位体现得较为完整，也已经是我国当下的宪法惯例。从程序上配合设定相应的制度实施与党的宪法地位保障，是未来行宪不可回避的问题。

(二) 强化对人身自由权保障的宪法程序

这与我国宪法中对住宅权"中华人民共和国公民的住宅不受侵犯"和"禁止非法搜查或者非法侵入公民的住宅"[5] 之模式形成鲜明对比。通过宪法清理或违宪审查实现对人身自由的程序保障。人身自由的限制属于法律保留的事项，为了配合这种立法保留的规定，应该在宪法严肃相应的免受限制情形及

---

[1] 谭波：《中国宪法实施与法治思维——来自宪法事例的声音》，载《广州大学学报（社会科学版）》2014 年第 1 期。

[2] 参见吕尚敏：《论宪法规定中的程序性条款》，载《江苏社会科学》1999 年第 2 期。

[3] 参见杨庆华：《中、日、美公民宪法权利之比较及借鉴》，载《延边大学学报（社会科学版）》2008 年第 3 期。

[4] 参见刘广登：《宪法责任论》，山东人民出版社 2007 年版，第 131 页、第 147 页。

[5] 现行《宪法》第 39 条。

其限制后的宪法责任，同时，在宪法中应该首先明确相应的程序细节以及救济机制。从上面的列示中，不难看出，韩国宪法对人身自由以及刑事领域当事人的权利保障倍加重视，除此以外，国家赔偿申请方面的权利也较其他国家宪法更细致。韩国宪法规定"未按照法律和法律程序，不受处罚"，同时也包括保安处分和强制拘役，这对我国当下有着深刻的启示意义。对宪法人身自由保障作为宪法原则的肯认实际上可以直接作为确认某些法规合宪性的重要依据，配套的制度建构则是立法的"民间监督启动机制"，"对因由具体案件引起立法监督启动的个例，设定回复的时限与形式，进度公开，从程序环节上多加限定"。[①] 相应的宪法解释程序机制的强化则可以作为强化该项制度的补充。

（原载于《广州大学学报（社会科学版）》2016年第1期，有删改）

[①] 谭波：《现行立法监督程序启动保障机制三十年之启示与其完善》，载《兰州学刊》2012年第10期。

人权教育

Human Rights Education

也谈国际人权法的国内实施
——以人权教育为视角

张雪莲*

摘　要▶ 在影响国际人权法国内实施程度的众多因素中，一元论和二元论这一传统理论的影响正在减弱，人权文化和人权观念的影响日益突出。人权教育通过传播国际人权知识、培育关于国际人权的正确观念、建立普遍人权文化和鼓励不同层面的人权行动，促进国际人权法在国内的实施。在具体实践层面，既要充分利用我国现有的人权教育渠道和途径，也要积极推动国内教育和考试改革。此外，考虑到国际人权法的特殊性，在推动国际人权法教育时，还应牢牢把握国际人权法批准与实施过程中每一个适于人权教育的契机，其中最重要的是公约批准前后的讨论和实施中的定期履约报告制度。

关键词▶ 人权教育；国际人权法；国内实施

自 2001 年中国批准《经济、社会及文化权利国际公约》，尤其是 2004 年人权入宪以来，我国学者关于国际人权法国内实施的研究呈现日渐繁荣的态势，研究主要集中在以下几个方面：一是在国际人权法的框架下研究国际法与国内法，尤其是宪法的关系；二是研究单个国际人权公约，如《经济、社会及文化权利国际公约》《儿童权利国际公约》等在国内的实施问题；三是分析国际人权法在我国国内实施的现状和对策。在实践中，国际人权法的国内实施主要通过立法、行政和司法三条途径来实现。在我国，这三条途径都不是特别畅通，原因是多方面的，除了大家公认的"国际人权法在国内法律体系中的地位不明确"外，笔者认为，民众、法官、律师、执法人员和人大代表对国际人权法的性质、内容及其对于人权保障的意义缺少必要的认识，也是影响国际人权法在我国国内实施的重要因素。本文在这一认识的基础上，拟从以下几个方面展开研究：第一部分分析影响国际人权法在国内实施程度的各种因素；

---

* 张雪莲，东南大学讲师，法学博士，从事宪法与人权法研究。

第二部分探讨人权教育在促进国际人权法国内实施中的作用；第三部分探寻适于国际人权法教育的契机。

一、影响国际人权法国内实施的因素分析

（一）一元论与二元论不再是影响国际人权法国内实施的主要因素

一元论和二元论是界定国际法和国内法关系的传统理论，前者承认国际法是国内法律体系的一部分，后者强调国际法与国内法是两套并行的法律制度。但这一区分伴随着全球化的浪潮和新兴国际法（主要是国际人权法）的产生而日渐式微[①]，至少在国际人权法领域，它们已经不是影响国际法国内实施程度的最重要因素。

1. 突破一元论："对话式一元论"的产生与发展

与传统国际法不同，国际人权法以史无前例的程度处理国家与其公民之间的关系，而这些关系一直都是国内人权法的管辖领域，因此在一元论国家，就产生了这样一个问题，即在个人与国家间关系的同一事项上，国内法和国际法都可以适用。在这些国家，法官和学者们最关心的问题就是国际人权法在国内法律体系中的等级和地位。但是在通常情况下，国际人权条约与国内法，尤其是宪法之间的关系都是模糊不清的，我国宪法中更是从未提及两者之间的关系。有鉴于此，一些学者开始另辟蹊径，其中建立在"人格保护优先"这一原则基础上的"对话式一元论"（dialogical monist）颇值得关注。"人格保护优先"的原则包含两个解释规则，以保证个体人格获得优先考虑：第一，当适用人权标准时，必须对人权标准进行宽泛解释；反之，当限制人权时，则应采用限制解释。第二，在国内法律体系中，国际法与国内法的冲突解决不应以等级或特定规则为指导，而应选择特定情形下最有利于个体人格的标准。以这一原则为基础，"对话式一元论"主张不排除任何人权标准，也不对不同的人权标准进行严格的等级排列，而是通过彼此间的对话实现互补，达到保护个体人格的最终目的。[②]

2. 突破二元论："班加罗尔原则"的产生与发展

二元论国家被认为不愿援引国际法，但从理论上看，二元论也并没有要求

---

① 参见贾少学：《国际法与国内法关系论争的时代危机——对一元论和二元论进路的反思》，载《法制与社会发展》2009年第2期。

② See Valerio de Oliveira Mazzuoli and DiltonRibeiro. The Japanese Legal System and the Pro Homine Principle in Human Rights Treaties, AnuarioMexicano de Derecho Internacional, Vol. XV, 2015: 239 – 282.

法院忽略国际标准。而且在实践中采行二元论的主要国家，如南非、英国、爱尔兰等都在不同程度上使用国际人权法来解释国内法。在这一发展过程中，"班加罗尔原则"（Bangalore Principles）起到了重要的催化作用。1988年至1998年间，人权法律保护国际中心（Interights）和英联邦协会共同组织了一系列法官座谈会，这些座谈会重点讨论了普通法国家的法官应如何利用尚未合并入国内法的国际人权条约，并以声明的形式表明自己的观点，这些声明被称为"班加罗尔原则"，"班加罗尔原则"经过十年的发展，逐步从保守走向激进，它们的共同之处在于突破了二元论的束缚，为国际人权法在国内法院的适用开辟了一条新的道路，那就是即使它们不具有国内法律效力，但它们仍然可以被援引协助解释国内法。

（二）人权观念和人权文化的影响日益突出

从上述分析不难发现，一元论和二元论带来的障碍正在通过不同方式被克服：立足于个体人格的保护，一元论下不同人权标准的效力等级问题不再是国际人权法国内实施的主要障碍；将国际人权标准作为解释国内法的辅助资料，解决了二元论下未合并条约的国内适用问题。显然，一元论和二元论已经不足以为"不同国家实施国际人权法的不同程度"提供合理解释，那么还有什么其他的影响因素呢？多年前，就有学者在研究法官对待国际法的态度时，开始关注法律文化的影响。伯明翰法学院 Fiona de Londras 教授在前人研究的基础上，将影响国内法院适用国际人权法的程度的国内法律文化因素归纳为以下几个方面：①

1. 本国法官、律师和民众对国际人权法性质的认知

对待国际人权法的态度大体可以分为两类：一类是将国际人权法视为国内法的闯入者，因为国际人权法与国内法在调整事项上具有高度一致性，所以在一些国内宪法已经规定了人权保护的国家，法官和律师们可能会拒绝外部产生的法律，担心它们会破坏、威胁到本国已经确立的人权标准。例如美国虽然是国际人权法律体系强有力的推进者，国际人权法与其国内宪法也具有同样的价值基础，但是美国最高法院也会偶尔拒绝国际人权法的适用；另一类是将国际人权法视为国内法的合作者，协助解释国内法。这种观念在越来越多的国家得到认同，因为国际人权法确立的诸如个人权利、政府权力以及两者之间关系的一些概念，对于发挥同样功能的国内法院而言，具有很强的指导意义。

---

① See Fiona de Londras. Dualism, Domestic Courts and the Rule of International Law // Mortimer Sellers and Tadeusz Tomaszewski. The Rule of Law in Comparative Perspective（IusGentium：Comparative Perspectiveson Lawand Justice Volume 3）. Springer, 2010：217 - 243.

2. 关于国际人权法在法治概念中的地位的认知

在将国际人权法视为国内法合作者的同时,一些国家的法官和学者开始调整传统的法治观念,使之包含"遵守国际义务"的原则。在这方面,英国著名法官宾汉姆勋爵作出了杰出贡献。在他的著作《法治》一书,他将法治细分为八个子原则,其中两项与国际法有关:一是"法律必须提供充分的基本人权保护",这里基本人权虽然并不是指向所有国际公约保护的人权,但至少包括那些最基本的、能成为法治规则基础的权利和自由;二是"法治要求国家遵守其在国际法中的义务,如同遵守国内法一样",其中暗含了国际人权法义务,从而使法治概念具有了明显的国际主义色彩。① 宾汉姆勋爵的观点虽然是针对英国的现实问题提出的,但对其他国家也同样具有启迪和借鉴意义。

3. 关于国内法院在实施国际人权义务中的角色的认识

从国家权力分立的角度看,实施国际人权法、与国际人权法保持一致通常被认为是立法机关的责任。在严格坚持二元论的法官和学者眼中,国际人权法只有合并入国内法律体系后才能适用,因此实施国际人权法的首要责任在于议会,法院的司法适用是不当地为国际人权法"开后门",打破了权力分立。如前所述,这种观念正在发生改变,"二元论并不要求法院忽略国际人权标准"的观念正在形成。

从法官的角度来看,他们不愿意在案件中援引国际人权法的原因可能是多种多样的。既可能出于对法治概念的保守理解,也可能出于对适用国际人权法规则的不适感,而这两者都是可以通过人权培训得到改善的。

总之,在影响国际人权法国内实施的众多因素中,一元论和二元论的传统理论的影响正在不断削弱,国际化法律文化以及法官、律师、民众的人权观念正在发挥越来越重要的作用。

二、人权教育在促进国际人权法国内实施中的作用

从第一部分的分析我们发现:人权文化和人权观念正在成为影响国际人权法国内实施程度的重要因素。人权文化的培育和人权观念的形成可以通过多种途径来实现,其中人权教育的作用不容忽视。

我国宪法并未明确国际人权法在我国国内法律体系中的等级和地位,在实践中,国际人权公约在国内实施的状况也并不乐观。首先,立法实施,几乎是

---

① [英]汤姆·宾汉姆:《法治》,毛国权译,中国政法大学出版社2012年版,第94~97页、第154页。

所有国际人权公约共同要求的国内实施方式①，也是我国实施国际人权公约的主要方式。虽然我国为批准或实施人权公约制定、修改了一些法律法规，但总体上仍不能满足各公约的要求。例如我国在批准《残疾人权利公约》前修改了《残疾人保障法》，但有关"合理便利"的规定仍然与公约的要求相去甚远。②其次，政府行政部门负有实施国际人权标准的责任，如为实施公约义务建立必要的机构，我国目前还没有这样的机构。最后，司法实施是各公约的明确要求，也在各条约机构的"结论性意见"中被屡屡提及③，但是我国法院在判决中援引国际人权公约的情形还是十分罕见。

我们除了期望通过在《宪法》或《立法法》中明确国际人权法在国内法律体系中的地位外，还可以通过人权教育，培育有利于国际人权法在国内实施的人权文化和人权观念。

1. 通过人权教育，传授国际人权知识，提高公众，尤其是法官、律师、执法人员、全国人大代表和负责国际人权法实施工作的其他人员及权利持有人，对国际人权文件所载权利内容的认识。传授人权知识是人权学习的起点，也是形成人权观念和采取人权行动的前提。从促进国际人权法国内实施的角度出发，有一些国际人权信息和知识是必须掌握的。首先，《世界人权宣言》提出的一些人权的主要原则，如平等原则、普遍性原则、非歧视原则、相互依存原则等被后来的国际公约一再重申。宣言虽然不具有法律上的约束力，但它的多数条款已成为国际习惯法的重要组成部分。④其次，我国缔结和批准的国际人权公约，如《经济、社会及文化权利国际公约》《儿童权利国际公约》《残疾人权利公约》等。对于这些公约，我国作为缔约国负有忠实履行的义务，因此我们不仅要熟悉每项公约所保护的权利的内容，还要知道国家承担哪些义务以及这些义务的性质。最后，还要了解我国缔结的人权公约的实施机制，主要是各人权条约机构发布的"一般性意见"和针对我国履约报告提出的"结

---

① 如《儿童权利国际公约》第 4 条规定："缔约国应采取一切适当的立法、行政和其他以实现本公约所确认的权利。"《经济、社会和文化权利国际公约》第 2 条规定："每一缔约国家承担尽最大能力……采取步骤，以便用一切适当方法，尤其包括用立法方法，逐渐达到本公约中所承认的权利的充分实现。"

② 曲相霏：《残疾人权利公约中的合理便利——考量基准与保障手段》，载《政法论坛》2016 年第 2 期。

③ 如在针对中国提交的《经济、社会及文化权利国际公约》的第一份履约报告的"结论性意见"中，经济、社会和文化权利委员会"鼓励将《公约》作为一个法律渊源在国内法院适用，……并请缔约国在下次定期报告中收入有关适用《公约》的判例法资料。"

④ 孙平华：《〈世界人权宣言〉研究》，北京大学出版社 2012 年版，第 193～195 页。

论性意见"。

2. 通过人权教育，塑造人权态度，使人们形成关于国际人权的正确观念。长期以来，我们对国际人权的许多问题都存在片面认识，这"在很大程度上削弱了我国接受和履行国际人权法规则的意愿和能力，也使得国际人权法在我国人权法制建设中的地位和作用难以得到客观、全面和准确的认识"。① 实际上，国际人权法离我们每个人的生活并不遥远，它调整的就是缔约国政府与本国公民之间的关系，因此国际人权不只存在于人权斗争中，也可能成为保护我们自身权益的工具。而且，国际人权法所体现的人权价值并不等同于西方人权价值②，我国政府批准或加入人权公约本身就意味着，我们对这些标准及标准所体现的人权价值的认同。国内人权保障的未来趋势是发展多层次的人权实施系统，充分考虑国内宪法体系与国际人权法律体系之间的联系与互动，而这一多层实施系统的起点就是：立法、行政、司法这些传统的人权保障部门，能在实践中逐步探索援引国际人权法的优点。

3. 通过人权教育，建立普遍的人权文化。"与各个时期和各个地区的各种特殊的人权文化不同，'普遍的人权文化'在形式上应得到国际和国内社会成员的普遍接受，在内容上应既能体现各种特殊文化中的先进而优秀的因素，又能超越各种特殊的人权文化的局限。"③ 班文战教授在揭示普遍的人权文化的基本要素时，特别提到了"人权内容的开放性和发展性""人权保护和促进措施的多样性和灵活性"，这两个要素有助于我们消除对国际人权的误解和歧视，为它们在国内的实施提供良好的条件和宽容的环境。

4. 通过人权教育，促进人权行动。在了解了国际人权的内容含义后，人们更希望将这些人权标准和原则适用于具体的人权问题，因为无论国际人权知识如何重要，如果不能与我们的日常生活相联系，都是没有意义的。国际人权知识应用于国内法律实践，在不同的层面上，会产生不同的效果：对于普通民众而言，可以利用国际人权标准维护自身权益；对于法官而言，可以援引国际人权法作为解释本国国内法的辅助；对于人大代表而言，可以提出制定或修改

---

① 班文战：《国际人权法在中国人权法制建设中的地位和作用》，载《政法论坛》2006年第3期。

② 例如在张彭春先生的努力下，《世界人权宣言》采纳了儒家文化中的"仁"（在正式文本中被译作"conscience"）作为人权的基础，可以说，"《宣言》以及由《宣言》而来的世界新人权理论并不只是西方的建构，儒家思想同样做出了重要贡献"。参见鞠成伟：《儒家思想对世界新人权理论的贡献——从张彭春对〈世界人权宣言〉订立的贡献出发》，载《环球法律评论》2011年第1期。

③ 班文战：《普遍人权文化的建立与中国人权教育的开展》，载《广州大学学报（社会科学版）》2009年第1期。

我国现行法律法规的提案，使之与国际公约的要求相一致。无论是在哪个层面上的人权行动，最终都会对国际人权法在我国的实施产生积极影响。

三、把握适于国际人权法教育的契机

《1995—2004"人权教育十年"行动计划》在解释人权教育内容时，指出"人权教育应促进对国际人权文书所阐明的一切规范、概念和价值的最广泛的认识和理解"。① 可见，与国际人权相关的教育本就是人权教育中的应有之义。因此，我们在开展国际人权法教育时，可以充分利用我国现有的人权教育资源和途径，并通过推动教育和考试制度改革开发新的教育渠道。此外，考虑到国际人权法的特殊性，在推动国际人权法教育时，还应关注国际人权法批准与实施的各个环节，从中探寻有利于人权教育的契机。

（一）利用现有的人权教育资源和途径

第一，把握国家人权行动计划制定的契机，将国际人权法的教育与培训纳入新的国家人权行动计划，为国际人权法教育的开展提供更多政策支持。我国分别于2009年和2012年制定了两个《国家人权行动计划》，这两个人权行动计划都在第四部分专章规定了"人权教育"问题，但是对国际人权法教育的规定都略显单薄。2009—2010年的《国家人权行动计划》有两处与国际人权法的教育有关，一是在高中阶段的规划中明确提到："在高级中学，除了进行一般性的人权观念培育外，要在有关课程中，系统开展有关中国宪法'公民的基本权利与义务'教育和国际人权知识的教育。"二是在高等教育阶段的规划中，"鼓励高等院校面向本科生开设人权公共选修课，面向法学专业本科生开设人权法课程"。可以解释为人权公共选修课和人权法专业课程都包括了国际人权法课程。而2012—2015年的《国家人以行动计划》则没有任何一处明确提到与国际人权法有关的教育，我们只能从其中的一些表述，如"传播人权理念，普及人权知识""开设人权公选课程和专业课程"中加以引申，这种现状不利于国际人权知识的传播和观念的培育。《国家人权行动计划（2016—2020年）》② 在其中增加了普及国际人权知识的安排和具体举措，对未来国际人权法的传播与国内实施助益颇大。

---

① General Assembly. Plan of Action for the United Nations Decade for Human Rights Education, 1995 – 2004: Human Rights education – lessons for life. UN doc A/51/506/Add. 1, 12 December 1996.

② 参见《中国将制定新一期国家人权行动计划》，载人民网，http://hn.people.com.cn/n2/2016/0615/c356889 – 28511653.html，2016年6月15日。

第二，把握新建人权教育基地的契机，发挥人权教育基地在国际人权法教学与传播中的优势。到目前为止，教育部共批准在 8 所高校分别设立"国家人权教育与培训基地"。这些基地"是人权领域的'国家队'，肩负开展人权教育和培训工作的重任"。① 这些国家级基地可以充分整合利用高校的人才、学科、研究和基础条件等资源，在以下方面发挥积极作用：一是在大学增设国际人权法课程，培育专业的国际人权法人才；二是组织编写适合不同对象的国际人权知识读本、国际人权法通识教材和国际人权法专业教材；三是通过人权教育领域的国际交流与合作，开发更多适合国际人权法教育的合作项目和课程。

第三，把握"七五"普法（2016—2020 年）的契机，将国际人权法纳入法治宣传范围。国家定期组织的普法活动具有机制健全、渠道广泛、参与度高等优势，是我国开展人权教育的重要渠道。在"七五"普法的任务中，有两个可以容纳国际人权法的切入点：一是"大力宣传保障公民基本权利的法律法规，推动全社会树立尊重和保障人权意识，促进公民权利保障法治化"。二是"在传播法律知识的同时，更加注重弘扬法治精神、培育法治理念、树立法治意识"。②

（二）改革国家教育和考试政策、拓宽人权教育渠道

国家教育政策是国家为实现其整体发展而制定的，既包括宏观教育政策也包括中微观教育政策，对一个国家或地区教育发展具有重要意义。人权教育只有落实到各项具体的教育政策中才能得到真正发展，但是我国当前的教育政策并没有对人权教育给予足够重视，至少存在以下需要改进的地方：

第一，在国家教育改革和发展纲要中明确人权教育的地位。我国的人权教育正处于起步阶段，它的发展需要国家的大力扶持。但是在《国家中长期教育改革和发展规划纲要（2010—2020 年）》中并没有对人权教育做出特别安排，这样就不会引起政策制定者的特别关注，在课时有限的情况下，人权课程或者不会受到关注，或者被安排在次要位置。

第二，在国家课程政策中将人权课程纳入国家课程体系。就国际人权观念的培育而言，至少从高中阶段开始，就应当有专门的课时，对《世界人权宣言》和我国缔结的人权公约进行较为系统的学习。高中的思想政治课是可供

---

① 常健：《在第二批国家人权教育与培训基地授牌仪式上的发言》，载《人权》2014 年第 4 期。

② 中央宣传部、司法部：《关于在公民中开展法治宣传教育的第七个五年规划（2016—2020 年）》，载 http://www.legalinfo.gov.cn/zhuanti/content/2016-04/18/content_6650652.htm?node=81954。

利用的载体，但是由于课时有限，且经常被挪用、挤占，因此无法容纳更多人权方面的内容。相比之下，高等教育阶段的人权课程设置更为灵活，除了在法学核心课程之一的《国际法》中可以包含国际人权法的内容，教师还可以根据个人兴趣和研究专长开设通识课或者公选课。但是由于没有制度保障，人权课程的边缘地位并没有得到明显改善。未来可以考虑人权专业教育与人权通识教育相结合的课程设置方向，将人权教育纳入高校（甚至高中）通识教育改革之中，通过国际人权知识的传授，培育学生的公民责任、对多元文化的尊重和全球视野。

第三，在国家统一法律职业资格考试中增加国际人权方面的内容。虽然一直以来，以司法考试为导向的法学教育模式存在争议[1]，但司法考试在很大程度上影响着法学教育也是不争的事实，"近年来众多法学院在课程设置、教学方法等方面的变革，很大程度上可以说就是对司法考试的回应"。[2] 2015年12月，中共中央办公厅、国务院办公厅印发了《关于完善国家统一法律职业资格制度的意见》，更是明确提出要加强国家统一法律职业资格制度与法学教育制度的衔接。在这种背景下，如果能为国际人权法在职业资格考试中争取到一席之地，将会极大地推进国际人权知识的传播和人权观念的提升。

（三）把握国际人权公约批准与实施的契机

第一，把握人权公约批准前后的时机开展宣传教育。以《公民权利和政治权利国际公约》为例，自1998年我国政府签署该公约后，学者们对公约的研究就从未停止过，这为公约的传播奠定了坚实的基础。同时，为了批准该公约，我国对相关立法，主要是刑事诉讼法、行政诉讼法、刑法等进行了修改，法律修改过程中对我国现有立法的检讨和与相关公约条款的对比，也为人们提供了更多深入认识和理解公约内容的机会。

第二，把握准备"定期履约报告"的契机。由于没有接受任何个人申诉程序，因此对于我国来说，国际人权公约在国际层面的实施主要表现为向人权条约机构提交定期履约报告。"由于国家报告受到公约机构、非政府组织和媒体彻底的质询，因此对国家实施保护措施起到了促进作用。"[3] 不仅如此，定

---

[1] 参见张利民：《评司法考试导向性法学教育——对中国法学教育可持续发展的关注和思考》，载《法制与社会发展》2002年第6期。

[2] 李红海：《统一司法考试与合格法律人才的培养及选拔》，载《中国法学》2012年第4期。

[3] 国际人权法教程项目组编：《国际人权法教程》（第一卷），中国政法大学出版社2002年版，第544页。

期报告的准备过程也应当是一个对相关公约的内容和价值进行宣传的过程。一方面，为了保证报告的质量，应对参加报告起草的立法、司法和行政部门的工作人员进行培训，使他们熟悉公约义务的性质和要求，并据此评估我国的国内立法和政策；另一方面，在报告撰写过程中，工作人员还应当征询非政府组织、学术机构和社会公众的意见①，在交流和沟通中亦可增进对公约内容的理解和价值的认同，达到宣传教育的目的。

此外，有些国家还会对条约机构做出的结论性意见进行宣传报道，虽然起到的作用非常有限。

四、结论

在一元论和二元论的区分日渐式微，而人权文化和人权观念的影响日益增强的背景下，我们可以从人权教育的角度来考虑国际人权法在我国国内的实施问题。与人权教育的基本功能相对应，人权教育可以从四个方面对国际人权法的国内实施发挥积极作用，即传授国际人权知识、培育关于国际人权法的正确观念、建立普遍的人权文化和鼓励不同层面的人权行动。为此，我们应充分利用现有的人权教育途径，争取将国际人权法的教育明确写入新的国家人权行动计划、充分发挥新建国家人权教育和培训基地的优势、在"七五"普法中融入人权教育的主题。同时，也要通过改革现有的国家教育政策和考试政策，寻求将国际人权内容纳入国民教育规划和法律职业考试的可能性。此外，鉴于国际人权法的特殊性，我们还应当把握人权公约在批准和履行时所提供的教育契机，在准备批准环节和提交定期履约报告环节，加大宣传力度和公众的参与度，在国际人权法与公民权利保护之间建立起更真切的联系。只有从观念上消除对国际人权法的排斥与防范，培育出能接受多层次国内人权保障机制的文化氛围，才能为国际人权法国内实施的制度建设扫清障碍。

（原载于《广州大学学报（社会科学版）》2016年第9期，有删改）

---

① 例如在中国根据《残疾人权利国际公约》提交的首次报告中指出："为做好报告撰写工作，中国外交部于2010年2月牵头成立报告撰写跨部门工作组，成员单位包括22家立法、司法、行政部门。在报告撰写过程中，工作组征询了多家非政府组织、学术机构及社会公众的意见。"

图书在版编目（CIP）数据

中国人权研究与教育．第四卷／陈佑武主编．—北京：中国检察出版社，2020.6
ISBN 978-7-5102-2441-6

Ⅰ．①中… Ⅱ．①陈… Ⅲ．①人权－教育－中国－文集 Ⅳ．①D621.5-53

中国版本图书馆 CIP 数据核字（2020）第 086883 号

中国人权研究与教育（第四卷）
陈佑武　主编

出版发行：	中国检察出版社
社　　址：	北京市石景山区香山南路 109 号　（100144）
网　　址：	中国检察出版社（www.zgjccbs.com）
编辑电话：	（010）86423707
发行电话：	（010）86423726　86423727　86423728
	（010）86423730　68650016
经　　销：	新华书店
印　　刷：	北京玺诚印务有限公司
开　　本：	710 mm×960 mm　16 开
印　　张：	14.75
字　　数：	268 千字
版　　次：	2020 年 9 月第一版　2020 年 9 月第一次印刷
书　　号：	ISBN 978-7-5102-2441-6
定　　价：	58.00 元

检察版图书，版权所有，侵权必究
如遇图书印装质量问题本社负责调换